أساسيات البحث العلمي

في الخدمة الاجتماعية

تأليف

الدكتورة / هويدا محمد عبدالمنعم
أستاذ بقسم التخطيط الأجتماعي المشارك

الدكتورة/ حصة بنت عبدالرحمن السند
أستاذ مشارك بقسم التخطيط الاجتماعي

مكتبة الرشد
ناشرون

2012م- 1433هـ

بسم الله الرحمن الرحيم

﴿ رَبَّنَا لاَ تُزِغْ قُلُوبَنَا بَعْدَ إِذْ هَدَيْتَنَا وَهَبْ لَنَا
مِن لَّدُنكَ رَحْمَةً إِنَّكَ أَنتَ الْوَهَّابُ ﴾
صدق الله العظيم

(8) سورة آل عمران

إهـــــداء

إلى كل من أضاء بعلمة عقل غيرة

وهـــدى بجـــوابه حيره ســـــائليه

فأظهر بسماحته تواضع العلماء

وبرحابته سماحة العارفين

نهدى لهم هذا الجهد

المؤلفان

قائمة المحتويات

الفصل الأول

المنهج العلمي وأخلاقياته
في بحوث الخدمة الاجتماعية

مقدمة

أولاً: مفهوم البحث العلمي

ثانياً: أهمية البحث في الخدمة الاجتماعية

ثالثاً: تعريف البحث العلمي في الخدمة الاجتماعية

رابعاً: وظيفة البحث في الخدمة الاجتماعية

خامساً: أخلاقيات البحث العلمي

سادساً: الميثاق الأخلاقي للأخصائين الاجتماعين

سابعاً: أخلاقيات الباحث وسماته

مقدمة

أصبح منهج البحث العملي علماً قائماً بذاته حيث لا توجد معرفة علمية دون التوصل إليها بطريقة المنهج العلمي وإذا كانت التنمية الاقتصادية والاجتماعية سبيلها التشخيصي الدقيق لواقع المجتمع أفرداً وجماعات ومجتمعات للنهوض به والمتتبع لمسيرة البحث العلمي في العالم المتقدم يجد أنه ينال كل الجهد والمال، لتقديرهم لأهمية هذا العلم في فهم الظواهر الطبيعية وفي الكشف عن أسرار الكون ومكنوناته، وفي تحسين الظروف المعيشية وحماية الإنسان من أضرار الطبيعة والتعايش مع المتغيرات السريعة والمتلاحقة، ولم يقف اهتمام الدول المتقدمة بالبحث العلمي على البحوث التطبيقية والبحوث البحتة الأساسية، بل تعداها إلي البحوث الاجتماعية والدراسات الميدانية والمسحية، وأخذت هذه الدول بتطبيق نتائج بحوثها وعملت على ربط هذه النتائج ببرامج التنمية الاجتماعية والاقتصادية وبمشاكل الحياة العملية في شتى المجالات عن طريق أجهزة التخطيط الاجتماعي والاقتصادي والتربوي، وقد أدركت الدول المتقدمة والنامية على حد سواء أهمية البحث العلمي ودوره في تطوير وتقدم الحياة على كافة المناحي، ومن ثم بدأ الاهتمام يتزايد ببرامج الدراسات العليا في الجامعات وتحسين وتفعيل دورها، لأنها تأكدت أن وظيفة الجامعة لم تقف عند وظيفة التدريس، وإنما يقاس تقييم الجامعة بمدى اهتمامها ببرامج الدراسات العليا ومدى الاهتمام بالبحث العلمي بصفة عامة، وهذا ما دعا الدول العربية إلى الاهتمام بالتعليم العالي، وتطوير الجامعات العربية وحرصها على تطوير الدراسات العليا وبقيمة البحث العلمي.

أولاً مفهوم البحث العلمي

تعددت مفاهيم البحث العلمي، تبعاً لأهدافه ومجالاته ومناهجه، لا أن معظمها تلتقي حول التأكيد على دراسة مشكلة ما بقصد حلها، وفقاً لقواعد علمية دقيقة، وهذا يعطي نوعاً من الوحدة بين البحوث العلمية رغم اختلاف حياديتها وتعدد أنواعها.. وقد تناول العديد من الباحثين مفهوم البحث العلمي، وقد اختلفت مداخلهم وتباينت اتجاهاتهم حول هذا المفهوم، والذي يشمل على مفهومين أساسيين هما:

1- مفهوم البحث 2- مفهوم العلمي

1- معنى البحث: يتمثل في طلب وتقصي حقيقة من الحقائق أو أمر من الأمور، وهو يتطلب التنقيب والتفكير والتأمل، وصولاً إلى شيء يريد الباحث الوصول إليه.

2- معنى العلمي: فهي كلمة منسوبة إلى العلم،والعلم: (Science) يعني المعرفة والدراية وإدراك الحقائق. والعلم في طبيعته (طريقة تفكير وطريقة بحث أكثر مما هو طائفة من القوانين الثابتة).. وهو منهج أكثر مما هو مادة للبحث فهو(منهج لبحث كل العالم الأمبريقي المتأثر بتجربة الإنسان وخبرته).

أما العلم في منهجه فهو: (المعرفة المنسقة التي تنشأ من الملاحظة والتجريب، وأما في غايته فهو الذي يتم بهدف تحديد طبيعة وأصول الظواهر التي تخضع للملاحظة والدراسة، فهدفه صوغ القوانين لأنه ليس بحثاً في طلب الحقيقة العظمى النهائية، وإنما هو فقط أسلوب في التحليل يسمح للعالم بالوصول إلى قضايا مصاغة صوغاً دقيقاً).

كما أن البحث العلمي هو استقصاء منظم يهدف إلى إضافة معارف يمكن التحقق من صحتها عن طريق الاختبار العلمي الشامل والدقيق لجميع الشواهد والأدلة التي يمكن التحقق منها.

وهناك تعريف للبحث العلمي: (أنه طريقة أو منهج معين لفحص الوقائع وهو يقوم على مجموعة من المعايير و المقاييس تسهم في نمو المعرفة، ويتحقق البحث حين تخضع حقائقه للتحليل والمنطق والتجربة والإحصاء، مما يساعد على نمو النظرية) فيعرف البحث العلمي ببساطة شديدة بأنه: وسيلة للدراسة يمكن بوساطتها الوصول إلى حل لمشكلة محددة، وذلك عن طريق الاستقصاء الشامل والدقيق لجميع الشواهد والأدلة التي يمكن التحقق منها،والتي تتصل بهذه المشكلة المحددة)..

إذن يعرف البحث العلمي بأنه الدراسة الموضوعية التي يقوم بها الباحث في أحد الاختصاصات الطبيعة والإنسانية والتي تهدف إلى معرفة واقعية ومعلومات تفصيلية عن مشكلة معينة يعاني منها المجتمع والإنسان سواء أكانت هذه المشكلة تتعلق بالجانب المادي أم الجانب الحضاري للمجتمع. والدراسة الموضوعية للجوانب الطبيعية أو الاجتماعية قد تكون دراسة مختبرية تجريبية أو دراسة إجرائية أو دراسة ميدانية إحصائية أو دراسة مكتبية تعتمد على المصادر والكتب والمجلات العلمية التي يستعملها الباحث في جمع الحقائق والمعلومات عن المشكلة المزمع دراستها ووصفها وتحليلها.

كما أن البحث العلمي يمثل الوسيلة المستخدمة للوصول إلى حقائق الأشياء ومعرفة كل الصلات والعلاقات التي تربط بينها، فالبحث العلمي يهدف إلى اكتشاف حقيقة موضوع معين ومعرفة القواعد التي تحكمه،

وبذلك لا تعتبر الملاحظات العابرة أو الاكتشافات التي تتم بطريقة الصدفة حقائق علمية مهما بلغ شأنها وعظمت أهميتها.

كما أن البحث العلمي مجهود منظم لأخذ ملاحظات، ولإجراء تجارب، وله قيمته العلمية ولا يستحق البحث العلمي أن يكون بحثاً إلا إذا أقيم لحل مشكلة معينة أكاديمية أو تطبيقية متخذاً المنهج العلمي سبيلاً لذلك.

فالبحث العلمي هو عملية فكرية منظمة يقوم بها شخص يسمى (الباحث)، من أجل تقصي الحقائق في شأن مسألة أو مشكلة معينة تسمى(موضوع البحث)، بإتباع طريقة علمية منظمة تسمى (منهج البحث)، بغية الوصول إلى حلول ملائمة للعلاج أو إلى نتائج صالحة للتعميم على المشاكل المماثلة تسمى (نتائج البحث).

ثانياً: أهمية البحث الاجتماعي في الخدمة الاجتماعية:

يؤكد البعض على أن البحث ليس مجرد أرقام فإذا كنت واحداً من هؤلاء الباحثين أو الأخصائيين الاجتماعيين الذين لا يكنون وداً للحساب والرياضيات، فلا تبتئس من فكرة البحث في الخدمة الاجتماعية فهذا الأخير "أي البحث" ليس سوى طريقة نقدية أو وعي نقدي منظم للمشكلات الاجتماعية المحيطة بالأخصائي الاجتماعي.بما يعني أن البحث في الخدمة الاجتماعية ليس سوى طريقة جديدة لرؤية المواقف والمشكلات والقضايا الاجتماعية من منظور جديد، وإذا كنا في بدايات القرن الحادي والعشرين ، فإن ما يميز هذا القرن، الحاسب الآلي وما يتمتع به الأخير من مقدرة على التعامل المنطقي مع أعداد كبيرة من الأرقام بحيث لم يعد هناك من خشية أو

خوف لدى الباحثين والأخصائيين الاجتماعيين من التعامل مع الأرقام الصماء إذا دعت الضرورة لهذا.

ثالثاً: تعريف البحث العلمي في الخدمة الاجتماعية:

البحث الاجتماعي طريقة منهجية منظمة، تعتمد على الملاحظة، للتوصل لمعلومات أو للمساعدة في اتخاذ قرارات أو إجراءات ما حيال مشكلة أو قضية اجتماعية.

وبصفة عامة يصعب التوصل لتفسير أو لتعريف قطعي لمفهوم ما في العلوم الاجتماعية وينطبق ذلك بالطبع على مفهوم البحث الاجتماعي، وعلى كل حاول البعض صياغة تعريفات لهذا المفهوم أمثال على النحو التالي:

- أن البحث الاجتماعي وليداً السياق الاجتماعي والسياسي والاقتصادي.

- أن البحث الاجتماعي يسعى للتوصل لتغييرات إيجابية بناءة وممكنة.

- يمكن الأطراف المتضررة أو المهمشة من المشاركة والتفاعل معهم.

وصفة عامة نجد أن تعريف للبحث الاجتماعي يجب على الباحث أن يراعي مواثيق العمل الأخلاقية المهنية للخدمة الاجتماعية، وتكمن مقدرة البحث كأداة في أنه وسيلة قوية للتغيير من حيث أنه يساعدنا على فهم أبعاد المشكلات والقضايا الاجتماعية الجارية وتلمس الحلول الإيجابية لها. كما أنه يتضمن كذلك المقدرة على المساعدة في اتخاذ القرارات الإيجابية.

وعلى ذلك يمكننا القول بأن البحث في الخدمة الاجتماعية يعني:"

استخدام المنهج العملي للتوصل إلى نتائج تفيد في إثراء القاعدة العلمية لمهنة الخدمة الاجتماعية،ولتنمية إمكانياتها التقنية كي تصبح أكثر مقدرة على تحقيق أهدافها.

- ويرى البعض أنه "الجهود المنظمة التي تستهدف السعي وراء الحصول على بيانات ومعلومات كاملة ودقيقة، متصلة بمشكلة الإنسان في صورته كفرد أو في صورته كعضو في جماعة، أو في صورته كمواطن يعيش في مجتمع. وذلك باستخدام الأسلوب العلمي بقصد بناء وتنمية وإثراء البناء المعرفي النظري، وتطوير وتحسين الارتقاء بأساليب ممارستنا المهنية عند تعاملنا مع المشكلات ومواقف الحياة المختلفة".

في حين يقرر البحث في الخدمة الاجتماعية هو استقصاء منظم، وهادف يسعى قدر الممكن إلى معرفة يمكن توصيلها، والتحقق منها في ذات الوقت ".

ويتضح من التعريف السابق خصائص ثلاث عن المعرفة التي يعني البحث في الخدمة الاجتماعية بالوصول إليها:

(1) الإضافة Addation ويظهر ذلك في كلمة Add بمعنى أن تكون المعرفة العلمية التي يحققها البحث جديدة، تمثل إضافة وتحقق مع غيرها تراكمية المعرفة سواء في مستوى الفكر الإنساني النظري أو على مستوى الممارسة المهنية.وذلك إلى جانب مسئوليتها المعهودة في التثبت من صحة المعارف التي تم التوصل إليها على المستوى النظري أو بالنسبة لنماذج الممارسة وأساليبها المشتقة،ومنها على المستوى الأمبريقي.

(2) التوصيل Communicable ويعني بها أن يكون جملة المعارف التي يتوصل

لها في متناول الإدراك والفهم، والإتاحة المعرفية للآخرين من الباحثين للإفادة منها. بلغة في متناول الممارسين والمنظرين في ذات الوقت.

(3) التثبيت Venifiable فالمعرفة التي لا يمكن التحقق من صحتها باستخدام المنهج العلمي القائم على الملاحظة والتجريب، يستعصى على الآخرين قبولها قبولاً علمياً، ولا تستقيم في السياق المعرفي الإنساني.

ما أهمية البحث للأخصائيين الاجتماعيين:

- توثيق عمليات التدخل المهني الموجهة لخدمة ومساعدة العملاء.

- تحديد الحاجات الملحة للمجتمع المحلي.

- قيادة الجماعة البؤرية وتحليل معدلات استجابتها.

- تحديد مشكلات العملاء في المؤسسات المختلفة .

- استخدام المستجدات لتحسين مستويات الممارسة المهنية حيث تتميز هذه المهام بوجود شيء مشترك فيما بينها، جميعها تُركز على استخدام مهارات البحث، كما أنها من أهم الموضوعات والمهام التي تضعها الخدمة الاجتماعية على رأس أولوياتها وجداول أعمالها اليوم، والآن أمعن النظر في قائمة المهام المذكورة آنفاً وبصدق وموضوعية حدد لنفسك أيها يمكنك إنجازها بدرجة من الثقة والمصداقية؟ وإذا كانت إجابتك ليس بعض منها أو أي منها؟ هنا لزاماً عليك التدريب على مهارات البحث العلمي، وحتى على فرضية أنك قادر على تحقيق بعض من هذه المهام يظل لديك عجز أو عدم استطاعة عن تحقيق

الباقي وهو أمر لا يجوز بالنسبة للأخصائي الاجتماعي، مـما يـستلزم ضرورة العمـل على تنمية قدراتك ومهارتك البحثية.

لذا يجب تنمية المهارات العملية الخاصة بالبحث العلمي بحيث يمكنـه التعامـل مـع مجالات وموضوعات شتى من الرعاية الاجتماعية، مثل محـاكم الأسرة والسجون، والمـسجونين، ومشكلات الصحة النفسية و الرعاية الصحية بوجه عام للحفـاظ عـلى الأسرة والمـدارس ومراكـز المسنين.

وتتيح لنا البحوث الاجتماعية تقنيات وأدوات كثيرة يمكـن اسـتخدامها في تفسير وتعريـف وقياس وتقييم مـا نقـوم بـه، فمـثلاً تتيح لنا هـذه البحـوث مقـدرة عاليـة عـلى تفسير الظاهرة الاجتماعية محل البحث والتي تؤثر على حياة وأوضاع العملاء منها مثلاً، التعرف على نقاط القوة والضعف لدى العملاء، مستويات الأداء الوظيفي لديهم أو تحديد مستويات الإشباع والرضا عامة.

رابعاً: وظيفة البحث في الخدمة الاجتماعي:

تتفق آراء أغلب المشتغلين بمناهج البحث على أن بحوث الخدمة الاجتماعيـة لا تختلـف عن البحوث الاجتماعية بصفة عامة من حيث الموضوع أو المنهج، وإنما تختلف عنها من ناحيـة الوظيفة فقط.

فالبحوث الاجتماعية على اختلاف أنواعها تدور حول موضوع واحد هـو "دراسـة واقـع الحياة الاجتماعية"، وتستخدم منهجاً واحداً هـو المـنهج العلمي، غـير أنها تختلـف مـن حيـث الوظيفـة، ويمكن تحديد وظيفـة البحوث في الخدمـة الاجتماعيـة والأهـداف التي ترمي إلى تحقيقها فيما يلي:

(1) تهتم بحوث الخدمة الاجتماعية بالجانب التطبيقي أكثر من اهتمامها بالجانب النظري فهي البحوث التي "تهدف إلى تحصيل معارف علمية يمكن استخدامها في تخطيط وتنفيذ برامج الخدمة الاجتماعية"، وهي البحوث التي تهدف إلى تحصيل معارف علمية يمكن استخدامها في مختلف مجالات وميادين الممارسة في الخدمة الاجتماعية". وكل التعريفات النظرية للبحوث في الخدمة الاجتماعية ترجح هذا الجانب التطبيقي في توظيف البحث للمهنة.

والوظيفة التطبيقية لبحوث الخدمة الاجتماعية وحدها يمكن اتخاذها أساساً للتمييز بين بحوث الخدمة الاجتماعية بصفة عامة . ففي الوقت الذي تتجه فيه البحوث الاجتماعية- وخاصة في العلوم النظرية – اتجاهاً مباشراً نحو تفسير الظواهر وتعليلها،ومحاولة الوصول إلى معرفة القوانين التي تخضع لها في نشأتها وتطورها. تتجه بحوث الخدمة الاجتماعية إلى تحصيل معارف يمكن الاستفادة بها في تحسين مستوى الخدمات العلاجية والوقائية والإنمائية التي تقدمها الخدمة الاجتماعية للأفراد والجماعات والمجتمعات.

(2) محاولة التأكد من صحة الآراء والمبادئ والأساليب المهنية التي يستخدمها الأخصائي الاجتماعي في تعامله مع الأفراد والجماعات والمجتمعات. ثم محاولة تطبيقها على أساس علمي سليم، وبذلك لا يكون الهدف الأساس هو تحصيل المعرفة لذاتها بل في استخدام تلك المعارف وفي تقييمها والتأكد من فاعليتها في تحقيق أهداف عملية المساعدة للتوصل إلى أفضل الاستراتيجيات التي تحقق تدخلاً مهنياً عالي الفاعلية.

(3) الإثراء النظري فبالرغم من أن بحوث الخدمة الاجتماعية تهتم بالجانب التطبيقي أكثر من اهتمامها بالجانب النظري إلا أن بعض المشتغلين بها يرون فاعلية التطبيق إذا قام مع أساس نظري عالي المستوى، ومن ثم فقد بدأت بعض بحوث الخدمة الاجتماعية تتجه اتجاهاً نظرياً بحتاً وأن كان هذا الاتجاه لم ينتشر إلا على نطاق محدود.

(4) أن الفاصل بين البحث الاجتماعي والبحث في الخدمة الاجتماعية نادراً ما يكون قاطعاً. فمن ناحية البحث الاجتماعي نجد أنه يركز على فهم الوقائع سواء أكان لها استخدام حالي في المجتمع أم ستستخدم مستقبلاً. أما في البحث في الخدمة الاجتماعية فإن الوقائع المجتمعية تدرس كما هي متدفقة في الحياة اليومية على أساس أن المعلومات التي تم الحصول عليها يمكن استخدامها فوراً. إذ أن بحوث الخدمة الاجتماعية تقوم على أساس امبريقي، وتهتم بدراسة مشكلات الواقع الاجتماعي الذي يعيشه الإنسان في مختلف صوره الاجتماعية.

(5) أن هدف البحث في الخدمة الاجتماعية هو إيجاد واكتشاف الإجابات على الأسئلة العملية التطبيقية المتعلقة بالواقع الإمبريقي- هذا من ناحية – ومن ناحية الأخرى بناء واختبار النظرية.

(6) بينما تنتهي البحوث الاجتماعية عادة بالتوصل إلى نتائج وتوصيات البحث . فإن بحوث الخدمة الاجتماعية تتعدى ذلك إلى توضيح التطبيقات العملية لتنمية وإثراء البناء المعرفي النظري للمهنة إلى جانب تطوير وتنمية أساليب الممارسة المهنية ذاتها.

- تعتبر البحوث الاجتماعية ضرورة أساسية من ضرورات التخطيط للتنمية، فعن طريقها يمكن وضع الخطط على أساس واقعي. وذلك بحصر الإمكانيات القائمة وتقدير الاحتياجات الحقيقية،والتعرف على الظواهر والمشكلات والمعوقات التي تعترض سبيل التنمية – كما يمكن الاستعانة بها في متابعة المشروعات وتقويمها.ويمكن تحديد مجالات البحث التي يتطلبها التخطيط للتنمية فيما يلي:

(1) قياس الاحتياجات: لما كان الهدف الأساس من مشروعات التنمية الاجتماعية تقديم الخدمات للموطنين حسب احتياجاتهم وقدراتهم من ناحية، وحسب ظروف المجتمع التي يعيشون فيها من ناحية أخرى- فإنه من الضروري قبل تقديم أي نوع من الخدمات البدء بالبحوث التي تهدف إلى قياس الاحتياجات المطلوبة قياسا دقيقا ثم ترتيب هذه الاحتياجات حسب أولوياتها وأهميتها.

(2) قياس نوع الخدمات المطلوبة: ينبغي قبل تقديم الخدمات تحديد نوعها.وإذا كان هناك أكثر من برنامج أو مشروع يمكن تقديمه فينبغي المقارنة بين هذه البرامج والمشروعات والمفاضلة بينها عن طريق البحث العلمي لمعرفة أي هذه البرامج والمشروعات أكثر ارتباطاً بالاحتياجات المطلوبة.

(3) بحوث المتابعة: يقتضي تنفيذ خطط التنمية التعرف علي سير العمل واتجاهاته،ومعدلات أدائه، وضمان تنفيذ المشروعات وفقاً للزمن المحدد والتكلفة الموضوعة، والكشف عن مواطن الضعف أثناء تنفيذ المشروعات.وهذا كله يمكن تحقيقه عن طريق بحوث المتابعة.

(4) البحوث التقويمية: يستهدف التقويم الكشف عن حقيقة التأثير الكلي أو الجزئي لبرنامج من برامج التنمية الاقتصادية أو الاجتماعية في النطاقين

المحلي والقومي على السواء. ولذلك فإنه من الضروري إجراء البحوث التقويمية بغرض مقارنة النتائج التي تحققت من المشروع لما كان مستهدفاً له، والوقوف على الصعوبات والمعوقات التي اعترضت تنفيذ المشروع حتى يمكن تلافيها في المستقبل.

خامساً: أخلاقيات البحث العلمي:

مقدمة:

أن العلم ينتج الحقائق ويصوغ القوانين والنظريات، فإنه من الضروري يسير وفق أسلوب التحقق من نتائجه، ففي ضوء العلم لابد للمعارف والمعلومات والحقائق أن تكون منظمة ومنسقة وأن يتم التوصل إليها عن طريق تفكير علمي منظم يستند إلي:

1- الموضوعية

2- الابتعاد عن التمنيات والأهواء الشخصية مما جعل البحث العلمي أحد الركائز الأساسية التي تحدد مصائر الشعوب والدول التي تشكل منظومة المجتمع العالمي وفق مجموعة من الأخلاقيات تساعد على إيجاد وخلق واستخلاص مجموعة من القيم تقود النظام الاجتماعي لتحقيق التوازن حيث تعرف الأخلاقيات بأنها:

مصطلح يحدد المبادئ والقيم وكذلك الواجبات والالتزامات التي ينبغي أن يلتزم بها الإنسان وعليه فأخلاقيات أي مهنة هي مجموعة من المعايير السلوكية التي يجب أن يلتزم بها صاحب المهنة.

وتقسم الأخلاقيات إلى:

1- أخلاقيات عامة: هي أخلاقيات مشتركة بين جميع المهن كالصدق والأمانة والإخلاص وحسن المعاملة.

2- أخلاقيات خاصة: وهي تختص بكل مهنة على حدة فلكل مهنة طبيعة خاصة تميزها عن سواها وكل مهنة تجاه مشكلات خاصة.

وعلى ذلك فإن أخلاقيات المهنة العامة والخاصة هي السلوكيات الحسنة التي يجب أن يتحلى بها الجميع مهما كانت مهنتهم أو أعمالهم.

مصادر أخلاقيات المهنة:

المصدر الأول: ما تحدده الأديان والمعتقدات فيما تخص علاقات العمل.

المصدر الثاني: قيم الفرد ومعلوماته ونزاهته والتي تشكلت مع مرور الزمن.

المصدر الثالث: الوثائق الأخلاقية الصادرة من الممارسات المهنية مثل الصدق والنزاهة والأمانة والانضباط ..إلخ.

المصدر الرابع: القواعد والقوانين والنظم والسياسات الصادرة من المؤسسة وتلزم جميع المنسوبي بالالتزام بها أثناء العمل وتحدد جميع المسؤوليات والواجبات الأخلاقية التي يجب أن يلتزم بها جميع العاملين.

المقصود بأخلاقيات البحث العلمي:

إذا كانت لقيم الأخلاقية تمتد إلى كافة جوانب الحياة فإن البعد العلمي من أهمها ويعرف باسم أخلاقيات البحث العلمي هي مبحث من

مباحث علم الأخلاق ويقصد به إحياء المثل الأخلاقية للبحث العلمي لدى الباحثين والدارسين وطلاب العلم والتي تحفظ العلم كيانه وللبحث قوامه.

مبادئ أخلاقيات البحث العلمي:

- البحث العلمي والمسئولية الاجتماعية.

- الانطلاق من المشروع الوطن

- المهارة الفائقة في البحث

- الحرية الأكاديمية .

- العلم والمجتمع.

- المعرفة العلمية والسلطة.

- تعليم الآخرين.

أخلاقيات البحث العلمي:

1- البعد عن الانفعال:

الشخصية المنفعلة أو الانفعالية تجعل للبحث مردود سلبي وتعيق تصاعد التفكير بشكل منتظم ومنهجي.

2- الإنصاف والموضوعية.

يجب على الباحث أن يكون منصفاً وموضوعياً في بحثه وأن يقوم بمناقشة خصمه بالحجة والأدلة العلمية للوصول إلى الحقيقة .

3- أهمية البحث العلمي:

ويقصد بها عدم إقحام الباحث نفسه في بحث لأي علم من العلوم دون أن تكون لديه الخبرة والإلمام بالتخصص.

4-التواضع العلمي:

التكبر في الحياة العلمية آفة الباحثين والبحث العلمي لذا علة الباحث أن يتصف بشخصية علمية متواضعة متقبلة لنقد الآخرين.

5-احترام الملكية الفكرية لدى الآخرين:

وهي من مظاهر الأمانة العلمية فلا ينسب الباحث ما لغيره لنفسه بل عليه أن يبين صاحب ذلك الرأي.

6-النقد الهادف:

أعمال النقد الهادف في كتابة البحث العلمي فلا يتحول الباحث إلى ناقد فقط.

7-عدم التأثر بالأشخاص والأفكار:

على الباحث أن يتعامل مع الفكرة دون النظر إلى تأثيرها أو شعبيتها كأن يندفع رأي أو فكرة لمجرد أن فلان قد أيدها أو نطق بها.

8-الدقة في نقد آراء الآخرين:

لأن التسرع وعدم التروي في نقل آراء الآخرين له مردود سلبي على البحث.

9-الصدق:

يجب على الباحث أن يبني بحثه على الصدق قولاً وعملاً وأن تكون نتائج بحثه منقولـة بصدق وأن يكون أميناً فيما ينقله.

10-سعة العلم :

على الباحث أن يسعى لتنمية علمه واتساع ثقافته وأن يعمل جاهـداً لانتفاع الآخرين بذلك العلم.

11-الصبر:

البحث يعترضه كثير من الصعاب والمشاق فعلى الباحث أن يتحلى بالصبر وسعة الصدر.

12-السلامة :

لا يعرض الباحث نفسه لخطر جسدي أو أخلاقي، كـما أن عليـه أن يحـافظ علـى سـلامة المستهدفين في البحث.

13-الخبرة:

يجب أن يكون العمل الذي يقوم به الباحث مناسبا لخبرته وتدريبه.

14-سرية المعلومات:

ويقصد بها حماية هويـة المـستهدفين بالبحث في كـل الأوقات فـلا يعمـل علـى كشف هويتهم أو الكشف عن أسرارهم لدى الآخرين.

15-الموافقة:

وهي أن يحصل الباحث على موافقة من بود العمل معهم خلال فترة بحثه وأخبارهم بذلك.

16-الانسحاب:

على الباحث أن يدرك أن المستهدفين بالبحث غالبا ما يكونون متطوعين لهم حق الانسحاب من الدراسة في أي وقت.

17-التسجيل الرقمي:

على الباحث أن لا يقوم بالتقاط صوراً أو تسجيل أصوات أو فيديو دون موافقة المستهدفين وأن تكون الموافقة قبل الشروع في البحث وليس بعده.

18-التغذية المرجعية:

على الباحث أن يعطي المستهدفين بالبحث فكرة عن بحثه ويبين لهم الهدف منه للاستفادة من النتائج الإيجابية للبحث.

19-الأمل المزيف:

على الباحث أن يكون صادقاً مع المستهدفين بالبحث فلا يؤملهم أثناء أسئلته لهم بأن الأمور سوف تتغير لصالحهم.

20-مراعاة شعور الآخرين:

ويقصد بهم المستهدفين بالبحث لأنهم أكثر عرضة للشعور بالانهزامية أو الاستسلام بسبب كبر السن أوالمرض أو عدم القدرة على الفهم أو التعبير.

21- عدم استغلال المواقف:

على الباحث أن لا يستغل المواقف لصالح بحثه يحرف أو يفسر وصولاً إلى النتائج التـي تخدم بحثه.

22- الحفاظ على البيئة:

هناك أمور يجب على الباحث مراعاتها أذا كان بحثه يستلزم إجراء تجـارب عـلى البيئـة وخاص الحيوان والنبات فيجب أن يتعامل مع البيئة بالرفق ووفقاً للقوانين المنظمة.

سادساً: الميثاق الأخلاقي للأخصائيين الاجتماعيين:

قد أعلن هـذا الميثـاق الأخلاقـي ليكـون دلـيلاً للـسلوك المهنـي لممارس مهنـة الخدمة الاجتماعية وعهداً يقطعونه على أنفسهم للالتزام به نصاً وروحاً.

ويحتل هذا الميثاق معايير السلوك الأخلاقي للأخصائيين الاجتماعيين فيما يتـصل بعلاقـاتهم المهنية مع عملائهم وزملائهم وممارس المهـن الأخـرى بـل والمجتمع ككل والميثاق لا يمثل فقط مجموعة القواعد التي تحـدد وتحكـم أيضاً مبـادئ عامـة لتوجيـه الـسلوك وترشـيده في المواقـف الإنسانية والأخلاقية والشخصية.

نصوص الميثاق

1-السلوك الشخصي للأخصائي الاجتماعي.

أ) على الأخصائي الاجتماعي أن يحافظ على المثل العليا لسلوكه الشخص.

ب) يجب على الأخصائي الاجتماعي أن يبذل قصارى جهده ليحافظ على مستوى عـالي مـن الكفاءة في الممارسة.

ج) يجب على الأخصائي أن يتحمل مسؤولية العمل الذي يؤديه أيا كانت المعاناة أو الجهد المبذول.

د) الأخصائي الاجتماعي هو كل من يتحلي بالخبرة والكفاءة والتخصص العلمي .

هـ) على الأخصائي ان يتجنب الممارسات غير الإنسانية أو المتحيزة ضد شخص أو جماعة.

و) ضرورة توافر النزاهة ونظافة اليد اتفاقا ومعايير المهنة وقيمها.

ز) يجب ألا يستغل الأخصائي الاجتماعي العلاقات المهنية لتحقيق مكاسب شخصية.

ح) على الأخصائي المشترك في بحث أن يكون مخلصا لروح البحث العلمي والأمانة المطلقة في عرض النتائج.

2-المسؤولية الأخلاقية للأخصائي الاجتماعي تجاه العملاء:

أ) أولوية مصالح العملاء هي مسؤولية الأخصائي الاجتماعي.

ب) حقوق وامتيازات العملاء يجب على الأخصائي بذل قصارى جهده لتحقيق أقصى قدر من حق تقدير المصير للعملاء إلا في الظروف الخاصة.

ج) يجب أن يحترم الأخصائي الاجتماعي خصوصية العملاء وأن يعتبر كل المعلومات التي توفرت لديه أثناء تقديم الخدمة المهنية سريه.

د) يجب على الأخصائي الاجتماعي الذي يمارس عمله في المؤسسات التي تتقاضى رسوم خاصة أن يراعي أن تكون الرسوم عادلة ومناسبة للخدمات المقدمة مع مراعاة قدره العملاء على الدفع.

3- المسؤولية الأخلاقية للأخصائي الاجتماعي تجاه الزملاء

أ) أهمية الاحترام والإخلاص والمجاملة والبشاشة عند التعامل مع الزملاء.

ب) التعاون مع الزملاء لتحقيق المصالح ولاهتمامات المهنية.

ج) الحفاظ على أسرار التي يطلع عليها مع الزملاء أثناء المعاملات المهنية.

د) يجب على الأخصائي الذي يعمل كمشرف أن يتسم سلوكيه الإشرافي بالوضوح والموضوعية دون تحيز.

4- المسؤولية الأخلاقية للأخصائي تجاه رؤسائه والمؤسسة التي يعمل بها:

أ) الالتزام تجاه المؤسسة بتحسين وتطوير السياسات وتقديم الخدمات بكفاءة وفاعليه.

ب) على الأخصائي الاجتماعي أن يتجنب التحيز المطلق للمؤسسة التي يعمل بها.

ج) على الأخصائي أن يستخدم موارد المؤسسة التي يعمل بها بحرص شديد وفي الأغراض المخصصة لها فقط.

5- المسئولية الأخلاقية للأخصائي الاجتماعي تجاه مهنه الخدمة الاجتماعية:

أ) الحفاظ على تكامل ونزاهة المهنة حيث يجب على الأخصائي الاجتماعي أن يحافظ ويدعم قيم وأخلاقيات ومعرفه ورسالة المهنة.

ب) يجب أن يسعى الأخصائي الاجتماعي إلى دعم المهنة لتقديم الخدمات الاجتماعية لأكبر قطاع ممكن من الجمهور.

ج) يجب أن يضطلع الأخصائي الاجتماعي بمسئولية تجديد وتطوير المعرفة الخاصة بالممارسة المهنية.

6-المسئولية الأخلاقية للأخصائي الاجتماعي تجاه المجتمع:

أ) يجب على الأخصائي الاجتماعي على تحقيق الرفاهية العامة للمجتمع.

ب) زيادة الخيارات والفرص لجميع الأشخاص مع الاهتمام بالجماعات العاجلة والحالات المفاجئة.

ج) يجب أن يشجع الأخصائي الاجتماعي التغييرات في السياسات والتشريعات لتحسين الأوضاع الاجتماعية وتحقيق العدالة.

سابعاً: أخلاقيات الباحث وسماته:

يجب أن يتصف الباحث في الخدمة الاجتماعية بما يلي:

1- الثقافة الواسعة:

أن الثقافة الواسعة والمعلومات العامة الغزيرة سوف تساعد الباحث على تحقيق جانب كبير من صفات الباحث والتي من أهمها الإيمان بقيمة العلم لأنه كلما تعمق الباحث في القراءة والثقافة كلما أزداد إيماناً بالعلم، وكلما توسع أفقه ورحب خياله، وتمكن من مهارة التحليل والتركيب وغرزت الأمثلة والنماذج، وترسخت لديه قيم الأمانة والأمانة العلمية وغير ذلك من السمات والصفات والخصائص الواجب توافرها في الباحث.

لذا يجب أن يتسلح الباحث بمعلومات عامة واسعة لأنه قد يستمد قراءته في بحثه المتخصص من مجالات أخرى خارج تخصصه. إن المعلومات التاريخية

والجغرافية والأدبية والفلسفية والدينية هي من الأسلحة الضرورية حتى للباحثين في مجال العلوم الطبيعية البحثية، والعلوم العملية التطبيقية.

2- اكتساب مهارات البحث العلمي:

إن الباحث من خلال تطبيقه لقواعد المنهج العلمي يجب أن يتملك مجموعة من المهارات تساعده على تحقيق أهدافه، وتنقسم هذه المهارات إلى مهارات فكرية، إذ لابد للباحث أن يكون على معرفة بالميدان بالنسبة للوضع المعرفي الراهن، وكذلك على وعي تاريخي بالمسارات التي أدت إلى هذا الوضع، وعلى الباحث عند تقديم هذه المعرفة أن ينمي في نفسه ملكة نقدية مرهفة وإحساساً بالقيمة، فليس كل ما ينشر متساوياً في قيمته. أما فيما يتعلق بالمهارات التجريبية فينبغى على الباحث المبتدئ أن يبكر بالعمل التجريبي على مسئوليته الخاصة لأنها سوف تساعده على اكتساب مزيد من الخبرة والكفاءة ويصبح بأمانة بعد ذلك أن يعمم وينفذ تجارب أكبر وأدق.

3- القدرة على التحليل والتركيب والمقارنة:

يتعامل الباحث مع ظاهرة علمية مركبة ولكي ينفذ إلى أعماق الظاهرة ويستجلي كنهها فلابد من ردها إلى عناصرها الأساسية. والتحليل يوجد مع الظواهر المادية كما يوجد بنفس القدر مع الظواهر المعنوية الفكرية فالماء مثلاً يحلل إلى عنصري الأوكسجين والأيدروجين والأوكسجين يحلل إلى غازات والأيدروجين يحلل إلى ألوان الطيف المعروفة.

إن التحليل هو عملية تنفيذ بالدرجة الأولى والتنفيذ مطلوب للبحث العلمي وهو ركن أساسي من أركانه.

والتركيب هو مقلوب التحليل إنه مجموعة من الجزئيات المحدودة والصغيرة ويؤلف فيما بينها بعلاقات علمية محكمة بحيث يكون منها إطاراً عاماً. والتركيب لا يكون في المسائل المادية فقط بل يكون في الأمور المعنوية العقلية البحتة مثل تركيب الأرقام في علم الحساب وتركيب الرموز في علم الجبر.

إن التركيب هو الذي يؤدي بنا في العلوم النظرية والعلوم العملية إلى ما يعرف بالقانون ومجموعة قوانين تتركب معا تؤدي بنا إلى ما يعرف بالنظرية العلمية.

4- استخدام أحدث ما في العصر من تكنولوجيا:

لكل عصر وسائله وأساليبه وأدواته في البحث التي يتميز بها عن العصر الذي سبقه ويجب ألا يختلف الباحثين عن الأخذ بهذه الأساليب وتلك الأدوات. إنه يجب أن يضع عيناً على الأساليب والأدوات التقليدية وعيناً على الأساليب والأدوات والتكنولوجيات الحديثة التي تفتح أمامه أبواباً سحرية لا يستطيع بالأساليب التقليدية أن يسيطر عليها أو يقتحمها.

إذا كان الباحث يتهيب استخدام التكنولوجيا الجديدة التي تساعده في تقرير موضوع بحثه وإمداده بالمصادر بل وإمداده بالنصوص والمعلومات، وهو أمر محتمل فعلاً فعليه أن يستعين بمن لا يهابون أو بمن عليهم مساعدة الباحثين في هذا الاتجاه والمهم ألا يتردد الباحث أو يخجل من ذلك، لأنه إذا تهيب وإذا خجل إذ فاته شيء كثير.

5- السرية:

على الباحث عندما يؤكد للمفحوصين أن ما يدلون به من بيانات سيتم

المحافظة على سريتها، أن يتأكد من أن هذه السرية محفوظة وهذا الأمر يعد حاسماً وحيوياً خاصة عندما تتعلق البيانات بأوجه أنشطة غير قانونية أو شاذة، فعلى الباحث شأنه شأن الصحفي أن يحمي مصادر معلوماته وبالرغم من الجدل العلمي حول هذه القضية، فعلى أية حال إذا تم حصول الباحث على بيانات من مفحوصين قد وعدهم بأنه لن يكشف عن شخصياتهم، فإن على الباحث أن يلتزم بالمحافظة على هذا الوعد وعلى الباحث أيضاً مسئولية أخلاقية تلزمه بأن يقدم المعلومات الكاملة والدقيقة وأن يبذل أقصى ما يستطيع من قدراته ومعارفه، وتتمثل المعلومات الدقيقة في المعلومات غير المتحيزة من خلال التحريف المتعمد والتلاعب والمراوغة من جانب الباحث ومن يعاونه.

6- الموضوعية:

الموضوعية تعني الحياد التام إزاء الحقائق التي نجمعها فلا نجمع من الحقائق ما يتوافق مع ميولنا ووجهات نظرنا وحسب، أو ينحاز لرأي معين أو وجهة نظر محددة لمجرد أنها تشبع هوى في نفوسنا وتؤدي إلى النتيجة التي يستريح إليها. بل يجب أن نجمع كل الحقائق حول موضوع البحث حتى لو كانت متناقضة تماماً مع الباحث ووجدانه وعقله من قبل وحتى ولو كانت تقلب رأساً على عقب النتائج التي يود الباحث الوصول إليها. ذلك أننا لا ينبغي أن نرسم صورة معينة للنتائج قبل الوصول إليها ولا ينبغي أن نوجه بحثنا في اتجاه ما نريده فهذا ضد البحث العلمي على خط مستقيم. ومن الغريب أن بعض الباحثين الذين يقومون بعمل ميداني يعتقدون أنه طالما أن الظاهرة التي يقومون بدراستها هي ظاهرة إيجابية صحية فإنها لا تستحق الدراسة وأن ما

يستحق الدراسة هي فقط الظاهرة السلبية لأن الباحث بعدها سوف يفخر بأنه وضع يده على أوضاع بالغة السوء، وأنه سوف يعدل مسار الظاهرة بما يضعه من مقترحات وتوصيات. وهذا الاعتقاد من جانب هؤلاء الباحثين اعتقاد فاسد لأن الظاهرة سواء كانت إيجابية فإننا نطمئن إلى ذلك وندعم العوامل الإيجابية التي أدت إلى هذه الظاهرة. ونتجنب العوامل السلبية التي قد تطرأ فتفسد صحة الظاهرة بنفس القدر الذي نتجنب به العوامل العقيمة التي تؤدي إلى الظاهرة السلبية.

7- أن يكون الباحث نشط وخلاق:

ينبغي أن يتمتع الباحث العلمي بنشاط مستمر وخلاق لكي يحقق إسهامات مستمرة حول الموضوعات التي يتخصص فيها، كما يجب أن يتوافر لديه الخيال الخصب والأصالة الفكرية باعتبارهما عنصران لا غني عنهما للإبداع. إن الحقيقة لا تكمن مستقرة في الطبيعة بانتظار الإعلان عن نفسها لكن محاولات الكشف عنها دائماً يجب أن يسبقها توسع في الفهم وتصور خيالي قبلي حولها من خلال أعمال العقل بصورة مستمرة تتصف بالمثابرة والتعميم واسعة الأفق.

8- أن يتصف الباحث بحسن الخلق:

فالباحث محمود السيرة حسن السمعة يمكن الاطمئنان إلى سلوكه وتصرفاته وخاصة في دراسة الحالات الفردية التي تستلزم الاتصال الشخصي بالمبحوثين.

9- أن يتصف الباحث باليقظة:

أن يكون الباحث قادراً على الملاحظة السريعة، فالباحث الناجح هو

الذي يستطيع أن يستغني عن أكبر قدر ممكن من الأسئلة التي يمكن الوقوف على إجاباتها من مجرد الملاحظة. وترتبط اليقظة والقدرة على الملاحظة ارتباطاً وثيقاً على ربط البيانات ببعضها وتمييز الصحيح من الخطأ واستبعاد المشكوك في صحتها.

10- أن يتصف الباحث باللباقة وحسن التصرف:

اللباقة تساعد الباحث على اكتساب ثقة المبحوث وتمكنه من عرض مهمته بوضوح وإيجاز. وحسن التصرف يعني قدرة الباحث على التكيف مع ظروف المجتمع موضوع البحث، فلكل مجتمع تقاليده وآدابه، والباحث الذي يستطيع أن يقدر التقاليد السائدة والذي يتمكن من معرفة اللهجات المحلية يمكنه أن يتكيف بسهولة مع التقاليد والعادات السائدة، ويستطيع أن يحصل على البيانات بدقة أكبر.

11- أن يتصف الباحث بالهدوء وضبط النفس:

الباحث الذي يتمكن من السيطرة على نزعاته الشخصية يكون قادراً على كسب ثقة المبحوثين.

12- أن يكون الباحث ذو شخصية في كتاباته:

له رأي وفكر يدعمه بحجج قوية منطقية ولغة جيدة، دون الإسراف في الاقتباس الذي يطمس شخصيته وأفكاره.

مراجـــــــــع الفصل الأول

1- أخلاقيات البحث العلمي، المركز القومي لتنمية قدرات أعضاء هيئة التدريب، 2008م.

2- طاهر حوا الزبيادي - أساليب البحث العلمي في علم الاجتماع، بيروت، مجد المؤسسة الجامعية للدراسات والنشر والتوزيع، 2011م.

3- عبد الحميد صفوت إبراهيم - البحث العلمي - الرياض. دار الزهراء،2010م.

4- محمد سيد فهمي، أمل محمد سلامه - البحث الاجتماعي والمتغيرات المعاصرة، الإسكندرية، دار الوفاء لدنيا الطباعة والنشر، 2011م.

5- محمد زكي أبو النصر، هويدا محمد عبدالمنعم - أساسيات البحث في الخدمة الاجتماعية - جامعة حلوان - كلية الخدمة الاجتماعية، 1998م.

6- سعيد جاسم الإسدي - أخلاقيات البحث العلمي في العلوم الإنسانية والتنمية الاجتماعية - البصره - مؤسسة وارث الثقافة ، 2008م.

7- دليل أخلاقيات واداب المهنه - كلية العلوم فرع دمياط، 2012م.

8- صابر بو خرغام: خطوات البحث الاجتماعي - بيروت - دار الأفاق الجديد، 2000م.

9- Baker- Therese: Doing Social Research- the university of Chicago press- Chicago, 2007.

10- Miller, R.L & Brewer The Social Research: Adictionary of key social science research concepts, sage, London, 2003.

11- Richard M Grinnell, Social work research and evaluation, F.E, Peacock publishers, Enc, Ny, 1997.

الفصل الثاني

تحديد المشكلة البحثية وصياغتها

مقدمة

أولاً: مفهوم المشكلة البحثية.

ثانياً: العوامل التي تحكم الباحث في اختياره لمشكلة البحث.

ثالثاً: عنوان البحث أو الدراسة.

رابعاً: مقدمة البحث.

خامساً: صياغة مشكلة البحث: اختيارها وتحديدها.

سادساً: تحديد المفاهيم (المصطلحات).

سابعاً: هدف أو أهداف البحث.

ثامناً: أهمية البحث (أو الدافع إليه).

مقدمة:

في البداية يجب أن نؤكد على أهمية هذه الخطوة وهي الخاصة بتحديد المشكلة البحثية وصياغتها حيث أنها تعتبر البداية الناجمة لأي مشروع بحثي وعليها تتوقف جميع الخطوات والإجراءات المنهجية الأخرى.. صحيح أن هناك خلاف بين المؤلفين والمتخصصين حول عدد هذه العناصر وحول ترتيبها إلا أنه يظل هناك اتفاق على عناصر رئيسية لا يصلح أن تخلو منها الخطة . وفي ضوء ذلك سيتم عرض هذه المكونات عامة في نهاية الفصل الثالث.

وفي هذا الفصل سنعرض مكونات تحديد المشكلة البحثية وصياغتها والتي سوف نتناولها ببعض الشرح والتفصيل وهي:

أولاً: مفهوم المشكلة البحثية:

تعرف المشكلة البحثية بأنها موضوع أو مسألة يحيط بها الغموض أو موقف أو ظاهرة تحتاج إلى تفسير وتحليل، أو قضية تكون موضوع خلاف، بحيث يمكن استخدام وتطبيق المنهج العلمي عليها.

ووفقاً لهذه التعريفات فإن مشكلة البحث ترتبط بموقف غامض غير محدد أو تبقيه موضع خلاف ثم تدور عملية البحث في جوهرها حول جمع الحقائق والمعلومات التي تساعد على إزالة الغموض الذي يحيط بالظاهرة.

ثانياً: العوامل التي تحكم الباحث في اختياره لمشكلة البحث:

1-أيدلوجية الباحث واهتماماته المعرفية:

فمجموعة الأفكار الخاصة التي يؤمن بها الباحث. والأيدلوجية التي توجه سلوكه تحدد مناطق اهتماماته البحثية.

فالظاهرة يمكن أن يراها الباحث المدقق ولكن الطريقة التي ينظر بها إلى مشكلة البحث تكون غالباً في إطاره الأيدلوجي وتعكس اهتماماته المختلفة رؤيته لهذه الظاهرة. وعلى ذلك فأيدلوجية الباحث تحدد بداهة الزاوية التي منها يرى الظاهرة أو العين البحثية الخاصة.

والبحث العلمي لا يغفل تدخل هذه الزاوية الخاصة في عملية اختيار وتحديد مشكلة الدارسة. ولكنه يقف من الباحث موقفاً واضحاً في أهمية أن يتعرف الباحث بداية إلى حجم تأثر معالجته لهذه المشكلة واختياره بحجم ونوعية معتقداته الخاصة، وأن يفطن سلفاً إلى تأثر تفسيراته ومعالجاته لهذه الخصوصيات بل يطالب بأن يعلن عنها سلفاً مثل عرض ما انتهى إليه من نتائج على المجتمع على أن يعمل على تجسيدها ما أمكن وتوضيحها قبل قيامه بالدراسة.

2-الدافعية:

ويمكن تحديد الدوافع التي تؤثر في اختيار مشكلة البحث في دافعين:

أ- الدافع العلمي:

قد يكون الهدف من الدراسة هو مجرد البحث العلمي البحث Pure Research كاختبار نظرية من النظريات ، أو الوصول إلى حقائق يمكن أن تعتبر أساساً لنظرية جديدة .وحينما يقوم الباحث بدراسة نظرية يكون هدفه الرئيسي هو مجرد إشباع الفضول العلمي، وتقديم إضافات مبتكرة إلى العلم في حد ذاته دون نظر إلى ما قد يترتب على البحث من تطبيقات عملية.

ب-الدافع العملي:

قد يكون الهدف من البحث هو الاستفادة المباشرة بالعلم في خدمة

المجتمع عن طريق الوصول إلى حلول للمشكلات التي تواجه الأفراد والجماعات كمشكلة شغل أوقات الفراغ.. ويطلق على هذا النوع اسم البحث العملي Parctical Research.

3- الإمكانيات الفنية والموارد المادية:

ونقصد بالإمكانيات الفنية مدى تناسب قدرة الباحث العلمية ولياقته في تناول مشكلة بهذه الأبعاد وهذه الدرجة من الأهمية فقد تكون مشكلة البحث أكبر من استعدادات الباحث الفنية بما يلزم أن يعاود التفكير أما في دراسة جانب واحد من جوانبها أو ينصرف إلى غيرها حسبما يتوافق مع إمكاناته ويتناسب مع الوقت الذي يحدده لنفسه من قدرة واستعداد على الاستمرار في ذلك من عدمه.

وهل سيقوم بدارسه هذه المشكلة بمفرده أم بالتعاون مع فريق من الباحثين؟ وهل لديه خبرة سابقة في تناول مثل هذه النوعية من المشكلات أم لا؟ وهل يمتلك أدوات البحث من مهارة في استخدام المنهج المناسب والاختيار الفني الدقيق لأدوات جمع البيانات؟ والقدرة على التعامل معها بالتحليل والتفسير واستخلاص النتائج وعرضها؟ إلى غير ذلك.

ولا يخفى أن التقدم التكنولوجي والعلمي قد أفاد كثيراً في إمكانية السيطرة على المعلومات وتخزينها واستدعائها وتحليلها بما يكمن أن يفيد الباحث. ولكن في تصورنا أن التعامل مع تكنولوجيا المعلومات يستلزم مهارات أعلى وإمكانية فنية أكثر بما يجعلنا نرى ضرورة تأكد الباحث من هذه المهارة قبل اتخاذ قرار نهائي في المشكلة التي استقر رأيه عليها.

على أن الموارد المادية كالتمويل وغيرها ضرورة أخرى تحدد هذا الاختيار. فالبحث يحتاج إلى الإنفاق، ويجب على الباحث أن يتأكد أن البحث في أي من مراحله لن يتهدد بالتوقف لعدم تأمين مصادره التمويلية، وعليه أن يستفيد قدر الإمكان مما تقدمه المؤسسات العلمية التي تشجع البحوث و تمويلها في المجتمع وذلك كله مما يمكن وضعه في الاعتبار عند اختياره لمشكلة بحثه.

4- الفلسفة الاجتماعية والسياسية للدولة:

في البلاد التي تتولى فيها الحكومة سياسة التخطيط ، تعمل الحكومة على تشجيع البحوث التي تساعد على جمع الحقائق والبيانات التي تلزم لعملية التخطيط، والتي تفيد في التعرف على الأهداف التخطيطية للأفراد والمجتمعات،وقياسها كما وكيفا، وترتيبها حسب أولوياتها والتعرف على ميول الأفراد واتجاهاتهم والوقوف على المشكلات الاجتماعية القائمة، وتحديد مدى تأثيرها في المجتمع والتعرف على الجماعات المهتمة بحل هذه المشكلات وتقدير الموارد والإمكانيات والتي يمكن استخدامها لعلاج المشكلات ثم اقتراح الحلول لها.

وهو ما يساعد الباحث كثيراً في تناوله البحثي ويدعم اختياره.

5- الحق الأدبي للبحث:

ألا يبدأ الباحث دراسة مشكلة أو بحث من حق جهة أخرى إتمامه لأنها بدأته، أو يمثل اختراعا خاصاً مسجلاً لها. وفضلاً عن احترام الجانب الأخلاقي للباحث هنا فإن هذا يمنع من تكرار الوصول إلى نتائج مشابهة

ومكررة، وقوائم بحوث الدوريات المتخصصة خير مرشد في هذا المجال، ولا يصح أن يبدأ الباحث ببحث مشكلة يقوم بها زميل آخر ويحاول بسرعة إنهائها على حساب الدقة العلمية لمجرد أن يسبقه بشرف بحثها.

6- الأصالة في معالجة المشكلة:

أي لا يكون للبحث مجرد نقل لأفكار وآراء الباحثين الآخرين في قوالب جديدة سواء أقام الباحث بالإشارة في مراجعة إلى هذه الأفكار أو تعمد إغفالها. ويلزم التفرقة هنا بين أن يسوق الباحث آراء الآخرين كأساس لبناء آرائه هو أو أن يصدرها لتساعد على فهم تطور المشكلة.

ولعل من الضروري أن يكون البحث مرتبطاً بمشكلة جديدة مما يخفف من وقوع الباحث في طائلة التلخيص والتكرار. ولكن صفة (الجدة) لا تعني أيضاً أن يختار الباحث مشكلة تافهة على أنها جديدة ولم يدرسها فقد يكون عزوف الباحثين عنها لهذا السبب.

توجد مقومات يمكن أن يعتد بها كدليل للباحث المبتدئ في اختيار مشكلة البحث ومنها:

1-تفادي الموضوعات أو المشكلات التي تعتمد على وثائق أو معلومات متميزة وغير موضوعية. أو في حاجة لكثير من الموازنة والقياس والتقسيم بما يفوق قدر المبتدئ.

2-تفادي المشكلات التي تمثل درجة كبيرة من التخصص والدقيق والمعوقات الفنية والتي قد يؤدي عجز الباحث المبتدئ عن تمحيصها إسلامه لليأس وفقد الثقة.

3-تفادي الموضوعات الغامضة وكثيرة التفريع والتي قد لا تكون حقائقها ومعلوماتها الأساسية في غير متناول يده.

4- وبصفة عامة يلزم الباحث المبتدئ أن يضع عدة عوامل أخرى جانبية في اعتباره منها:

أ) إمكانية الباحث العلمية إلى جانب قابلية المشكلة ذاتها للبحث.

ب) الفترة الزمنية المقررة للبحث. وضرورة اختيار المشكلة ذاتها في هذه الحدود.

جـ) ألا يفقد الباحث المبتدئ الثقة في نفسه بالدرجة التي تجعله يقع في محظور اختيار موضوعات للبحث تصلح كمقالة أو دراسة عابرة.

5- قيام الباحث المبتدئ بحصر الدراسات السابقة ذات الصلة بموضوع دراسته والوقوف على المعالجات المهنية لهذه المشكلات والإفادة من التبريرات العلمية للاختيارات المنهجية.

6-الاسترشاد بآراء ووجهات نظر الخبراء في مشكلة الدراسة.

حـ- المؤشرات المقترحة للباحث في اختيار مشكلة بحثه بموضوعية:

المشكلات المقترحة مؤشرات الاختيار ودرجاتها		المشكلة الأولى	المشكلة الثانية	المشكلة الثالثة	المشكلة الرابعة
1) الميول الخاصة للباحث تجاه المشكلة	متوافقة جداً 10 إلى حد ما 7 بعيدة عن ميوله 4				
2) إمكانية ملاحظتها بالنسبة للباحث	منظمة 10 متقطعة 7 غير ممكنة 4				

3) حجم المتأثرين بالمشكلة في المجتمع	أكثر من 75% 10 من 50 -75% 7 أقل من 50% 4				
4) فئات المتأثرين بالمشكلة في المجتمع	طفولة 10 شباب 7 كبار السن 4				
5) نطاق التأثير بالمشكلة في المجتمع	قومي 10 إقليمي 7 محلي 4				
6) خبرة الباحثين بالمشكلة بمجال المشكلة	كبيرة 10 إلى حد ما 7 ضعيفة 4				
7) جدة مشكلة البحث	جديدة 10 إلى حد ما 7 متداولة 4				
8) مصدر البيانات الخاصة بالمشكلة	متوفرة 10 إلى حد ما 7 نادرة 4				
9) التمويل اللازم للبحث في هذه المشكلة	كاف 10 إلى حد ما 7 ضعيف 4				
10) الزمن اللازم لدراسة المشكلة	طويل 10 متوسط 7 قصير 4				
المجموع					
ترتيب الاختيار					

* الدرجات التي حصلت عليها المشكلة من صفر – 40 درجة ترجيح ضعيف مرفوض.

41-40 درجة متوسط مقبول

71-100 درجة عالي جداً

ثالثاً: عنوان البحث أو الدراسة:

إن عنوان البحث هو أول ما تقع عليه عين القارئ، ومن هنا تبرز أهمية هذا العنصر؛ فمن النظرة الأولى يعرف القارئ إن كان البحث الذي يبين يديه مرتبطاً بموضوع يجذب انتباهه فيبدأ في قراءته، أم أنه غير مرتبط فيصرف عنه النظر.

ومن ناحية أخرى فقد يؤدي العنوان المصاغ صياغة سليمة دقيقة إلى جانب القارئ، والعكس صحيح ومن هنا تتضح أهمية أن يحسن الباحث إختيار الألفاظ عند صياغة عنوان البحث.

ويذكر العديد من الباحثين أن هناك أموراً تنبغي مراعاتها عند صياغة عنوان البحث لعل من أهمها ما يلي:

(1) أن يعبر العنوان تعبيراً دقيقاً عن موضوع البحث؛ فلا يغفل العنوان جوانب في البحث سيتم إجراؤها، ولا يعبر عن جوانب لا يتضمنها البحث.

(2) ألا يكون العنوان قصيراً مخلاً، ولا طويلاً مملاً، وأن تكون كلماته قليلة، حتى لا ينسى الكلام بعضه بعضاً.

(3) أن يتم اختيار ألفاظ العنوان بحيث تتصف باللغة العلمية، السليمة، البسيطة، السهلة، وليست من الكلمات المعقدة.

(4) أن تكون صياغة العنوان علمية مبسطة، وليست صياغة مجازية خيالية.

(5) ألا يحتوي العنوان على مصطلحات تحتمل أكثر من معنى- قدر الإمكان، فإن اضطر الباحث إلى ذلك، فعليه أن يوضح في نهاية خطة البحث ماذا يقصد بهذا المصطلح في بحثه الحالي.

ويضع كل من عبد الغني سعودي ومحسن الخضري (2007) خمسة شروط لاختيـار عنـوان البحث والدراسة، يمكن الإشارة إليها على النحو التالي:

الشرط الأول: أن يكون العنوان جديداً لم تتم دراسته مـن قبـل، ولم تكتـب فيـه رسائـل علميـة سابقة.

الشرط الثاني: أن تتيح قدرات الباحث الإتيان بإضافة علمية جديدة فيه، أو عرض جديد يعطي انطباعاً جديداً أو نتائج مخالفة لما سبق التوصل إليه.

الشرط الثالث: أن تكـون مراجـع الباحـث وبياناتـه يسيرة الحصـول عليهـا، أو متـوفرة بالكم المناسب.

الشرط الرابع: أن يكون الباحث مقتنعاً ببحثه ومدفوعاً له بإدراك واعٍ، واقتناع شـديد وبقدرتـه على بحثه.

الشرط الخامس: أن يتفق موضوع البحث مع رغبات وتخصص الأستاذ المشرف عـلى الباحـث وقبوله الموضوع والعنوان.

رابعاً: مقدمة البحـث:

في مقدمة البحث أو مقدمة الدراسة يشير الطالب بإيجاز إلى الكتابات والبحوث السابقة موضحاً الصلة بينها وبين الموضوع الذي يقترح بحثه. ويمكن أن يوضح الباحث بعض الأفكـار والمفاهيم الأساسية ذات الدلالة والمغزى بالنسبة لبحثه. كما يمكن أن يوضح الباحـث- في هـذه المقدمة - بعض الثغرات والمشكلات الملحة القائمة في المجال التربوي (أو النفسي أو الاجتماعـي) أو في ميدان التربية الخاصة والتي تحتاج إلى حلول وقرارات تستند إلى بحوث علمية.

لذا يمكن القول بأن المقدمة الجيدة هي التي تبدأ بالعام وتنتهي إلى الخاص المُحدَّد، وكمثال، لو فرض أن باحثاً يريد أن يبحث عن دور الخدمة الاجتماعية في مواجهة ظاهرة تأنيث الفقر، فإن المقدمة المنطقية لخطة البحث أن تبدأ عن بيانات خاصة بظاهرة الفقر عامة و ذلك من خلال الظروف الاقتصادية والاجتماعية والثقافية ثم تتحدث المقدمة عن بعض المشكلات الناتجة من هذه الظروف وذلك بإيجاز، ثم تنتهي المقدمة بالحديث عن الإحساس بالمشكلة وهي مشكلة ظاهره تأنيث الفقر.

فهنا نلاحظ أن المقدمة بدأت بشيء عام وهو الحديث عن طبيعة المجتمع الذي تقدم فيه الدراسة؛ ثم انتقلت إلى ما هو أقل عمومية، وهو المشكلات الناجمة عن الظروف المحيطة بالمجتمع، ثم انتهت المقدمة بإيجاد مشكلة، بمعنى أن الباحث يتعين عليه أن يشعر القارئ في نهاية المقدمة بوجود مشكلة، فإذا لم يشعر بوجود هذه المشكلة، فإن المقدمة تكون حينئذ غير جيدة، وتحتاج إلى إعادة النظر في كتابتها.

ويذكر "مجموعة من الباحثين" أنه يمكن توضيح ما سبق في قولنا أن المقدمة تشبه المثلث المقلوب؛ حيث تكون قاعدته عريضة (عامة)، ونهايته مدببة (مُحدّدة).

كذلك تبدأ المقدمة بالحديث عن العام، فالأقل عمومية، فالأشد تحديداً، وتخصيصاً؛ بحيث تُسلمنا في النهاية إلى الشعور بوجود مشكلة جديرة بالدراسة والبحث كما يتضح في شكل رقم (1).

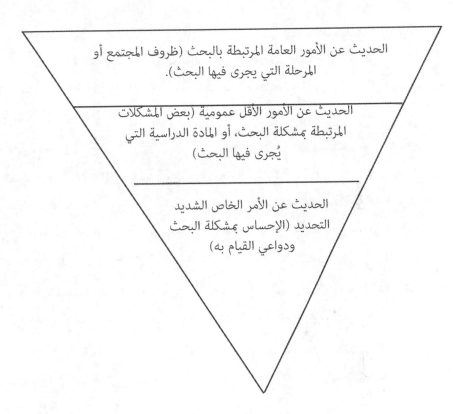

الحديث عن الأمور العامة المرتبطة بالبحث (ظروف المجتمع أو المرحلة التي يجرى فيها البحث).

الحديث عن الأمور الأقل عمومية (بعض المشكلات المرتبطة بمشكلة البحث، أو المادة الدراسية التي يُجرى فيها البحث)

الحديث عن الأمر الخاص الشديد التحديد (الإحساس بمشكلة البحث ودواعي القيام به)

و يجدر الإشارة إلى أنه ليس من الضروري أن تكون المقدمة من الأجـزاء الثلاثـة المـشار إليها؛ ذلك أن لكل بحث طبيعته؛ فإنه كانت هذه الأجزاء كثيرة أو قليلة، فإنـه يتعـين أن تـدور حول هذا التقسيم الثلاثي المبين بالمثلث، وهو رسم توضيحي يقرب للباحثين المعنى المراد؛ وليس قالباً جامداً ينبغي الالتزام به، أومن الخطأ الخروج عنه.

خامساً: صياغة مشكلة البحث: اختيارها وتحديدها:

عند اختيار مشكلة البحث وصياغتها لابد أن يحدد الباحث مجالاً عاماً لمشكلة ترتبط بالمجال الذي يثير اهتمامه والذي له خبره فيه وهو تخصصه. وعليه أن يقوم بقدر كبير من القراءة في المجال الذي يختاره، وأن يكرس ساعات طويلة لتخطيط الدراسة النهائية واختيار الموضوع الذي يهمه، وهذا سوف يزيد من معرفته للمجال الذي يعنيه و يهمه ويزيد فهمه له وتعمقه فيه.

كما نجد في بعض الكتابات في البحوث العلمية ترى ضرورة أن نُفرق بين الإحساس بالمشكلة، وتحديد المشكلة، وتذكر أن الإحساس بالمشكلة يسبق مرحلة تحديد المشكلة، فقد يرى أحد الباحثين أن هناك مجال لم يأخذ حظه من الدراسة والبحث، وليكن مجال الدافعية عند المتفوقين والموهوبين وهذا مجرد إحساس؛ لكنه ربما يستغرق وقتاً في الفحص والدراسة وبلورة هذا الإحساس قبل أن يحدد ما المشكلة التي تكمن وراء غض الطرف عن دراسة الدافعية لدى هؤلاء التلاميذ.

وكذلك الحال في كافة مجالات البحوث العلمية؛ حيث يشعر الباحث بالمشكلة، فيقرأ، ويجمع البيانات، ويدرس فترة طويلة قبل أن يحدد المشكلة؛ فإذا وصل إلى مرحلة كافية من الإطلاع، وفهم الموضوع، كانت مرحلة إعداد خطة البحث، فكتب العنوان، ثم المقدمة، التي أوضح في نهايتها الإحساس بالمشكلة، ودواعي القيام بالبحث، ثم كانت الخطوة الثالثة وهي تحديد المشكلة في خطة البحث بعد وضوحها لديه قبل الشروع في الكتابة.

وجدير بالذكر أن هناك بعض الاعتبارات التي يتعين أن يضعها الباحث نصب عينيه عند اختياره مشكلة بحثه وتحديدها ولعل من أهمها:

1- يجب أن تقع مشكلة البحث في نطاق التخصص الدقيق للباحث لأن ذلك سوف يساعده بسهولة على التعميق الجيد في بحثه.

2- أن تكون مشكلة البحث واضحة المعالم محددة أمام الباحث؛ فقد يتوهم كثير من الباحثين- بقليل من القراءة أو بملاحظة عابرة- أنه ثمة مشكلة، فيتوهمون أنهم حددوها بدقة، والحقيقة أنهم شعروا بوجود مشكلة في الميدان أو المجال الذي اطلعوا عليه، وهناك فرق-كما سبقت الإشارة – بين الشعور بمشكلة في مجال ما، وتحديد هذه المشكلة.

3- يجب أن تكون مشكلة البحث ذات دلالة وأصالة علمية بمعنى آخر أنه ينبغي على الباحث أن يكون دقيقاً في اختياره لمشكلة البحث وتحديدها ويكون ذلك ناتجاً عن رغبته وحاجة المجتمع معاً في تحقيق مناخ عام وفائدة علمية جديدة.

4- يجب تحديد مشكلة البحث بما يتفق وقدرات الباحث العلمية بمعنى آخر أن على الباحث تحديد مشكلة بحثه تحديداً دقيقاً يتناسب مع خبراته وإمكانياته العلمية خاصة إذا كان باحثاً يعمل بمفرده.

5- أن ترتبط المشكلة بواقع المجتمع ومشكلاته، وألا تكون من خيال الباحث.

6- أن تكون المشكلة جديدة، لم تدرس من قبل.

7- يجب أن يدرس الباحث الصعوبات الاجتماعية والسياسية والاقتصادية

التي قد يمكن تحيط بمشكلة بحثه وذلك عند اختيار المشكلة وتحديدها خاصة وإذا كانت المشكلة تتعلق بالنواحي السياسية ونظم الحكم وأمن الدولة أو أنها تتعلق بناحية دينية أو عقائدية، أو أنها تتعلق بإحدى النظم الاقتصادية.

8- يجب على الباحث عند اختيار مشكلة بحثه وتحديدها أن تكون مناسبة في الجهد بمعنى آخر عليه أن يراعي الوقت الزمني المتاح له. خاصة إذا كان باحثاً منفرداً ذلك لأن أهمية البحث قد تتأثر إذا استغرق البحث فترة زمنية طويلة في إجراءاته بل ربما قلت قيمة وأهمية نتائجه.

بوجه عام فأن على الباحث قبل اختيار مشكلة بحثه وتحديدها أن يراعي عدة اعتبارات منهجية تتعلق بهذه المرحلة من البحث. ويمكن تلخيص هذه الاعتبارات في أنه يجب أن تكون مشكلة البحث ذات دلالة وأصالة عالية في نطاق اهتماماته العلمية وتخصصه الدقيق فضلاً عن إمكانية القيام بدراستها.

وهذا كما يجب دراسة الصعوبات الاجتماعية والاقتصادية والسياسية والدينية والزمنية التي قد تعيق إجراءات البحث.

وهناك ثلاث محكات رئيسية يقدمها لنا "كير نجر" عند تحديدها للمشكلات الدقيقة الجيدة ويمكن تلخيصها فيما يلي:

1- يجب أن تحدد المشكلة علاقة بين متغيرين أو أكثر.

2- يجب أن تصاغ المشكلة بوضوح وتوضيع في شكل تساؤل حتى يسهل تحديدها.

3- يجب أن يعبر عن المشكلة بحيث يتضمن ذلك إمكانية الاختيار الأمبريقي.

ويمكن أن تصاغ المشكلة في إحدى صورتين على النحو التالي:

أولاهما: أن تصاغ مشكلة البحث في عبارات تقريرية مثل العبارة الآتيـة "يهـدف البحـث إلى اختيار فكرة وجود ارتباط بين الشعور بالقلق كما تقيسه اختبارات معينة، والنجاح بتفوق في الدراسة في السنة الثانية بالمدرسة الثانوية، كما تقيسه امتحانـات نهايـة العـام هـذه السنة وإحراز مجموعة مرتفع يؤكد التفوق في "السنة الثالثة".

ثانيهما: أن تصاغ المشكلة في صورة سؤال. أو أكثر من سؤال يهدف البحث إلى الإجابة عنها. فمثلاً بالنسبة لباحث أراد تطبيق اختبار تفهم الموضوع يمكن أن يصوغ مـشكلة البحـث في صورة سؤال على النحو التالي "هل يمكن الإفادة من اختبار تفهـم الموضـوع للكبـار للتميـز بـين الأسوياء والجانحين؟

وأياً كانت الصياغة التي يتم بها تحديد المشكلة، فإن الصياغة الصحيحة للمشكلة يجب أن تتضمن عنصرين مهمين:

أولاهما: تحديد الموضوع الرئيسي الذي وقع عليه اختيار الباحث.

ثانيهما: تحديد النقاط الرئيسية والفرعية التي تشمل عليها المشكلة.

ويمكن أن نقترح عدداً من الشروط اللازم توافرها في كلا الأسلوبين حتـى يمكـن أن تخرج صياغة المشكلة أكثر مناسبة للاستمرار في بحثها وقابلة لجمع معلومـات وافيـة تتعلـق بإزاحـة الغموض عنها تمهيداً للتعامل معها في ضوء تعريفنا لمشكلة البحث.

الشرط الأول:

أن تشتمل الصياغة على الموقف أو الحالة الذي اتضحت فيه أو من خلاله مـا يـدل عـلى وجود المشكلة. ويفضل أن يكون ذلك بلغة الأرقام والإحصاءات لأنها دالة خطيرة في إبراز وجود المشكلة.

الشرط الثاني:

أن تتضمن الصياغة حجم الخطورة من استمرار هذه المشكلة أو هـذا الموقف أو عـدم استمراره وتهدده بالتوقف حينما يكون المستهدف تدعيمه.

الشرط الثالث:

أن تحتل الصياغة علاقة الموقف أو المشكلة بمجال جغرافي معين أو (حدود إمكانية) وكذا بمجال زمني محدد لتتضح حدود تأثير الموقف وأهمية تحجيمه جغرافياً أو زمنياً، ويفضل أن يشتمل -ذلك أيضاً احتمالات تأثير هذا الموقف في نطاق بشرى معلوم.

الشرط الرابع:

أن تتضمن الصياغة بيانات ومعلومات دقيقة مـما يـسمح بتـشخيص الموقف تشخيصاً واضحاً. ويحدد للباحث مسار متغيراته وعلاقاته المراد ادراجها في الموقف، وحدود مفاهيمه.

الشرط الخامس:

الترتيب والإيجاز، ويقصد بالترتيب أن تتجه الصياغة من العموميات إلى التخصيص مروراً بمراحل تحول المشكلة حتى نطاق حدود بحثها الحالي.

الشرط السادس:

ألا تتضمن الصياغة تفسيراً.ولا يجب أن تشير إلى أسباب بصورة تقديرية لا تدع احتمالا لبحثها حتى يبدأ الباحث دراسته للمشكلة وهو يدرك تماماً أن الخطوات التالية هي التي ستساعد في كشف هذا الغموض والخروج بتفسيرات محدده وأنه يبدأ وهو يجهل حتى تجئ النتائج بالمعرفة.

بهذا يمكن القول بأن تحديد مشكلة الدراسة أهم خطوة في ابحث على الرغم من صعوباتها ولكنها تحدد إلى درجة كبيرة مسار الخطوات تأكيداً لها قرباً أو بعداً من الوصول إلى نتائج لها دلالتها العلمية.

سادساً: تحديد المفاهيم (المصطلحات):

يعتبر تحديد المفاهيم والمصطلحات العلمية أمراً ضرورياً في البحث العلمي.وكلما اتسم هذا التحديد بالدقة والوضوح سهل على القراء الذين يتابعون البحث إدراك المعاني والأفكار التي يريد الباحث التعبير عنها.... أي أنه من الضروري للباحث أن يعرف المفاهيم المستخدمة في مشكلة بحثه ويحاول أن يحقق لهذه المفاهيم الوضوح بما لا يسمح بأي لبس أو تأويل.

ولتحديد المصطلحات أهمية كبيرة في البحث العلمي، حيث أن ذلك يساعد الباحث على التعامل بدقة مع مشكلة البحث.

1-ما هو المفهوم:

يُعرف البعض المفهوم بأنه وصف تجريدي لوقائع ملحوظة ويرى البعض أنه الوسيلة الرمزية التي تستعين بها الإنسان للتعبير عن المعاني والأفكار المختلفة بغية توصيلها لغيره من الناس.

ومن ثم فنحن عندما نصوغ قضية ما نستعين بالمفاهيم بوصفها رمـوز لمـا ندرسـه مـن وقائع، فكان المفهوم هو تجريد للأحداث أو وصف مختصر لوقائع كثيرة.

2- كيفية تحديد المفاهيم:

لتحديد المفاهيم تحديداً دقيقاً يمكن الاستفادة من مجموعة القواعد الآتية:

1-تحديد الخصائص البنائية والخصائص الوظيفية للمفهـوم: حيـث تـشير الخصائص البنائيـة للأشياء إلى المادة التي تتكون منها الأشياء، وكذا التغييرات التي تطرأ على خـصائص هـذه المواد. أما الخصائص الوظيفية فإنها تشير إلى الوظيفية أو مجموعة الوظائف التي تؤديها الأشياء.

2- ربط المفهوم بالتعريفات السابقة له:ويشير "أكوف" Ackoff إلى مجموعة مـن النوجيهـا التـي تساعد على تحقيق هذه الغاية مثل:

-حاول أن ترجع إلى التعريفات السابقة والحالية للمفهوم.

-حاول أن تصل إلى المعنى المتفق عليه في أغلب التعريفات.

صيغ تعريف تجريبي يدور حول المعنى الذي تجتمع عليه أغلب التعريفات.

-اخضع التعريف للنقد على أوسع نطاق.

-ادخل تعديلات نهائية على التعريف على ضوء النقد الصحيح الذي تتلقاه.

3-التحقق من دقة المفهوم وعموميته ويمكن تحقيق ذلك من خلال التأكد مما يلي:

-صفة الإيجار وتحديد المعنى بدقة.

-التعبير الدقيق الواضح عن فكرة واحدة.

-العمومية في الاستخدام في نفس مجال التخصص.

4- الاستعانة بالتعريفات الإجرائية لتوضيح معنى المفهوم كلما أمكن ذلك عن طريق التعبير بوضوح عن خصائص ومكونات هذا المفهوم بصورة يمكن ملاحظتها أو قياسها أو تسجيلها.

ومما يجدر ذكره، أن لمصطلحات البحث مصادر كثيرة يلجأ إليها الباحث، وأن من أهم هذه المصادر: المعاجم اللغوية العلمية، ومعاجم المصطلحات،ودوائر المعارف المتخصصة، والموسوعات، والبحوث والدراسات السابقة، وكتابات المتخصصين في الكتب، والمراجع ، والدوريات، ونحوها.وينبغي للباحث عندما يأخذ مصطلحاً من هذه المصادر أن يشير إلى المصدر الذي أخذ عنه المصطلح.

سابعاً: هدف أو هداف البحث:

إن لتحديد هدف أو أهداف البحث وتوضحيها أهمية كبيرة في البحث العلمي، فتحديد مشكلة البحث لا تبدو قيمتها واضحة ما لم تتضح أهدافها.

ونود الإشارة إلى أن هناك من الباحثين من يخلط بين أهداف البحث وأهميته، ذلك أن هناك خيطاً رفيعاً يفصل بين أهداف البحث وأهميته، والأهداف تجيب عن سؤال الباحث لنفسه: لماذا يُجري هذا البحث؟ أي أن الأهداف توضح ما يسعى الباحث للوصول آلية بإجراء بحثه.

أما أهمية البحث فتعتبر ما يضيفه البحث-بعد الانتهاء منه- من فوائد إلى الميدان العملي ومجال التخصص.

ولنضرب مثلاً نوضح به الفرق بين الأهداف والأهمية. لنفترض أن عنوان البحث الذي نحن بصدد إجراءه: هو فاعلية برنامج التدخل المهني (المدخل المعرفي السلوكي) في "تخفيض مظاهر سلوك العنف لدى أطفال الصف الثالث الابتدائي".

فإن أهداف البحث يمكن أن تصاغ على النحو التالي:

1-تحديد مظاهر سلوك العنف لدى أطفال الصف الثالث الابتدائي.

2-تقديم برنامج للتدخل المهني باستخدام أساليب (المدخل المعرفي السلوكي) يمكن أن يساهم في تخفيض مظاهر سلوك العنف لدى أطفال الصف الثالث الابتدائي.

3-قياس مدى فاعلية برنامج التدخل المهني (المدخل المعرفي السلوكي) في تخفيض بعض مظاهر سلوك العنف لدى أطفال الصف الثالث الابتدائي.

أهمية البحث، فيمكن أن تصاغ على النحو التالي:

1- تزويد مجال المرحلة الابتدائية ببرامج التدخل المهني (المدخل المعرفي السلوكي) لتحديد مظاهر سلوك العنف لدى الأطفال بصفة عامة، و أطفال الصف الثالث الابتدائي بصفة خاصة.

2-تقديم نموذج للتدخل المهني (المدخل المعرفي السلوكي) في المجال التعليمي للأطفال الذين يبدون بعض مظاهر سلوك العنف بصفة عامة، وأطفال الصف الثالث الابتدائي بصفة خاصة.

3- توجيه أنظار القائمين على تخطيط البرامج والمشروعات التعليمية إلى الحد من مظاهر سلوك العنف المدرسي من خلال بناء واستحداث برامج للتدخل المهني.

ونود هنا أن ننبه الباحث إلى أمرين مهمين:

الأمر الأول- أنه عندما يكتب خطة بحثه لابد أن يفصل أهداف البحث عن أهمية، بمعنى أن يكتب أهداف البحث أولاً، ثم أهمية البحث.

الأمر الثاني- أن يراعي الباحث عند صياغة أهداف البحث وتوضيح أهميته، أن تكون مرتبطة بموضوع البحث، وأن ينتقي عبارات توحي بالتواضع، ذلك أن بعض الباحثين حين يتحدث عن أهمية بحثه يذكر أن بحثه سيصلح المجال كله، بل ربما يصلح ميدان الدراسة بأكمله.

ثامناً: أهمية البحث (أو الدافع إليه):

من خلال المقدمة يصل الباحث إلى أهمية قيامه بالدراسة من حيث الجانبين النظري والتطبيقي، ويتعين على الباحث أن يعطي من الأدلة والأسباب ما يؤكد هذه الأهمية ويبرزها، مما حدا به إلى القيام بدراسته.

ويذكر "بدر العمر" (1985) "أن أهمية البحث(أو الدراسة) هي التي توضح حجم المشكلة التي يبحثها وجديتها.ومن خلال أهمية البحث يمكن للآخرين الاقتناع أو عدم الاقتناع بجدوى هذه الدراسة. لذلك يجب على الباحث أن يعطي لأهمية الدراسة عناية خاصة، وخصوصاً، إذا كان البحث سيتم تمويله من جهة معينة. وفي هذا الصدد يمكن للباحث أن يرجع إلى مجموعة من الدراسات والبحوث السابقة يعزز بها مشكلة بحثه كما يمكن للباحث أن يستعين بجهات الاختصاص للحصول على بيانات وإحصائيات مرتبطة بمشكلة البحث ليعزز بها موقفه".

مراجــــــع الفصل الثاني

1-بدر عمرالعمر: تصميم خطة البحث التربوي، تقرير عن الدورة التمهيدية الثالثة في البحث التربوي، المركز العربي للبحوث التربوية لدول الخليج، 1985.

2-عبد الرحمن سيد سليمان: البحث العلمي خطوات ومهارات، القاهرة، عالم الكتب، ط1 2009.

3-عبد الغني سعودي ومحسن الخضري: كتابة البحوث العلمية ورسائل الدبلوم والماجستير والدكتوراه، القاهرة، مكتبة الأنجلو المصرية، 2007.

4-طلعت مصطفى السروجي وآخرون: مناهج البحث في الخدمة الاجتماعية، مصر، مركز نشر وتوزيع الكتاب الجامعي، جامعة حلوان،1998م.

5-محمد زكي أبو النصر وآخرون : أساسيات البحث في الخدمة الاجتماعية، غير منشور، كلية الخدمة الاجتماعية ، جامعة حلوان، 1998م.

6-محمد عبد العزيز المدني: تصميم بحوث الخدمة الاجتماعية، القاهرة، دار الثقافة للطباعة والنشر والتوزيع، 1991م.

7- Charels, R.W. Right; Evaluation Research, in: International Encyclopedia of Social Science, 1980.

8- D. Nachmias Research Methods in the Social Sciences, St. Matrin`s Press, New York, 1981.

9-J. Bymer & R.M. Stribly, Social Research; Principles & Procedures, Longman, open University, N. Y., 1979.

10- J. Ross, et. Al., Methodology in Social Research, London, 1975.

11- Miller, R., L.,& Brewer, J., D., eds, The A.-z. Social Research; A Dictionary of Key Social Sciences Research Concepts, SAGE, London, 2003>

12- Nan Lin, Foundations of Social Research, McGraw Hill, Book Company, New York, 1976.

13- Richard M. Grinnell, JR, Social work Research and Evaluation, F.E, Peacock Publishers, Inc, NY., 1997.

14- S. Labovitz, & G. Hagedorn, Introduction to Social Research, See: ed., Mc Graw-Hill, Book Company, N.Y, 1971.

الفصل الثالث

تحديد الفروض العلمية والمتغيرات

مقدمة

أولاً: صياغة الفروض.

ثانياً: المتغيرات في بحوث الخدمة الاجتماعية.

ثالثاً: الدراسات السابقة.

رابعاً: حدود الدراسة.

خامساً: مراجع ومصادر الدراسة.

مقدمة:

سوف نناقش في هذا الفصل صياغة الفروض العلمية في بحوث الخدمة الاجتماعية والمتغيرات وأهمية ربط مشكلة البحث بالإطار النظري للدراسة وكذلك أهمية تحديد وتوضيح حدود الدراسة بالإضافة إلى أهمية كتابه مراجع ومصادر البحث (الدراسة).

وبنهاية هذا الفصل سيتم عرض لمكونات تحديد المشكلة البحثية وصياغتها على شكل رسم بياني.

وسيتم تناول ما يلي ببعض الشرح والتفصيل:

أولاً: صياغة الفروض:

يمكن تعريف الفرض بأنه تفسير مفتوح للمشكلة موضوع الدراسة، أو تفسير مؤقت، أو محتمل يوضح العوامل ما والأحداث أو الظروف، التي يحاول الباحث أن يفهما.

وتجدر الإشارة إلى أن أهمية الفرض تنبثق من كونه خطاً هادياً للباحث يوجهه إلى اتجاه صحيح، ذلك أن الفروض تحدد مجال الدراسة بشكل دقيق، وتنظيم عملية جميع البيانات، مما يقف حائلاً دون العشوائية، وتجميع بيانات غير ضرورية أو غير مفيده، أضف إلى ذلك أن الفرض يعمل كإطار ينظم عملية تحليل البيانات ومن ثم تفسير نتائج البحث.

أنواع الفروض:

هناك أنواع عديدة للفروض وسنحاول أن نوضحها من خلال بعض وجهات النظر:

* وجهة نظر تقسم أنواع الفروض من حيث أهميتها:

أ) فروض رئيسية:

وهي فروض تناقش قضايا كلية رئيسية مثل دراسة العلاقة بين التمسك بالقيم الدينية ومعدل التحصيل الدراسي.

ب) فروض فرعية:

وهي فروض تناقش قضايا فرعية تفصيلية مثال ذلك دراسة أثر الثقافة على العلاقة بين التماسك بالقيم الدينية ومعدل التحصيل الدراسي.

* وجهة نظر أخرى تقسم الفروض من حيث صياغتها إلى:

أ) فرض العدم:

وهي فكرة مبدائية في ذهن الباحث تناقش العلاقة الارتباطية بين متغيرين أو أكثر من متغيرات البحث بصورة عكسية لما في ذهن الباحث.

ونلاحظ أن لهذا الفرض مزايا وعيوب ولعل أهم مميزاته أنه يزيد من الموضوعية وعدم التمييز إلا أن هذا يقود الباحث بعيداً عن الحقيقة تحت دواعي الحرص على توفير الموضوعية لخطوات ومراحل الدراسة.

ب) فرض حقيقي:

وهو فكرة مبدئية في ذهن الباحث تناقش العلاقة الارتباطية بين متغيرين أو أكثر من متغيرات البحث وفقا لما في ذهن الباحث.

ومن مميزاته أنه يساعد الباحث على تحديد اتجاه الباحث إلا أن عيوبه هي أن الباحث قد يقع أحيانا تحت تأثير حرصه على إثبات حسن فرضه مما قد يوقعه في خطأ التميز لفكرة أو رأي معين.

مراحل عملية وضع الفروض

هناك مرحلتان بالنسبة لعملية وضع الفروض وهما:

أولاً: مرحلة تحديد أنواع الفروض وتتضمن:

- فروض رئيسية.
- فروض فرعية.
- فروض العدم.
- فروض حقيقية.

ثانياً: مرحلة صياغة الفروض وتنقسم إلى قسمين:

أ) من حيث الشكل ويتضمن:

- الإيجاز.. أي تصاغ فروض البحث بإيجاز غير مخل.
- استخدام لغة سهلة واضحة ومفهومة.
- الابتعاد عن المصطلحات العلمية المعقدة.
- استخدام لغة سليمة.

ب) المضمون ويتضمن:

- أن تبدأ بالقضايا الكلية ثم تتدرج للقضايا الفرعية.
- أن يناقش الفرض العلاقة بين متغيرين أو أكثر من حيث تأثرهم ببعض أو تأثير البعض في الآخر.
- يجب أن يناقش الفرض طبيعة وقوة واتجاه العلاقة الارتباطية بين متغيرين أو أكثر من متغيرات البحث، فمن حيث طبيعة العلاقة هل هي علاقة ارتباطية طردية أو عكسية ومن حيث القوة فترجع إلى

معامل الارتباط فكلما كان معامل الارتباط كبيراً كانت العلاقة قوية والعكس صحيح، أما من حيث الاتجاه أي تحديد اتجاه تاثير المتغيرات بعضها في البعض الآخر بمعني تحديد أي المتغيرات يؤثر وأي المتغيرات يتأثر.

- أن يكون الفرض واقعيا وقابلاً للتحقق من صحته.
- أن يصاغ الفرض في صورة جملة خبرية أو في صورة تساؤلية استفهامية أو في صورة احتمالية.

وأما مصادر اشتقاق الفروض فقد يكون المصدر حدس الباحث أو تخميناته وقد يكون نتيجة تجارب أو ملاحظات شخصية، وقد يكون استنباطاً من نظريات علمية، وقد يكون مبنياً على أساس منطقي، وكذلك قد يستخدم الباحث نتائج دراسات سابقة في صياغة فرض أو فروض بحثه.

ونؤكد هنا أن استنباط الفروض أو التحقق منها يعتبر هدفاً من أهداف البحوث العلمية.

ولكننا نؤكد أيضاً أن البحوث الاجتماعية خاصة في مجتمعاتنا العربية مازالت في مهدها ومن الخطأ أن نتعالى علماً ونبدأ بحوثنا الاجتماعية بفروض واهية بل الأجدر بنا أن نوجه اهتمامنا على سد النقص القائم في ميادين العلوم الاجتماعية وذلك بإجراء الكثير من الدراسات الاستطلاعية أولاً والتي تمكننا نتائجها من استخلاص بعض الفروض التي يمكن الاعتماد عليها وليس هناك وجه مفاضلة بين دراسة تبدأ بفروض أو دراسة تهدف إلى استنباط فروض من الوجهة العلمية فطبيعة الموقف ذاته ومدى ما لدينا من علم بظاهرة تحدد لنا المدى الذي يمكن الاعتماد عليه في استنباط فروض لنبدأ بها بحثنا.

كما نضيف أيضاً أن عملية البحث هي عبارة عن عملية موضوعية للكشف عن حقائق وليس ترجيح أو رفض فرض معين لذلك فعلى الباحث دائما تذكر أن النتائج السلبية التي قد يصل إليها قد لا تقل قوة عن النتائج الإيجابية.

وقد يخشى الباحث من أن النتائج التي يصل إليها ولا تتفق مع ما فرضه من فروض مبدئية وقد يعتقد خطأ أن هذا ينقص من قدرته العلمية ولكن يجب على الباحث أن يتذكر أن نجاح بحثه يعتمد على الموضوعية الكاملة والتي تعتبر المبدأ الأخلاقي الهام الذي يجب أن يتصف به الباحث.

شروط الفروض العلمية:

يشترط على الباحث عند صياغته للفروض العلمية مراعاة ما يلي:

1- أن تكون الفروض (واضحة) حيث هذه الغاية توجب عليه أن يحدد المفاهيم التي تشتمل عليها الفروض تحديداً دقيقاً واضحاً وأن يعرفها تعريفاً إجرائياً كلما أمكنه ذلك لتصل إلى أكبر قدر ممكن من الدقة والوضوح.

2- أن يصوغها (بإيجاز) وأن يضعها على هيئة قضايا واضحة يمكن التحقق من صدقها، ولتحقيق هذه الغاية يمكن للباحث أن يصف المقياس والوسائل التي يمكن استخدامها للتحقق من صحة الفروض وكلما تمكن الباحث من صياغة دقيقة واضحة سهل عليه أن يخضعه للاختبار العلمي الصحيح.

3- أن يجعل فروضه (قابلة للاختبار) فالفروض الفلسفية والقضايا

الأخلاقية والأحكام القيمية صعب بـل يستحيل اختبارهـا في بعـض الأحيـان ولـذا يجب على الباحث أن يبتعد عنها وأن يحاول التفكيـر في الاسـاليب والأدوات التـي يستخدمها.

4- أن يربط بين الفروض التي يضعها وبين النظريات التي سبق الوصول إليها إذ لا يمكن للعلم أن يتقدم إذا حاول كـل باحـث أن يختبـر فروضـاً لا صـلة لهـا بغيرهـا مـن النظريات العلمية.

5- أن يجعل الفروض خالية من (التناقض).

6- أن يلجأ إلى مبدأ الفروض المتعددة فيضع عدة بدلاً مـن أن يضع فرضـاً واحـداً إلا أن من الواجب على الباحث أن يقتصد في نفس الوقت من عدد الفروض فكلما كـان عدد الفروض كثيرة كان ذلك أدعى إلى تشتيت الفكر وضياع الوقت.

ثانياً: المتغيرات في بحوث الخدمة الاجتماعية:

المتغيرات: Variables

المتغير هو صفة أو خاصية مـن خـواص شيء ولها أكثر مـن قيمة واحـدة في الظروف والأوقات المختلفة وكما يوحي المعني اللغوي لهذا المفهوم فإنه يتضمن شيئاً يتغير ويأخذ قيماً وصفاتاً مختلفة ويتصف بعدم الثبات.

والمفاهيم التي تصف الاختلافات بين النـاس يطلـق عليها المتغيرات ويمكن دراستها ووصفها وقياسها.

والمتغير مفهوم بخصائص مختلفة ويأخذ قيماً مختلفة.

والمتغير بذلك هو تجريد منطقي يعبر عن عدد من الصفات والقيم ويمكن قياسه كمياً ووصفه كيفياً.

ويجب على الباحث تحديد متغيرات دراسته بدقة وتجريد كل متغير وتحديد نوع المتغير حيث لا توجد دراسة علمية بلا متغيرات. ويمكن تحديد أنواع الدراسات طبقاً لعدد المتغيرات إلى:

أ) دراسات ذات المتغير الواحد.

ب) دراسات ذات متغيرين.

ج) دراسات تتضمن أكثر من متغيرين.

ومن المنطقي إذن تحديد المتغيرات حيث توجد أنواع عديدة للمتغيرات نذكر أهمها في:

1- المتغيرات الكمية.
2- المتغيرات النوعية.
3- المتغيرات المستمره.
4- المتغيرات المتقطعة.
5- المتغير التابع.
6- المتغير المستقل.
7- المتغير الوسيط.
8- المتغير السابق أو المتقدم.
9- المتغير الزائف أو الخقني.
10- المتغير المتضمن.

1) المتغيرات الكمية: Quantative

المتغير الكمي هو ذلك المتغير الذي يمكن تمييزه بالدرجة أو التكرار أو الكمية مثل الطول، الوزن، الغياب الذي يعبر عنه بالتكرار.

ويمكن أن تكون قيم المتغير مرتبة 1، 2، 3، 4... الخ ومن ثم فهي متغيرات قابلة للتقدير الكمي وللأعداد معنى كمي.

2) المتغيرات النوعية: Qualitative

هي المتغيرات التى تصنف الأفراد أو الأشياء حسب النوع ولذا فهي تفقد صفة الترتيب مثل متغير الجنس الذي يصنف الأفراد إلى ذكور وإناث، متغير التخصص الذي يصنف الأفراد إلى متخصص وغير متخصص والمهنة وهكذا.

وهو متغيرات لا تقدر عددياً أو ليس للأعداد فيها معنى كمي.

3) المتغيرات المستمرة: Continuous

المتغير المستمر هو ذلك المتغير الذي يمكن أن يأخذ أية قيمة بين نقطتين وهي مقياس معين كالوزن والعمر والذكاء ودرجات التحصيل.

4) المتغيرات المتقطعة: Discrete

المتغير المتقطع هو الذي تكون القيم الخاصة به محددة على مقياس معين كالجنس يمكن أن يكون إما ذكر أو أنثي ولا توجد بينهما قيمة أخرى واللون والحالة الاجتماعية والحالة التعليمية وهكذا. ويمكن التمييز بين المتغيرين المستمر والمتقطع في أن الأول يمكن أن يكون له قيم كسرية مثل 5، 6، 8، 9 في حين لا يمكن لقيم النوع الثاني إلا أن تكون أرقاماً كاملة 1، 2، 3، 7، 9، 18... الخ.

5) المتغير التابع: Dependent Variable

ويعكس هذا المتغير الظاهرة نفسها اهتمام الباحث ومشكلة وقضايا دراسته مثل الأنحراف مثلاً عندما نبحث عن هذه الظاهرة بإخضاعها

الملاحظة أو التجريب فإننا نتحدث عن متغير تابع نبحث به عن أسباب؟ هل الظروف الأسرية؟ هل المنحرف نفسه؟ هل أصدقاء السوء؟ هـل نتيجـة لأحباطـات في حيـاة الفـرد؟ فـالاحتمالات عديدة.

وعندما نفترض فرضاً فإننا نربط بين هذا المتغير ومتغير أخر بمعنى أننا نفـترض نظريـاً أن هذا أن هذا المتغير التابع كان السبب في حدوثه ووجوده متغير أخر هو المتغير المـستقل ويـأتي المتغير التابع دائماً بعد المتغير أو المتغيرات التـي سـببت في حدوثـه سـواء في صـياغة موضـوع الدراسة أو قضاياها أو الفروض النظرية للدراسة.

والمتغير التابع بذلك هو المتغير الذي يسعى الباحث للكشف عن تـأثير المتغـير المـستقل فيه فإذا جاز أن نسمى المتغير المستقل بالمثير أو المسبب أو المعالجة فـإن المتغـير التـابع يأخـذ أسماء مقابلة هي الاستجابة أو الأثر أو الناتج، ولـذلك فـإن الباحـث لا يتـدخل في هـذا المتغـير ولكنه يلاحظ أو يقيس ما يمكن أن يترتب على الأثر الذي يحدثه المتغير المـستقل، وهـو بـذلك المتغير الذي يقع عليه التأثير من المتغير المستقل.

مثال: العوامل المؤثرة على عنف الأطفال العنف في هذا المثال هو المتغير التابع.

6) المتغير المستقل: Independent Variable

ويعرف بأنه ذلك المتغير الذي يبحث أثره في متغير آخر (التـابع) وللباحـث القـدرة عـلى التحكم فيه، للكشف عن اختلاف هذا الأثر باختلاف قيمته أو فئاته أو مستوياته.

وهو بذلك السبب في حدوث الظاهرة أو المثير أو المنبه الذي يستتبعه استجابة.

مثال: العلاقة بين عدد ساعات الاستذكار والتحصيل الدراسي حيث وجد في هذا المثل متغيرين أحدهما مستقل والآخر تابع وبالتالي فتفسيرنا الظاهرة وتحليلنا للنتائج تحليلاً أحادي المتغير وهو المتغير المستقل ونقدم به تفسيراً للظاهرة، كأن نقول مثلاً كلما زادت عدد ساعات الاستذكار كلما زادت احتمالات التحصيل الدراسي.

ويتم التعبير عن هذه العلاقة كالتالي:

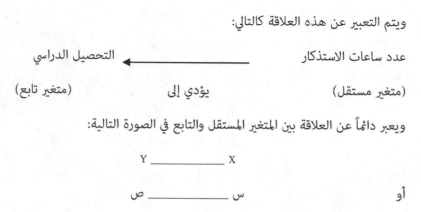

عدد ساعات الاستذكار ← التحصيل الدراسي

(متغير مستقل) يؤدي إلى (متغير تابع)

ويعبر دائماً عن العلاقة بين المتغير المستقل والتابع في الصورة التالية:

X ——— Y

أو س ——— ص

7) **المتغير الوسيط: Intervening Variable**

ويعتبر متغيراً ضابطاً يلزم وجودة حتى يمكن للمتغير المستقل (X) أن يؤثر في المتغير التابع (Y).

وغياب المتغير الوسيط الضابط للعلاقة بين المتغيرين المستقل والتابع لا يساعد على توضيح العلاقة بينهما ولا يساعد على التفسير حيث يتم تاثير المتغير المستقل في المتغير التابع عن طريق المتغير الضابط وهو المتغير الوسيط والذي يقع غالباً وسيطاً بين المتغيرين المستقل والتابع ويساعد في تعميق وتفسير العلاقة بينهما وتأخذ العلاقة الشكل التالي:

X ______ Z ______ Y

مستقل وسيط تابع

مثال: العلاقة بين التعليم والمشاركة في التنمية

مستوى التعليم ← المشاركة ← التنمية

8) المتغير السابق أو المتقدم: Antecedent variable

تتحدد أهمية المتغير السابق أو المتقدم مثل المتغير الوسيط في تحديد العلاقة السببية بين المتغيرات بما يساعد على دقة التفسير وصدقها والبعد عن التفسيرات الخاطئة أو المضللة.

ويقع المتغير السابق في الترتيب السببي قبل المتغير المستقل.

في المثال السابق نجد أن هناك متغيراً سابقاً وهو المستوى الاجتماعي للأسرة أو تعليم الوالدين بحيث تبدوا الصورة في الشكل التخيلي التالي:

المستوى الاجتماعي للأسرة ← مستوى تعليم الفرد ←

المشاركة ← التنمية

وتكون هذه المتغيرات كالتالي:

م	المتغير	النوع
1	المستوى الاجتماعي للأسرة	سابق أو متقدم
2	مستوى تعليم الفرد	مستقل
3	المشاركة	وسيط
4	التنمية	تابع

ويهمل الكثير من الباحثين الاجتماعيين تأثير المتغير السابق أو المتقدم بالرغم من أهميته في دقه وموضوعية التفسير حيث أن المتغير السابق خاصة في العلوم الاجتماعية سواء أكان كمياً أو نوعياً لا يمكن تجريده بدرجة عالية يمكن الاعتماد على هـذا التجـرد في التفسير وأن هنـاك العديد من المتغيرات التي قد تؤثر في المتغير المستقل ومن ثم تؤثر في ضبط التجريب والتحكم في المتغير التجريبي.

9) المتغير الزائف أو المختفي: Extraneous

فقد يحدث أن يجد الباحث علاقة قوية بين متغيرين ويعتقد أن هذا المتغير ربمـا حـدث صدفه وارتبط بالآخر نتيجة وجود متغير ثالث هو الذي تسبب في إحداث كليهما.

مثال ذلك: إذا أخذنا مثلاً تجربة بافلوف الشهيرة صوت الجرس يسيل لعاب الكلب علاقة إيجابية قوية هنا. ولكن هل يعقل أن صوتاً يسيل لعاباً؟ لا بالطبع وأن هنـاك متغير ثالـث مخبوء هو (الارتباط الشرطي) الذي يسبب حدوث الاستجابة (اللعاب) ولو لم يكن هذا الارتباط لما سال اللعاب.

وفي بحوث التدخل المهني للخدمة الاجتماعيـة قـد يـزداد تعـاون العميـل مـع الأخصائي الاجتماعي وقد يتسرع الباحث ويرجع هـذا التعـاون لنمـوذج أو نظريـة معينـة يـستخدمها في التدخل المهني مع العملاء، ولكن قد يرجع ذلك إلى متغير ثالث كمهارة الباحث مثلاً في الإقناع أو مهارة التأثير ومتغير المهارة هذا زائف أو مختفي.

10) المتغير المتضمن: Component

مـن الأخطـاء الـشائعة لـدى بعـض البـاحثين في الخدمـة الاجتماعيـة اسـتخدام

متغيرات ضخمة غير محددة فقد يفترض الباحث أن البنية النفسية لشخصية الفرد تؤثر في سلوكه واتجاهاته أو أن البنية الاجتماعية تؤثر في شخصية الفرد.

وفي الحقيقة أن مثل هذه الموضوعات لا تشرح لنا شيئاً وعلى الباحث أن يبحث عن المتغيرات المتضمنة داخل هذه المتغيرات الشاملة.

ولذا وجب على الباحث أن يحدد متغيراته بدقة حتى يستطيع إيجاد العلاقة أو الأثر ويمكنه من التحكم في المتغيرات بما يساعده على إثراء المعرفة العلمية والممارسة المهنية وكلما حدد متغيرات دقيقة غير شاملة ضخمة كلما أمكنه تحقيق ذلك.

ثالثاً: الدراسات السابقة:

بعد أن يستقر الباحث على مشكلة معينه يحدد فروضها ومتغيراتها، فإن الخطوط التالية لهذا هي أن يحدد صلة هذه المشكلة بالإطار النظري بمعناه الشامل: فالإطار النظري يشتمل على كل الموضوعات والقضايا، والدراسات التي تمس جوانب هذه المشكلة بشكل مباشر وغير مباشر. وهذا يتطلب من الباحث أن يحيط بكل ما كتب أو نشر عن موضوع دراسته من بحوث ودراسات سابقة، فضلاً عن الموضوعات الأخرى ذات الصلة غير المباشرة بموضوع بحثه. ومن ثم يمكن القول أن هذه الخطوة تستهدف تلخيص نتائج البحوث السابقة والتعرف على منهجيتها، والأدوات التي استخدمت فيها، واستكشاف الصعوبات التي صادفت الباحثين السابقين وكيفية تغلبهم على تلك الصعوبات.

ومما تجدر الإشارة إليه أن ربط مشكلة البحث بالإطارة النظرى للدراسة يفيد الباحث عند عرض نتائج الدراسات وفي تحليل وتفسير هذه النتائج. إذ يتمكن الباحث من وضع نتائج دراسته بين نتائج الدراسات السابقة. وييستطيع عن طريق المقارنة أن يكشف عن أوجه الاتفاق وأوجه الاختلاف بين هذه البحوث والدراسات وما توصلت إليه من نتائج وما توصل إليه الباحث عند الانتهاء من إجراء دراسته.

إن إستعراض البحوث والدراسات السابقة يؤدي إلى إثراء فكر الباحث وإستثارته. فمن الساعات التي يقضيها في المكتبة أو أمام الإنترنت يتعلم الذي إكتشفه الآخرون بالفعل في مجال بحثه أو دراسته، ويلاحظ الثغرات في المعرفة والنتائج المتضاربة، ويتوصل إلى البحوث المطلوبة. كذلك فإن دراسة الباحث لبحوث غيره من الباحثين يضع يده على طرق التصدى لمشكلة من المشكلات، وعلى الحقائق، والمفاهيم، والنظريات، وقوائم المراجع التي قد تثبت فائدتها بالنسبة لبحثه.

رابعاً: حدود الدراسة:

من المهم أن يوضح الباحث حدود بحثه أو دراسته، وعاده ما يذكر الباحثين في خططهم البحثية حدود بحثهم من حيث:

أ) موضوع الدراسة.

ب) المنهج المستخدم.

ج) عينة الدراسة.

د) تحديد الأداه أو الأدوات اللازمة لجمع البيانات.

هـ) الأسلوب الإحصائي المستخدم.

وفيما يلي عرض موجز كلاً منها:

من المهم أن يوضح الباحث حدود بحثه أو دراسته؛ وعادة ما يذكر الباحثين في خططهم البحثية حدود بحثهم من حيث:

أ) موضوع الدراسة:

ويقصد بموضوع الدراسة المتغيرات التي يتناولها لباحث بالدراسة.

ب) المنهج المستخدم:

منهج البحث هو ما يقوم به الباحث للحصول على نتائج لدراسته.

ومنهج البحث – بهذا المعنى – عملية منظمة ذات أهداف. والإجراءات المستخدمة ليست أنشطة عشوائية، ولكنها عمليات يتم التخطيط لها بعناية. ويمكن القول: أن منهج البحث هو الخطة التي يتخذها الباحث – بعد أن وضعها سلفاً – للحصول على البيانات وتحليلها؛ بفرض الوقوف على طبيعة مشكلة من المشكلات.

ج) عينة الدراسة:

من حيث مصادر الحصول عليها، وطرق انتقاؤها، واختيار أفرادها هل هي عينة عشوائية، طبقية... وما إلى ذلك (كما سنوضح فيما بعد) وتقسيمها إلى مجموعات تجريبية وضابطة. وأساليب وطرق المجانسة بينهما على المستويين الإحصائي، والوصفي.

د) تحديد الأداة أو الأدوات اللازمة لجمع البيانات والمعلومات:

يشير مفهوم الأداة إلى الوسيلة التي يجمع بها الباحث البيانات والمعلومات التي تلزمـه سواء كانت هذه الأدوات جاهزة أعدها باحثون سابقون، أم سيقوم الباحث بإعدادها ومـن ثم تقنيها، ويذكر أمام الأداة اسمها وتاريخ إعدادها. ويستخدم المشتغلون بالبحث عدداً مـن أدوات جمع البيانات من بينها الملاحظة، والاستبيان والمقابلة... وما إلى ذلك (كما سنوضح فيما بعد).

هـ) الأسلوب الإحصائي المستخدم:

ينبغي أن تحتوى خطة البحث على وصف للأساليب الإحصائية التـي سوف يستخدمها الباحث في تحليل بيانات الدراسة. وقد يتطلب تحليل البيانات في دراسات مسحية معينة تبويباً بسيطاً للنتائج وعرضها وسوف تتطلب معظم الدراسات – على أية حال – طريقة إحصائية أو أكثر.

ومن المعروف أن هناك أكثر من برنامج يمكن استخدامه في الكمبيوتر للقيام بـالتحليلات الإحصائية التي يحتاج إليها الباحثون. ومن أمثلة هـذه البـرامج ما يسمى بالحزمة الإحصائية للعلوم الاجتماعية Spss وهو برنامج يحتوى على برامج إحصائية متعددة من حيث الأنواع التـي يحتاج إليها الباحثون في الميادين التربوية والنفسية والاجتماعية، وما شابه ذلك.

وهذه الحزمة هي الأكثر شيوعاً واستخداماً في الأوساط البحثية.

خامساً: مراجع ومصادر الدراسة:

يرجع الباحث في أثناء إعداد خطة البحث، وكذلك في بقية مراحل البحث، إلى عـدة مراجع، لذلك تقتضى الأمانة العلمية أن يسجل هذه المراجع.

أ) أهمية كتابة مراجع ومصادر البحث (الدراسة):

للبحث العلمي قواعد وأصول مهمة ينبغي مراعاتها والتقيد بها، ومن أبرز هذه القواعد ما يتعلق بالمراجع والمصادر التي رجع إليها الباحث من حيث ضرورة توثيقها بدقة ووضوح حتى تكون دليلاً لكل باحث في هذا المجال وتتعلق هذه القواعد وتلك الأصول بأمرين مهمين من أمور البحث العلمي وهما الأمانة والدقة. وأما الأمانة فهي تعنى أن الباحث ينسب المعرفة أو المعلومة إلى صاحبها وألا يسجل الباحث إلا المراجع التي استخدمها فعلاً. وأما الدقة فهي تعنى أن يشير الباحث بوضوح إلى مصدر المعلومة؛ سواء أخذها من كتاب منشور، أو تقرير مكتوب، أو من محاضرة غير منشورة، أو من مقابلة شخصية وما إلى ذلك من مصادر المعلومات.

ب) طريقة كتابة المراجع:

ليست هناك طريقة متفق عليها في كتابة المراجع والمصادر بين مختلف المؤسسات العلمية، حيث ما زالت كل جهة تتبع طريقة معينة، ولكن يتفق الجميع على توثيق المرجع يجب أن يشتمل على ما يلي:

أسم المؤلف، واسم الكتاب، ورقم الطبعة أو رقم الجزء، وبلد النشر، ودار النشر، وسنة النشر.

كما أنه من الضروري وضع رقم الصفحة إذا كان المرجع مثبتاً في متن البحث أو هامش الصفحات.

ملاحظات عامة يجب مراعاتها فيما متعلق بالمراجع:

(خصائص وشروط مراجع للبحث الجيد).

1- يجب أن تكن المراجع أصلية (أساسية) لها صلة مباشرة بموضوع الدراسة أي تكون متخصصة في موضوع الدراسة.

2- كلما كانت المراجع أحدث كلما كان ذلك أفضل، ولكن ليس كل مرجع حديث يصلح للنقل والاقتباس، وعلى الباحث أن يوازن بين قيمة المرجع وتاريخ تأليفه، علماً بأنه في نطاق الدراسات التاريخية قد تكون الوثائق القديمة كالمخطوطات القيمة وأوراق البردي والمذكرات الهامة أكثر قيمة.

3- تدرج المراجع في نهاية البحث أو الكتاب، ولا يشار لأرقام الصفحات التي تم الاقتباس منها، ويتم كتابة هذه المراجع حسب التسلسل الأبجدي لأسم المؤلف دون اعتبار (ال) التعريف مع مراعاة التسلسل أيضاً في المراجع الأجنبية بعد كتابة هذه المراجع وفقاً للقب العائلة.

4- يجب مراعاة الدقة التامة في النقل، والاقتباس مما هو سليم، مع الحذر الشديد والتأكد من سلامة المكتوب.

5- يجب ألا يكون الباحث مجرد ناقل بل يحافظ على شخصيته وآرائه ويدرج أفكاره في ثنايا الكتابة.

6- يمكن عند مصادر البحث في نهايته أن يذكر اسم الباحث مقروناً مع ألقابه العلمية والوظيفية، ويسمح بذلك في فقرات التقدير والشكر والاعتراف بالعرفان.

7- تدون المراجع باللغة التي تجئ بها دون ترجمتها.

8- إذا قام الباحث بتلخيص أفكار المؤلف مع الحفاظ على البناء الرئيسي لأفكاره ولغتـه – كلـما أمكن – تسبق كتابة المرجع كلمة للاستزادة (أنظر)، أما إذا أعـاد الباحـث صياغة أفكار المؤلف بعد استيعابه لأفكاره الاساسية بالتعبير عنها بأسلوبه هو فإنه يسبق كتابة المرجع جملة (المصدر بتصرف) أو يشار إلى المرجع مباشرة دون وضع علامتي للتنصيص حول مـا تم اقتباسه.

والشكل التالي يعرض المكونات العامة لخطة البحث:

مكونات خطة البحث

(1) عنوان البحث او الدراسة

(2) مقدمة البحث

(3) صياغة مشكلة البحث: اختيارها وتحديدها

(4) تحديد المفاهيم (المصطلحات) تحديدا إجرائيا

(5) هدف او اهداف البحث

- أ) من الناحية النظرية
- ب) من الناحية التطبيقية

(6) اهمية لبحث (او الدافع اليه

- أ) أهداف آنه
- ب) أهداف مستقبلية

(7) صياغة الفروض

- فروض
  - أ) رئيسية
  - ب) فرعية
- فروض
  - أ) العدم
  - ب) حقيقية

(8) المتغيرات

(9) الدراسات السابقة

(10) حدود الدراسه

- موضوع الدراسة
- المنهج المستخدم
- عينه الدراسة
- الأداء المستخدمة
- الأسلوب الأحصائي

(11) مراجع الدراسة

مراجـــــــع الفصل الثالث

1- أحمد محمد عليق: تصميم وتنفيذ بحوث الخدمة الاجتماعية، غير منشور، جامعة الإمام محمد بـن سعود الإسلامية، 1995م.

2- رجاء محمود علام: مناهج البحث في العلوم النفسية والتربوية، ط-4، القاهرة، دار النشر للجامعـات، 2004م.

3- طلعت مصطفي السيدوجي وآخرون: مناهج البحث في الخدمة الاجتماعية، مصر، مركز نـشر وتوزيـع الكتاب الجامعي، جامعة حلوان، 2008م.

4- عبدالرحمن سيد سيمان: البحث العلمي خطوات ومهارات، القاهرة، عالم الكتب، 2009م.

5- عبدالرحمن عدس وآخرون: البحث العلمي، مفهومه، أدواته – أساليبه، عـمان، دار مجدلاوي، للنـشر والتوزيع، 2004م.

6- محمد عبدالعزيز المدني: تصميم بحدث الخدمة الاجتماعيـة، القـاهرة، دار الثقافـة للنـشر والتوزيـع، 1991م.

7- محمد الوفائي: مناهج البحث في الدراسات الاجتماعية والإعلامية، القاهرة، الأنجلو المصرية، 1989م.

8- A.N. Oppenhein. Questionnaire Design & Attitude Measurement, Helnemann, London, 1972.

9- Claire selltize, et al, Research methods in social relations, New York, 1976.

10- D.C. Miller, Hand Book of Research Design and Social Measurement, David Mcksy Comp. incs. N. Y., 1964.

11- Dady, David, Social Researeh Methods, N, Y. Prentice Hall, Inc., 1984.

12- E. Krausz. & S.H. Miller, Social Research Design, Longman London, 1974.

13- H. W: Smith, Strategies of Social Research, Prentice Hall Inter. Inc., London, 1975.

14- R. O`brien, an Overview of the Methodological Approach of Action Research, http: //www.web. net/robrien/Pepers/armal. html 26-8-2007.

15- T. S. Wipkinson, & P. C. Bandarker, Methodology & Techniques of Social Research, Himalaya Pub., House Bombay, 1979.

الفصل الرابع

أنواع الدراسات في بحوث الخدمة الاجتماعية

مقدمة.

أولاً: الدراسات الاستطلاعية.

رابعاً: الدراسات التجريبية.

مقدمة:-

البيانات عليه أن يدرك أولاً طبيعة العلاقة بين مجموعة من الحقائق أولها الهدف من الدراسة سواء كانت علمية أو عملية التي يسعى الباحث نحو تحقيقها من وراء إجراء دراسته، ثم يبني على ذلك إلمامه التام بنوع المنهج الذي يناسب طبيعة دراسته ذلك الإلمام والفهم الذي يساعده في اختيار هذا النوع من المناهج أو ذاك، وهنا لا يجد الباحث صعوبة في اختيار الأدوات التي تمكنه من جمع بيانات دراسته أو قياس المتغيرات المشتملة عليها.

وهناك تصنيفات متعددة للبحوث والدراسات الاجتماعية من أهمها:

أولاً: تصنيف فيليب كلين الذي يقسم البحوث إلى عدة أنواع هي:

1- بحوث في أدوات ومناهج البحث.

2- بحوث تقيس الاحتياجات الأساسية للأفراد والجماعات والمجتمعات.

3- بحوث تقيس الخدمات التي ينبغي تقديمها ومدى فائدتها للاحتياجات.

4- بحوث لتقويم النتائج المترتبة على تقديم الخدمات المطلوبة.

5- بحوث لتقويم الأساليب المتبعة في تقديم الخدمات.

ثانياً: تصنيف جاهودا التي قسمت البحوث إلى عدة أنواع أهمها:

1- بحوث استطلاعية أو كشفية.

2- بحوث وصفية وتشخيصية.

3- بحوث تجريبية.

ثالثاً: تصنيف عبدالباسط محمد حسن الذي قسم البحوث إلى عدة أنواع هي:

1- بحوث استطلاعية أو كشفية.

2- بحوث وسفية.

3- بحوث تخبتر الفروض السببيه.

ونجد أن أهم أنواع البحوث في الخدمة الاجتماعية تتمثل في:

1- بحوث استطلاعية أو كشفية.

2- بحوث وصفية.

3- بحوث تقويمية.

4- بحوث تجريبية.

أولاً: الدراسات الاستطلاعية:

لما كان الباحث الاجتماعي يبدأ الدراسة الاستطلاعة (الكشفية) وهو يجهل الكثير عن طبيعة الموضوع الذي يدرسه، فإن تصميم هذا النوع من الدراسات يستلزم قدراً أكبر من المرونة والشمول وعدم التحديد الدقيق.

ويقصد بهذا النوع من الدراسات أنها: تلك التي تمكن فيها الباحث - عن طريق الكشف عن حلقات مفقودة أو غامضة في تسلسل التفكير الإنساني بوجه عام وأن يساعد في الربط والتحليل والتغير العلمي الذي يضف إلى المعرفة الإنسانية وكائز جديدة.

ويتجاوز الخلاف الأكاديمي فيما يتعلق بالتقسيمات المختلفة لدراسات

إلا أننا نميل إلى الأخذ بمعيار طبيعة الموضوعات ودرجة جدتها ومجال اهتمام مشكلاتها في اختيار نوعية الدراسة المناسبة.

والدراسات الاستطلاعية أنسب ما تتكون لتحديد:

1- المشكلات البحثية المناسبة والتي يغلب عليها صفة الجدة والجداره العلمية والعملية بالتنازل، فالدراسات الاستطلاعية تحقق من هذه الناحية وظيفة الاختبار.

2- اقتصادية المعالجة إذ يمكن للدراسات الاستطلاعية أن تساعد الباحث في تقدير الحقائق العلمية التي يمكن تناولها بالحث المتعمق فيما بعد عن غيرها من الحقائق وهي من هذه الناحية تقدم للنوعيات الأخرى من الدراسات المتغيرات التمهيدية التي ترتكز علها في الوصول إلى المعرفة الدقيقة المعممة.

3- وظيفة الترتيب حيث تساعد الدراسة الاستطلاعية في ترتيب هذه المتغيرات بحسب مسئوليتها أو علاقتها بالمشكلات، وكذا ترتيب الموضوعات المختلفة المتعلقة بهذه النوعية من الظواهر لتحديد اتجاهات التناول مستقبلا بواسطة دراسات وبحوث أخرى لاحقة.

4- الاستطلاع ونقصد به أن تحدد الدراسات الاستطلاعية لغيرها من الدراسات طبيعة المداخل المناسبة للتعامل مع واقع المشكلة والزمان والمكان المناسبين لجمع البيانات.

5- تحديد اجرائية المفاهيم... فالباحث عليه أن يحدد مفاهيمه المستخدمة في أي دراسة. والدراسات الاستطلاعية تزود الباحث بالأساليب الاجرائية التي تساعد على قياس هذه المفاهيم المتعلقة بمتغيراته بلغة الموقف نفسه.

وفي تصنيف للدراسات الاستطلاعية يمكن أن تقسم بدورها إلى:

أ) دراسات استطلاع رأي غير مصنفه: ومنها يكتفي ببيان عدد الإجابات بالنسبة للأسئلة كي توضح النسب المئوية الرأى الغالب بالنسبة لموضوع معين سواء بالقبول أو بالرفض.

ب) دراسات استطلاع رأي مصنفة: والتي تظهر نوعية من يميلون إلى رأي معين أو يرفضون مسألة معينة سواء من ناحية الجنس، العمل، السن، المستوى التعليمي، المستوى الاقتصادي أو السكن..

ج) دراسات استطلاع رأي مسببه: وهي بجانب تحديد نوعية المستجيبين للإسئلة يتم تصنيف أسباب الرفض أو القبول للأمر المطروح أمامهم من وجهة نظرهم، بدون أن تتعمق في الدوافع وراء هذه الاحتياجات أو تلك الاسباب.

تتضح مسئولية الباحث في هذه النوعية من الدراسات على النحو التالي:

1- الرجوع إلى الكتابات النظرية المباشرة والمتصلة بموضوع البحث ومن أهم هذه الكتابات: المراجع العلمية في المكتبات المركزية للجامعات وفي الكليات التي ترتبط تخصصاتها وأقسامها العلمية بهذه النوعية من الموضوعات، أبحاث الرسائل العلمية للدكتوراه والماجستير والرجوع إلى تصنيفاتها المسلسلة زمنيا (كشافات الرسائل العلمية أو الحصول على قوائم اسمائها وموضوعاتها من مراكز المعلومات التي تستخدم أجهزة الكمبيوتر) لرصد هذه الأسهامات العلمية وتخزينها في خدمة الباحثين.

2- النشرات الدورية التي تحرص الهيئات والمنظمات المختلفة في المجتمع على إصدارها حيث تبين هذه الدوريات كثير من المعالم المتصلة بطبيعة الخدمات التي تقدمها والمستفيدين منها، وكذا إعطاء فكرة تجميعية عن بعض الدراسات التي قامت بها في هذا المجال.

3- الكتابات في الميادين الأخرى قريبة الصلة بمجال الدراسة بما يحقق شمولية المعالجة والوقوف على الابعاد المختلفة للظاهرة.

4- الخبرة الفنية المتعلقة بالتعامل مع هذه المشكلات في مجالاتها المختلفة حيث يتطلب الأمر اتصال الباحث بعدد من المهتمين بالمشكلة والوقوف على نتائج خبرتهم في هذا الميدان.

5- محددات معالم المشكلة أو الظاهره: فيعمد الباحث إلى تخير بعض العناصر التي تمثل معالح موجبه أو سالبه للمشكلة فدراسة ظاهرة التفوق الدراسي مثلا تجعل الباحث يتخير عدداً من المتفوقين (معالم ايجابية) والمتقدمين دراسيا (معالم سالبه) وأخرين من الطلاب العاديين لتتضح معالم الموضوع.

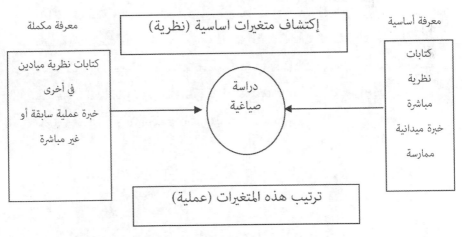

شكل رقم (1) يوضح طبيعة الدراسة الاستطلاعية

وبدراسة موضوع مشاركة الأهالي في جهود التنمية في مجتمع محلي مثلا للوقوف على العوامل المؤثرة في هذه المشاركة.

- يتخير الباحث عددا من الغرباء عن المجتمع بجانب أهالي المجتمع أنفسهم ليستطيع أن يقف على طبيعة هذه المشاركة. وفيم تختلف مشاركة أهالي المجتمع عـن غـيرهم في نفس المجتمع؟

- وعندما يتخير مفرداته من أهالي المجتمع ليقف على مـشاركتهم وحجـم ونوعيـة هـذه المشاركة وعوائقها فإنه يجب أن يراعى أن يكونوا ممثلين لطوائفه الاجتماعية المختلفة وطبقاته الاجتماعية المتفاوته وهي كلها معالم محدده للظاهرة موضوع الدراسة.

- وقد يميل باحث آخر إلى اختيار مصادر معلوماته من عدد من المشاركين الفعليين مـن أهالي المجتمع في مشروعات وجهود التنمية، وعددا من غـير المـشاركين، عـدد ثالـث توقفت أو انخفضت مشاركتهم.

- ويفضل مع كل ذلك أن يتم الاختيار طبقـا لمراحل انتقـال في حيـاة المجتمـع (فـترات تاريخية مميزة) كفترات التغير الاقتصادي والاجتماعي أو بفترات تاريخ وتطور جهود التنميـة ذاتها في المجتمع. وأن يشترك في ذلك المسئولون عن هذه المشروعات أنفسهم لذا فعندما يحقق الباحث تنوع مصادره، تظهر المعالم الواضحة لموضوعه. وذلك ما يمهد لدراسات تالية متعمقـة تحدد كيفية تدعيم مثل هذه المشاركة في مجتمعات محلية أخرى لهـا نفـس ظـروف مجتمـع الدراسة الحالي.

أهمية الدراسات الاستطلاعية:

هناك اتجاه شائع يهون من شأن الدراسات الاستطلاعية ويقلل مـن شـأنها وقيمتهـا عـلى أساس أن البحوث التجريبية هي فقط البحوث العلميـة والواقـع أن البحـوث التجريبيـة إذا مـا أرادت أن يكون لها قيمة نظرية أو اجتماعية فينبغى أن ترتبط بموضوعات أوسع من تلك التي بحثت في التجربة، وهذا الـربط بموضوعات أوسـع لا يمكـن أن ينـتج إلا مـن استكشاف بـصير لإبعاد المشكلة التي يحاول البحث أن يعالجها.

ومع أننا نعالج الدراسات الاستطلاعية باعتبارها وحدة مستقلة إلا أنه من المهم أن ننظر إليها كخطوة مبدئية في عملية البحـث، ففـي العمـل نجـد أن أصـعب خطـوة في البحـث هـي الخطوة الأولى، والمناهج الدقيقة التي يصطنعها الباحث في المراحل الأخيرة من بحثه لـن يكـون لها إلا قيمة ضئيلة إذا كانت بداية البحث خاطئة أو غير سليمة.

وأيا كان الغرض من إجراء الدراسة الاستطلاعية فإن أصالة الباحث وحسن حظـه يلعبـان دوراً كبيراً في مدى نجاحها، ومع ذلك يمكن تحديد بعض الطرق التي يمكن عن طريق استعمالها – الحصول على نتائج ذات قيمة – وذلك بالبحث عن المتغيرات الهامـة والفروض ذات الدلالـة ونجمل هذه الطرق في ثلاث:

1- استعراض تراث العلوم الاجتماعية الذي يرتبط بالمشكلة وكذلك تـراث العلـوم الأخـرى التـي قد يكون لها صلة بها.

2- تحليل الأمثلة المثيرة للاستبصار.

3- إجراء مسح للأشخاص الذين قد يكون لهم خبرة عملية بالمشكلة موضوع البحث.

وأغلب الدراسات الاستطلاعية تستعمل واحدة أو أكثر من هذه الطرق، وعلى أي الأحوال فأيا كان المنهج المستخدم فينبغي استخدامه بمرونة ليتكيف مع الطبيعة الخاصة لكل بحث. وعندما تتحول المشكلة - التي عادة ما يكتفها الغموض في البداية - إلى مشكلة أكثر تحديداً ينبغي إجراء تغييرات في إجراءات البحث حتى يمكن جمع البيانات التي تتناسب مع الفروض التي تبرز من الدراسة.

عوامل نجاح الدراسة الاستطلاعية:

إن أهم ما يميز هذا النوع من الدراسة هو المرونة في البحث ولكى تأتي الدراسة الكشفية الاستطلاعية بأفضل النتائج يمكن للباحث قبل أن يبدأ بحثه أن يستنير بالأساليب الآتية:

1- الإطلاع على البحوث السابقة القريبة من الموضوع.

2- استشارة المشتغلين بالميدان والمهتمين بدراسة الموضوع.

3- تحليل بعض الحالات التي تزيد من استبصارنا بالمشكلة.

ثانياً: الدراسات الوصفية:

من المتعارف عليه أن تحديد الدراسة المناسبة للباحث تتم على ضوء طبيعة الموضوع. وفي ضوء المجال الذي يهتم به وكذا نوعية وطبيعة معلوماته التي انتهي إليها أو يرغب في الحصول عليها.

فالدارسة الوصفية تستهدف تقرير خصائص ظاهرة معينة أو موقف تغلب عليه صفة التحديد. وتعتمد على جمع الحقائق وتحليلها وتفسيرها لاستخلاص دلالتها. وتصل عـن طريـق ذلك إلى أصدار تعميمات بشأن الموقف أو الظاهرة التي يقوم الباحث بدراستها.

يعرف هويتني الدراسة الوصفية بأنها التي تتضمن دراسـة الحقائـق الراهنـة المتعلقـة بطبيعة ظاهرة أو موقف أو مجموعة من الناس أو مجموعـة مـن الأحـداث أو مجموعـة مـن الأوضاع.

وتذهب سليتز وزملاؤها إلى أن عـدداً كبيراً مـن الدراسـات الاجتماعيـة عنيـت بوصـف سمات المجتمعات المحلية، فالباحث يستطيع أن يدرس جمهـور مجتمـع محـلي مـا مـن ناحيـة توزيع السن، والديانة، والحالة الصحية والعقلية ونسبة التعليم إلى آخر هذه البيانات.

كذلك فهي تحدد ما إذا كانت ظاهرة معينة تتكـرر. وما إذا كانت في تكرارهـا مرتبطـة بعوامل أخرى معينة.

وعادة ما يسبق ذلك افتراض مبدئي لوقوع مثل هذه الظاهرة، وأن كان هـذا ليـس دائـم الحدوث.

والدراسة الوصفية في تقديرنا هي دراسة تشخيصية تعمد إلى تحديد الظاهرة كما وكيفـا. وعلى مستوى الحاضر والماضي القريب أيضا بما يحقق المعرفة الكاملة عن ابعاد وطبيعة الموقف المراد دراسته للتعامل معه بمسببات مسئولة في دراسات تجريبية تالية. وهـي تتضمن دراسـة الحقائق الراهنة المتعلقة بطبيعة موقف أو مجموعة من الناس أو مجموعـة مـن الأحـداث، أو مجموعة من الأوضاع.

وتظهر العلاقات المترابطة والمتشابكة فيما بينها وتضع في خدمة الباحـث توصيفا دقيقاً كاملاً عن هذه الحقائق.

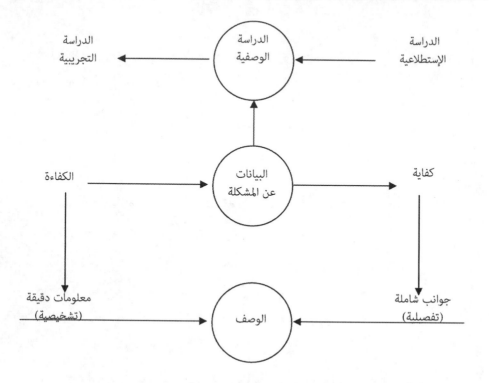

الدراسة الوصفية

الدراسة التجريبية ← الدراسة الوصفية ← الدراسة الإستطلاعية

الكفاءة ← البيانات عن المشكلة ← كفاية

معلومات دقيقة (تشخيصية) ← الوصف ← جوانب شاملة (تفصيلة)

شكل رقم (2) يوضح أبعاد الدراسة الوصفية

وتستلزم هذه النوعية مـن الدراسـات تصميما مرنـا يقـع في موقـع وسـط بـين المرونـة الشديدة في استيفاء المعرفة في الدراسـة الاستطلاعية والدقة والتحديد العـالي في النوعيـة مـن الدراسات التجريبية.

وتتميز بحوث هذه الدراسات الوصفية بأنها تأخذ وقتـا وجهـداً كبـيراً مـن الباحث لكنها في المقابل تعطى تغطية جيدة مـن جميـع زواياهـا.. وفي رأينا أن هذا الوقت والجهد يصبح ميزة إذا أتعب الباحث نفـسه في وضـع خطـة جيـدة

مناسبة للتعامل مع متغيراته وجمع المعلومات من مصادرها، وحدد أهدافه وعزل بين بعيدها وقريبها ولم يسرف في تقدير ما يمكن أن ينجزه.

وكمثال لدواعي استخدام الدراسة الوصفية ما طالعتنا به إحدى الدراسات التي (اهتمت ببحث مشكلات المرور وآثارها على التنمية في المجتمع السعودي – دراسة ميدانية على مدينة الرياض).

إذ يسوق الباحث مبررات اختياره صياغة علمية واضحة وبأهداف متواضعة غير مبالغ فيها وبإدارك عميق لما يفعل.

(لما كانت دراستنا تهدف إلى كشف تأثير مشكلات المرور على التنمية في المجتمع. فضلا عن محاولتها التعرف على جوانب مشكلة المرور في السعودية بابعادها المختلفة، مع محاولة عرض وسائل الحد من هذه المشكلة، وإمكانية المساهمة في مواجهتها فإن الدراسة تعتبر دراسة وصفية تهدف إلى وصف وتشخيص مشكلة البحث).

(هذا وقد نهجنا في هذا البحث نهجاً وصفيا نظريا من خلال دراسة التراث العلمي، والدراسات والبحوث المتعلقة بموضوع البحث، فضلا عن قيامنا بجمع البيانات اللازمة، والمعلومات والاحصاءات التي تخدم هذا الموضوع من كافة جوانبه).

هذا من ناحية ومن ناحية أخرى أستندنا إلى نتائج الدراسة الميدانية التي تم تطبيقها على عينة من المبحوثين في مدينة الرياض.

أهداف الدراسة الوصفية:

تستهدف هذه الدراسات الحصول على معلومات كافية دقيقة عن موقف

اجتماعي معين، وبالرغم من أن معظم الوسائل في جمع المعلومات تصلح لهذه الدراسات – فيمكننا استخدام الاستفتاءات، والمقابلات الشخصية والملاحظة المباشرة... الخ – بالرغم من هذا فإن هذه الدراسة من حيث اتجاهها تتصف بالتحديد بدرجة أكبر مما تتصف به الدراسة الكشفية، فخطوات السير في الدراسات الوصفية والتشخيصية أكثر تحديداً منها في الدراسة الكشفية، وهي تستهدف تقويم موقف يغلب عليه التحديد بينما هدف الدراسة الكشفية تخطيط معالم مشكلة غامضة غير محددة تماماً، ولذلك كانت الحاجة إلى اتخاذ الوسائل العلمية الكفيلة بتقليل التحيز في البحوث الوصفية والتشخيصية أكبر بكثير منها في البحوث الكشفية.

وهناك شرطان رئيسيان ينبغي أن يتوافر في البحوث الوصفية أو التشخيصية:

الأول: هو التقليل من احتمال التحيز في وصف عناصر الموقف وفي تقويمها.

الثاني: هو الاقتصاد في الجهد الذي يبذل في البحث مع الحصول على أكبر قسط من المعلومات.

وينبغي أن نضع نصب أعيننا هذين الاعتبارين في خطوات البحث كلها سواء منها صياغة المشكلة، أو طرق جمع المعلومات اللازمة للبحث، واختيار العينة، أو تحليل المعلومات أو تسجيل النتائج وأغلب الأبحاث التي يشيع فيها استخدام الدراسة الوصفية والتشخيصية هي الأبحاث الخاصة بالمسح الاجتماعي.

وإذا ما نظرنا إلى مجتمعنا السعودي نجد أننا في أشد الحاجة لهذا النوع

من الدراسات، فثقافتنا ومقوماتها وما تحتوى عليه من نظم اجتماعية وعادات وتقاليد لم تتناولها البحوث الاجتماعية بعد كما أشرنا من قبل، ولا يمكن للباحث في مجال السلوك الإنساني أن يتقدم لاختبار الفروض السببية دفعة واحدة بغير ما سند عريض من البيانات الاجتماعية والسلوكية الأساسية. فلا مفر إذن أمام الباحث السعودي في ميدان السلوك من أن يقنع في الأونة الحاضرة ولعدد كبير نسبياً من السنين بإجراء الدراسات الاستطلاعية والوصفية. فمجال البحث في السلوك الإنساني أشبه ما يكون بميدان القتال، والعدو هنا هو المجهول الذي يحاول الباحث أن يجلو غوامضه ويكشف الستر عن معطياته وألغازه وكما أن المقاتل لا يستطيع أن يندفع إندفاعة هوجاء للقاء العدو – قبل أن يستكشف الميدان ويتمثل أبعاده الأساسية – فكذلك الباحث لا يستطيع أن يقفز في لحظة لاختبار فروض عن سببية السلوك الإنساني قبل أن يتوفر له قدر معقول من البيانات.

القواعد العامة لتصميم الدراسات الوصفية:

بالرغم من أن الدراسات الوصفية قد تستخدم عدداً كبيراً من أدوات البحث: إلا أن ذلك لا يعني أنها تتميز بالمرونة التي تتصف بها الدراسات الاستطلاعية إذ يجب أن تخطط إجراءات البحث بدقة في الدراسة الوصفية وما دام أن الهدف من الدراسة الوصفية هو الحصول على معلومات كاملة ودقيقة فينبغي إذن أن يكفل تصميم البحث عدم التحيز بدرجة أكبر من التي نتطلبها في الدراسة الاستطلاعية، والدراسات الوصفية تتطلب جهوداً كبيرة في البحث، لذلك ينبغي أن يضع الباحث نصب عينيه الاقتصاد في الوقت والمال والمجهود.

وهذه الاعتبارات جميعاً تؤثر في الواقع في جميع مراحل الدراسة في صياغة أهدافها، وفي تصميم أدوات جمع البيانات، وفي اختيار العينة، وفي جميع البيانات وتحليلها وأخيراً في كتابة التقرير النهائي، والدراسات الوصفية لا تقتصر على استخدام أداة من بين أدوات البحث فهي قد تستخدم جميع أدوات البحث مثل استخدام المقابلات والاستخبارات، والملاحظة المباشرة المنظمة، والملاحظة بالمشاركة، وتحليل الوثائق والسجلات..

ثالثاً: الدراسات التقويمية

التقويم أحد العمليات المستمرة المرتبطة بممارسة النشاط الاقتصادي والاجتماعي والتي تستلزم مراجعة ما تم تحقيقه إلى ما كان مستهدفا في جملة هذا النشاط، ويمكن تعريفه بأنه:

وسيلة موضوعة تستهدف الكشف عن طبيعة التأثير الكلي أو الجزئي لبرنامج أو مشروع من المشروعات.

وفي الخدمة الاجتماعية يمكن القول بأنه:

عملية تهدف إلى قياس مدى نجاح أو فشل أهالي المجتمع في تحقيق أهدافهم وبذلك فإن التقويم:

1- أحد العمليات الفنية الدقيقة التي تستهدف الوقوف على سير برنامج أو مشروع معين واقتراب أو انحراف التنفيذ عن التخطيط له.

2- وفي البحث الاجتماعي يهتم بالكشف عن حقيقة ما يمكن أن يقدمه برنامج أو مشروع معين من أهداف ومطابقة ذلك على التصورات السابقة للتنفيذ.

3- أنه يستلزم توافر قدر من المعلومات المترابطة المتناسقة التي تغطي كافة مراحل التنفيذ لتكون في خدمة الباحث وذلك أما بعرضها على الأهداف الجزئية أو الكلية.

ولكى يحقق التقويم اغراضة يفضل أن تتم متابعة المشروع منذ بدايته حتى نهايته - فعملية المتابعة تهدف إلى التأكد من أن البرامج تنفذ بالطرق المتفق عليها. وتساعد على جمع الحقائق باستمرار عن تنفيذ البرنامج في كافة مراحلة. بحيث إذا انتهي البرنامج تجمعت مادة تصلح كأساس لعملية التقويم.

والتقويم السليم يجب أن يتبع خطوات المنهج العلمي، ويجب أن يؤخذ في الاعتبار دائماً مدى صلاحية الجهاز المسئول عن المشروع وكفاءته الفنية في القيام بالتحليل السليم للموقف وأسبابه وطبيعة المجتمع نفسه وموارده، وطريقة الاخصائي الاجتماعي في العمل واختياره للاستراتيجية المناسبة لكل موقف.

والتقويم فهو عملية شمولية فهي تشمل تقويم الإطار الفكر والايدلوجي للخطة أو المشروع المبني. ومقارنته بغيره من البدائل والممكنات المتاحة في اللحظة الزمنية نفسها.

وقد حظيت الدراسات التقويمية في الآونة الأخيره باهتمام الباحثين بخاصة مع تبني النظرة الشمولية للتنمية والاهتمام بالجوانب الاجتماعية جنبا إلى جنب مع الجوانب المادية الاقتصادية، مما دفع بالباحثين الاجتماعين إلى التركيز على هذه النوعية من الدراسات للتأكيد على أهمية هذه الأبعاد الاجتماعية الانسانية في جهود ومشروعات التنمية.

أ) أهمية الدراسة التقويمية:

1- الاتجاه الحديث إلى زيادة الاهتمام ببرامج العمل الاجتماعي سواء في المجتمعات المتقدمة أو النامية أما لاحداث تغير مقصود ومخطط أي تنمية اجتماعية واقتصادية. وأما لحل المشكلات المترتبة على التغير غير المقصود والخلل في البناء الاجتماعي. مع تزايد الاحساس بالحاجة إلى أساليب موضوعية لمعرفة مدى فاعلية برامج العمل الاجتماعي والمشروعات الاجتماعية على الأفراد والجماعات المستهدفة وعلى المجتمع كله.

2- التعرف على الآثار الجانبية أو الغير مقصودة لتنفيذ أي برنامج أو تحقيقه لأهدافه.

3- توجيه الموارد وترتيب الأولويات بسبب الندرة في الموارد التي تجعل من الضروري الاتفاق على البرامج والمشروعات طبقا لها.

4- توفير المعلومات التي تساعد على تحسين أداء وممارسة تقديم خدمات البرنامج، وبدون وجود بيانات التقويم – عن الفاعلية من إجراء تغذية عكسية فإن الجهاز الوظيفي لن يتسنى له تحسين مهاراته أو تعديل أسلوبه للاداء.

5- تواجه جهات اتخاذ القرار على المستويات التخطيطية والاشرافية والتنفيذية بالحاجة إلى اتخاذ قرارات متعددة بصفة مستمرة، ويسبق عملية اتخاذ القرار عملية صنع القرار أي توفير البيانات والمعلومات اللازمة لترشيد اتخاذ القرار.

6- تساعد الدراسة التقويمية المنظمات الحكومية والخاصة التي تتقدم للحصول على منح أومعونات أو مخصصات مالية على أن توضح لتلك الجهات مدى فاعلية هذا البرنامج أو الأنشطة التي تتلقى الدعم مـن الجهات المعقبـة لبـدء أو استمرار أو التوسع في برنامج معين.

وفي مجال الخدمة الاجتماعية – بصفة خاصة – أمكن تطوير هذا النوع مـن الدراسـات لربطة بخصوصيات الممارسة المهنية للاخصائي الاجتماعي واطلق عليها (بحـوث تقـدير عائد التدخل المهني) وأخذت تولى اهتمامها إلى أكثر من جانب مثل.

1- تقدير عائد التدخل المهني لدى أفراد لمساعدتهم على استعادة تـوافقهم مـع أنفسهم ومـع البيئة التي يعيشون فيها.

2- تقدير عائد التدخل المهني في العمل مع الجماعات.

3- تقدير عائد التدخل المهني في العمل مع المجتمعات.

4- تقدير عائد سياسة معينة للرعاية الاجتماعية أو برنامج الرعاية الاجتماعية.

5- تقدير مناسبة بعض الخدمات التي تؤديها منظمات رعاية اجتماعية.

6- تقدير فعالية الرعاية الاجتماعية.

7- تقدير فعالية أدارة الخدمة الاجتماعية للمنظمات.

خصائص البحوث التقويمية:

يستخدم مصطلح التقـويم Evaluation للإشـارة إلى هـدف محـدد وعمليـة

من نوع خاص. أما الهدف فهو تقدير الجدوى الاجتماعية أو القيمة الاجتماعية لنشاط أو برنامج أو فعل معين. أما العملية فهي قياس الدرجة التي يحقق عندها هذا النشاط أو البرنامج أو الفعل القيم المنسوبة إليه والمتوقع منه تحقيقها. وهكذا فإن المنهج التقويمي من الناحيتين التصورية والمنهجية يتألف من شقين متكاملين هما: تحديد القيمة أو الجدوى الاجتماعية، وقياس مدى تحقيقها.

وقد عرف ريكن Reicken التقويم بأنه، قياس النتائج المرغوبة وغير المرغوبة لبرنامج معين نفذ لتحقيق هدف نعتبر أنه ذا قيمة خاصة، ويؤكد هذا التعريف على علاقة نشاط معين بهدف ما، والمشكلة المنهجية في هذا الصدد هي قياس النتائج أو الآثار المترتبة على هذا النشاط.

والواقع إن هذا التعريف يجعلنا نتحدث مباشرة عن أحد المتطلبات الأساسية للمنهج التقويمي فمن الضروري أن يكون هناك منطق معين أو نظرية معينة تستند إليها الدراسة التقويمية ككل، وبمقتضى هذه النظرية نفترض أن نماذج معينة من العمل الاجتماعي سوف تؤدي إلى إحداث نتائج محددة، وأن هذه النتائج أو الآثار تمثل بالفعل القيم الاجتماعية المرغوبة، وبالإضافة إلى ذلك ينبغي أن يتوافر المنهج أو الأسلوب الذي يستخدم في قياس هذه النتائج بطريقة ثابتة وصادقة، ثم إرجاع هذه النتائج إلى تلك البرامج التي أحدثتها. وهكذا فإننا في البحث التقويمي سنحصل على العنصرين الأساسيين اللذين يتوافرا في كل بحث اجتماعي سواء كان بحثاً أساسياً أم تطبيقياً وهي:

1- توافر فرض معين يربط بين متغير نسبي أو متغير مستقل (برنامج العمل الاجتماعي) ومتغير آخر معتمد هو النتائج المترتبة على هذا البرنامج.

2- طريقة منظمة لقياس درجات التباين في المتغير التابع وتحديد مدى تأثر هذا التباين بالمتغيرات التي تحدث في المتغير المستقل.

والخاصية المميزة للبحث التقويمي هو أنه يهدف مباشرة إلى تقدير إنجازات البرامج المختلفة للعمل الاجتماعي، ومن هذه الزاوية يعتبر البحث التقويمي مماثلاً لأنواع البحث الاجتماعي الأخرى من حيث اهتمامه بتحقيق الموضوعية Objectivity والثبات Reliability والصدق Validity في جمع البيانات وتحليلها وتفسيرها. ولكنه يتميز عن هذه البحوث من حيث أهدافه والشروط التي يتم تنفيذه في ضوئها. ويمكن أن نحدد هدف البحث التقويمي كما حدده هايمان وآخرون Hyman etal على أنه محاولة منظمة للحصول على معلومات وشواهد موضوعية وشاملة عن درجة تحقيق برنامج معين لأهدافه المقصودة، فضلاً عن درجة إحداث تغيرات نتائج أخرى غير متوقعة لهذا البرنامج، والتي حين ندرسها نستطيع أن نعتبرها ملائمة أيضاً للأهداف الأساسية.

ويرى سيلتز Selltiz أن البحث التقويمي يختلف عن الدراسات الوصفية والتشخيصية التي تحاول صياغة مشكلات جديدة للبحوث وتنمية فروض تخضع للأختبار بعد ذلك كما يختلف أيضا عن الدراسات التفسيرية التي تحصر نطاق اهتمامها في التحقق من مدى صدق الفروض، والدراسات

التاريخية التي تتبع سلسلة من الأحداث الاجتماعية عبر الزمان ذلك أن المهمة التي تقع على الباحث التقويمي هي جمع الشواهد المتعلقة بنتائج وآثار البرنامج الذي يستهدف تحقيق غايات محددة. وعلى الرغم من أن البحوث التقويمية الجادة تسعى إلى تفسير نجاح البرامج أو فشلها لكنها تجعل محور اهتمامها هو الحصول على شواهد أساسية عن فعالية هذه البرامج، ومن ثم توجه كل إمكانيات البحث نحو تحقيق هذا الهدف.

على أن الظروف التي يجرى البحث في ظلها تعطيه أيضاً طابعاً متميزاً عن أنواع البحوث الاجتماعية الأخرى، فالبحث التقويمي هو بحث تطبيقي، ومن ثم فهو يجمع معاً باحثاً يسعى إلى تحقيق وضمان الموضوعية، وعملاء يحتاجون إلى هذا الضمان. ولهذا فإن الباحث في هذه الحالة يضع كل اهتمامه في محاولة توجيه البحث نحو هذه الغاية العملية بالذات، ومن ثم فإنه لا يجد نفسه حراً في رفض أو قبول المتغيرات المستقلة أو التابعة التي تظهر له أثناء عملية البحث، بعكس الحال حينما يصمم دراسة حول مجموعة من التساؤلات التي صاغها هو بنفسه ووضع إطارها التصورى بطريقته الخاصة، كذلك فإن المفاهيم وترجمتها إلى متغيرات يمكن قياسها ويقوم الباحث باختيارها في إطار البرنامج الذي يريد تقويمه والأهداف التي ينبغي أن يحققها هذا البرنامج.

وتفرض طبيعة البرنامج المراد تقويمه ونوعية الأهداف التي يحققها على الباحث في هذه الحالة ظروف محددة أهمها ضرورة دراسة هذا البرنامج في الإطار الطبيعي الذي ينفذ فيه وفي الفترة الزمنية المحددة له.

الخطوات المنهجية ومبادئ البحث التقويمي:

إن عملية التقويم يمكن تحديدها في خمس مراحل أساسية تتضمن كل منها بعض المشكلات المنهجية والمبادئ العامة على النحو التالي:

1- تحديد أهداف البرامج وتحيد نتائجها المتوقعة وغير المتوقعة ومحاولة قياسها.

2- تصميم البحث وتحديد معايير التحقق من فعالية البرامج مع الأخذ في الاعتبار تكوين الجماعات الضابطة أو بدائل لها.

3- وضع المقاييس والأدوات وتطبيقها مع تحديد احتمالات الخطأ في القياس والعمل على تقليل هذه الاحتمالات.

4- تحديد مؤشرات تقويم الفعالية تحديداًً دقيقاً وواقعياً.

5- إجراءات فهم النتائج وتفسيرها لتحديد مدى النجاح أو الفشل في قدرة البرنامج على تحقيق أهدافه.

وعلى الرغم من أن هذه الخطوات الخمسة تمكننا من تحقيق فهم أفضل لعناصر عملية التقويم، إلا أنه ينبغي أن نلاحظ أنها عند التطبيق تتداخل مع بعضها البعض بصورة يصعب معها الفصل فيما بينها، ولكن ينبغي على الباحث أن يمنح كل خطوة منها الأهمية التي تستحقها لكي تكتسب عملية التقويم الدقة والموضوعية المطلوبة.

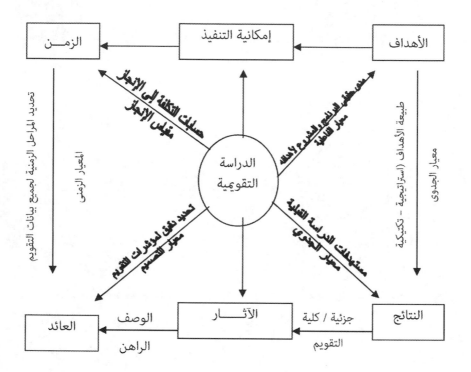

الشكل رقم (3) يوضح أبعاد الدراسة التقويمية

الأساليب التحليلة في الدراسة التقويمية:

أولاً: الأسلوب الكمي: ويقوم على جمع معلومات عـن البرنامج أو المـشروع مـن واقـع التقويم يمكن تحليلها احصائياً ووصفها في قالب رقمي لتصبح الصـورة الرياضية هـي الدالـة النهائية للتقويم ويستخدم في ذلك أحد طريقتين:

1- طريقة التحليل القطاعي التبادلي: ويقوم على تحليل العناصر والأجزاء

والنشاطات الفرعية وأظهار العلاقة الرقمية الدالة بينها كمكونات داخلية للاداء أو المشروع.

2- أسلوب المصفوفات: وهو أسلوب رياضي متبع بخاصة في المتغيرات الكمية ليظهر الوحدة (الكلية) الشكلية لهذه المتغيرات واتجاه وشكل العلاقة بينها وكذلك شدتها أو قوتها في اسياق العام.

ثانياً: الأسلوب الكيفي: ويهتم برصد الجوانب التي لا تقع في دائرة الأرقام كالتغييرات السلوكية أو القيمية أو المهارية مثل التغير في القيم الذي حدث لدى المستفيدين من المشروع، وفي اتجاهات وانماط السلوك بجانب الفوائد الكمية والرقمية التي تحققت، والمهارات والمخبرات التي اكتسبت من التنفيذ فالجوانب التي تشكل مشاعر مثل الحماس أو اليأس والأمل والنمو المهاري، والمسئولية والتعاون. والارتياح والانتماء، والتأييد والرفض.. الخ غير ذلك بما يمكن ملاحظتها وتسجيلها وتحليلها تضفي على التحليل الكمي بعدا آخر في التقويم هو: البعد الكيفي.

رابعاً: الدراسات التجريبية:

وهي النوع من الدراسات الذي يهتم باختبار الفروض السببية وهي أكثر أنواع الدراسات دقة وضبطا وإمكانية التعميم فيها عالية جداً لصعوبة الإجراءات التي تتم للوصول إلى النتائج والتأكد من صحتها.

بحوث هذا النوع من الدراسة التجريبية يطلق عليها بحوث التحكم في المتغيرات. وهي تختلف عن بحوث تحديد المتغيرات في الدراسة الاستطلاعية وكذا تحديد طبيعة العلاقات التأثيرية المتبادلة فيما بينها.

وهذا يفتح المجال لهذه النوعية من البحوث ويدلل على أهميتها فهذه البحوث تقوم بتثبيت بعض المتغيرات، واطلاق متغيرات أخرى، لتحديد مدى تأثير متغير من عـدد المتغيرات المتفاعلة.

وتهدف هذه البحوث من خلال تحكمها في المتغيرات إلى قياس مدى تأثير متغير أو أكثر على ظاهرة أو موقف أمبريقي.

وتوصف هذه البحوث بأنها تجريب، غير أنه يفضل هنـا اسـتخدام مـصطلح (الحكـم في المتغيرات) لأنه يشير مباشرة إلى طبيعة تلك البحوث، لأن التجريب في مضمونه – وكما يستخدم في الخدمة الاجتماعية ليس سوى محاولة التحكم في المتغيرات.

والدراسة التجريبية تقوم على فكرة السبب Cause الذي يتحمل مسئولية أحداث النتيجـة ويأخذ صوراً منها:

- التلازم في الأحداث: في الوقت الذي يحدث فيه (أ) يحدث (ب).

- قبلية الأحداث: يحدث (أ) أولاً: أو جزء منها ثم يحدث (ب).

- بعدية الأحداث: لا تحدث (ب) إلا إذا اكتمل حدوث (أ).

ولما كان من الصعب في الدراسات الاجتماعية أن تثبـت بطريقـة قاطعـة أن سـببا مـا لـه قدرة على أحداث ظاهرة معينة، فإننا نتجه إلى البحث عن العوامل Factors التي تـشير الـدلائل بدرجة عالية من الترجيح إلى أن لها علاقة بأحداث الظاهرة التي ندرسها.

ويتم التحقيق من صحة فرض العلاقة السببية بالتجربة وفي احيان كثيرة قد تحل المقارنة – بخاصة في المنهج التاريخي محل التجربة في هذه الدراسة.

والتصميمات التجريبية المستخدمة في هذا النوع من الدراسات تختلف عن بعضها من حيث مستوى الضبط والتحكم فيها، وأمكانية الوصول إلى تفسير أكثر ترجيحا من تفسيرات أخرى وبالتالي تزداد أمكانية التعميم باختيار نموذج لأحد التصميمات التجريبية المتقدمة.

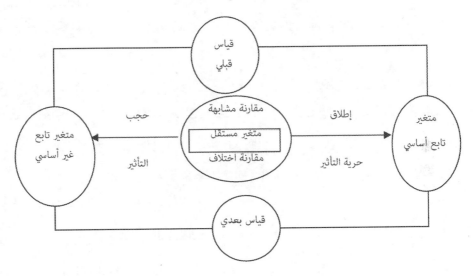

شكل رقم (4) أساسيات التجربة التقليدية في الدراسة التجريبية

أهداف البحوث التجريبية:

تهدف هذه الدراسات إلى:

1- التأكد من وجود علاقة بين متغيرين أو أكثر وأسباب وجود هذه العلاقة.

2- تهدف تلك الدراسات إلى تفسير الظواهر التي نقوم بدراستها وذلك من خلال التحقق من الفروض باعتبارها تفسيرات مبدئية تحتاج إلى تدعيم.

3- تحاول التحكم في المتغيرات وذلك لتحديد التأثير المتبـادل بـين كـل متغير مـن المتغيرات الأساسية والمتغير التابع كل على حدة.

هـذا وتهـتم تلـك البحـوث والدراسـات في العلـوم الاجتماعيـة بـصفة عامـة والخدمـة الاجتماعية بصفة خاصة بالآتي:

1- تعتبر بحوث التجريب واحدة بين أهم خطوات البحوث في الخدمة الاجتماعية حيث تعمل على إكمال دائرة البحث فيها من ناحية وتحقيق الاستمرارية من ناحية أخرى بمعنى أنها أحد أنواع البحوث في الخدمة الاجتماعيـة وبـدونها لـن تكتمـل هـذه الحلقـة، كـما أنهـا تساهم في تطوير وسائل الممارسة للخدمة الاجتماعية مع التغيرات الحادثـة في المجتمـع والتي نجعلها تواكب تلك التغيرات في تحقيق استمراريتها في المجتمع.

2- تساهم تلك البحوث في تحقيق واحد من أهم أهداف بحوث الخدمـة الاجتماعيـة الرئيسـية وهي تفسير تلك الظواهر التي نقوم بدراستها.

تنقسم البحوث التجريبية إلى نوعين أساسين هما:

1- التجريب المعملي.

2- التجريب المتعلق بالموضوع الطبيعي (التجريب البيئ).

1- التجريب المعملي:

وفي هذا النوع يقوم الباحث بإيجاد بيئة يحاول من خلالها أن يعزل متغيرات البحث عن غيرها من المتغيرات الأخرى.

ومـن أمثلـة هـذه التجـارب تجربـة ماكيلانـد Machelland في تحقيـق

الدوافع، فقد توصـل إلى نظرية يتحقـق مـن خلالهـا الـدوافع وشرح كيـف أن بعـض الأعضـاء يسلكون سلوك معين في أوقات معينة، كذلك يمكن اكتـشاف طريقـة قياس رد الفعل لـبعض السلوكيات المرتبطة بالدوافع. واستخدام مجموعـة مـن الخطط كـدليل لجمع أكبر قـدر مـن الموضوعات المختلفة المتعلقة بالدوافع في الولايات المتحدة والدول الأخرى.

2- التجريب المتعلق بالموضوع الطبيعي (التجريب البيئ):

بعض المواقف والظواهر في العالم الطبيعي تتضمن في حد ذاتها تجارب. وهي تعتبر عنـد دراستها احتمالية وتخضع هذه الدراسات إلى تصميم معين وتطبيق معين وهي مثل الدراسـات المتعلقة بالتجريب العملي وتتضمن وجـود جماعـة تجريبيـة وأخـرى ضـابطة ولكـن لابـد مـن القياس قبل التجربة ثم القياس في نهاية التجربة، وكذلك يتم اختبار كيـف أن المتغيرات تـؤدي إلى وجود نوعية من الاستجابات ومن أمثلة هذه التجارب. تجـارب تقديم المساعدة لتحقيـق الرفاهية للأفراد في الولايات المتحدة وذلك لـكي يساعدوا أنفسهم بأنفسهم، وقد راعـت تلـك التجارب نوعين من المتغيرات وهي الوظائف والدخل.

وإن التجريب المتعلـق بالبيئـة الطبيعـة هـو أقرب الأنـواع التـي يمكـن استخدامه بـل وتستخدم بالفعل في الخدمة الاجتماعية حيـث أن معظم التجـارب الخاصـة بالممارسـة تـتم في بيئتها الطبيعية مع محاولة عزل العوامل الخارجية التي ليس لها علاقة بالتجربة أما النوع الأول وهو التجريب المعملي يستخدم في العلوم الطبيعية أكثر مـن استخدامه في العلـوم الاجتماعيـة وإن كانت هناك بعض العلوم تتوسع في استخدامه مثل علم النفس.

مميزات البحوث التجريبية:

1- تعتبر البحوث التجريبية من أفضل البحوث المستخدمة في البحث العلمي وذلك لاختبار الفروض والتوصل إلى نتائج بشرط أن تستخدم بدقة ودون تحيز.

2- تعتبر من أفضل البحوث العلمية لتقديم برامج التدخل المهني.

3- يمكن من خلالها إجراء المقارنة بين مختلف برامج التدخل المهني بدقة وفي إطار محدد من المتغيرات المحددة.

4- لا توجد أنواع أخرى تضارع تلك الأنواع من الدراسات يمكن من خلالها التحكم في المتغيرات المؤثرة في البحث.

عيوبها:

1- إنها تستخدم مع الوحدات الصغيرة كالأفراد والجماعات المحددة العدد، ويتعذر استخدامها مع وحدات كبيرة مثل المجتمع المحلي، والمجتمع القومي الإقليمي.

2- عند استخدامها لابد أن يكون القائم بها (الباحث) جيد التدريب على إجراء مثل هذا النوع من الدراسات.

3- لابد أن تراعى الصدق الداخلي بدرجة عالية للتجربة.

4- لابد من استخدام القياس (المقاييس)، وفي حالة عدم توفر مقاييس متعددة لبعض الخصائص أو السمات فإنه يصعب تحديد درجة تأثير المتغير المستقل على المتغير التابع بدقة.

ولكي تحقق تلك البحوث أهدافها لابد من إتباع مجموعة من الخطوات تتمثل في:

خطوات البحوث التجريبية:

1- التعرف على المشكلة وتحديدها.

2- صياغة الفروض واستنباط ما يترتب عليها.

3- وضع تصميم منهجي تجريبي.

4- تنفيذ هذا التصميم (التجربة).

5- تنظيم البيانات الخام واختصارها بطريقة تؤدي إلى أفضل تقدير غير متحيز للأثر الذي يفترض وجوده.

6- تطبيق دلالة معينة ومناسبة لتحديد مدى الثقة في نتائج الدراسة.

ومن أهم خطوات البحث التجريبي هي خطوة وضع التصميم المنهجي أي تصميم التجربة التي تم اختبارها حيث يعاني كثير من الباحثين من اختيار التصميم التجريبي ووضع التصميم المنهجي الأمثل للقضية موضوع الدراسة والذي يكون على درجة عالية من الصدق الداخلي والخارجي ويناسب تلك القضية.

وتبعاً لذلك يمكن القول بأن الاهتمام بالتجريب في الخدمة الاجماعية تزايد في المرحلة التي تزايد فيها الاهتمام بتقييم الأنشطة المهنية، وكان المجال الأكثر ملائمة لاستخدام التجريب كإستراتيجية تقييمية هي أصغر الوحدات التي تتعامل معها المهنة على نطاق واسع وهي: الفرد أو الجماعة الصغيرة.

وقد نهلت الخدمة الاجتماعية من خيرات العلوم الاجتماعية الأخرى الـشديدة الأهـتمام بالتجريب خاصة علم النفس الذي كان أكثر العلوم الاجتماعية استخداماً لإستراتيجية التجريب مع الجماعات الصغيرة.

ثـم بـدأت الخدمـة الاجتماعيـة محاولـة تطويـع إسـتراتيجية التجريـب بمـا يتـلاءم مـع اهتماماتها البحثية، ومن ثم فإن مراحل تعامل الخدمـة الاجتماعيـة مـع إسـتراتيجية التجريب تتخلص فيما يلي:

أ) مرحلة تكوين النظام التقني للتدخل المهني.

ب) مرحلة تقييم التدخل المهني باستخدام إستراتيجية التجريب.

ج) مرحلة تطور إستراتيجية التجريب بما يتفق مـع أهـداف البحـث العلمـي في الخدمـة الاجتماعية.

وبعبور المرحلة الثالثة ستكون الخدمة الاجتماعية قد زودت نفسها بمنهج علمي يتيح لها اختبار وتنمية فاعليتها، ونتيجة ذلك أيضاً تنمية القاعدة العلمية للخدمة الاجتماعية وأسـاليبها البحثية.

مراجــــــع الفصل الرابع

1- محمد ذكي أبو النصر وآخرون - التصميم المنهجي لبحوث الخدمة الاجتماعية جامعة حلوان - مركـز نـشرة توزيع الكتات الجامعي 2006م.

2- محمد حسين فهمي وأمل محمد سلامة - البحث الاجتماعـي والمتغيـرات المعـاصرة - الأسكندرية - دار الوفاء لدنيا الطباعة والنشر 2011م.

3- غريب سيد أحمد - تـصميم وتنفيذ البحـث الاجتماعـي - جامعة الاسكندرية - دار المعرفة الجامعية 2000م.

4- أحمد مصطفى خاطر وآخرون - مقدمـة في بحـوث الخدمـة الاجتماعيـة الإسكندرية - المكتبـة الجامعيـة 2000م.

5- مرفق الحمداني وآخرون - مناهج البحـث العلمي وأساسيات البحـث العلمي - عمان - جامعة عمان الدراسات العليا 2006م.

6- مساعد عبداللـه حمد - مبادئ البحث التربوي - الرياض - مكتبة الرشد 2004م.

7- Turner, J. the State of Theorizing in Sociological Social Psychology: Agrand Theiorists, View, In, P. Burk (Ed) Contemporary Social Psychological Theiorist's Calif: Stanford University Press, 2006.

8- D. Nachrmias & C. Nachmias, Research Methods in the social sciences, Martin,s Press, New York, New 2001.

9- Prasad, Pushkala Grafting qualitative research, Quantitative, 2 nd Boston, Allyn and Bacor, 2004.

الفصل الخامس

مناهج البحث الاجتماعي

مقدمة.

أولاً: أهمية مناهج البحث في العلوم الاجتماعية.

ثانيا: المنهج المسح الاجتماعي.

مقدمة:

يعد البحث الميداني ذو أهمية خاصة في دراسة الاتجاهات والسلوك وكذلك العمليات الاجتماعية. ولهذا السبب فإن نقطة القوة الرئيسية في هذه البحوث تكمن في مدى عمق الفهم الذي تتيحه.

ولكل بحث منهج خاص به يسير على نهجه والنهج ترجمة للكلمة الإنجليزية Method وتستخدم لتشير إلى الطريق المؤدي إلى الكشف عن الحقيقة في العلوم بواسطة طائفة من القواعد العامة حتى نصل إلى نتيجة معلومة ويرتبط المنهج الملائم للبحث ارتباطاً وثيقاً بكل من موضوع البحث من جهه وأهدافه من جهة أخرى.

وقد يكون موضوع البحث بما يلائمه منهج أو أكثر للكشف عن المتغيرات الأساسية أو الظواهر المتفاعلة والمتشابكة فيه وقد يكون الموضوع من النوع الذي تحكم طبيعته الالتزام بمنهج واحد محدد للبحث لعدم فعالية المناهج الأخرى أو عجزها عن الوفاء باحتياجات موضوع البحث.

كما أن أهداف البحوث توثر في نوعية المنهج الملائم لهذا البحث. ومن مناهج البحث الرئيسية ما يمثل قاعدة ارتكاز صاحبت العمل الاجتماعي والفكر الاجتماعي منذ التمهيد لظهور علم الاجتماع الحديث في ستهل القرن التاسع عشر ومن أهمها دراسة الحالة والمسح الاجتماعي والمنهج التاريخي، وفيها ما أستحدث لتلبية الاحتياجات المتزايدة للتخصص وتقسيم العمل بعد ظهور علم الاجتماع ومن أهمها المنهج الاحصائي والمنهج التجريبي والمنهج الانثروبرلوجي.

ويقصد بالمنهج الإطار العام أو الأسلوب الرئيسي للعمل الذي يستهدف تحقيق أهداف استراتيجية مرتبطة بالموضوع أو الظاهرة أو الموقف أو المشكلة محل الدراسة أو البحث وتنقسم مناهج البحث إلى نوعين أساسيين هما:

أ) المنهج الكمي:

ويتعامل هذا المنهج مع أرقام ونسب مئوية وأعداد أي أن هذا المنهج يهتم بدارسة ظاهرة معينة أو موضوع معين عن طريق جمع البيانات والمعلومات الكمية وتحليلها تحيلاً كميا مستخدما أسلوب التحليل الاحصائي المعتمد على الأرقام والنسب المئوية.

كما يركز هذا المنهج على أختبار الفروض الكمية.

ب) المنهج الكيفي:

وهذا المنهج يبحث في العلاقات الإنسانية ويهتم بدراسة طبيعة العلاقات ونوعها ومدى تأثير بعضها في البعض الآخر ووظيفتها. وبمعني آخر دراسة المتغيرات من حيث تأثيرها وتأثرها بعضها بالبعض الآخر.

وهذا المنهج لا يتعامل مع أرقام وأعداد ونسب مئوية بينما يكون التعامل دائماً مع بيانات ومعلومات لفظية كيفية وصفية مستخلصة من ملفات أو تقارير أو سجلات أو أشرطة أو كتب أو مقالات.

كما أن المنهج الكيفي يركز على الوصول إلى فروض وصفية.

أما طرق البحث فيقصد بها أسلوب عملي تطبيقي من أساليب البحث يمكن استخدامه لدراسة مشكلة أو ظاهرة أو موضوع أو موقف من مواقف الحياة المختلفة ويكون الهدف من استخدام هذا الأسلوب العملي التطبيقي تحقيق أهداف مرحلية عملية تؤدي في النهاية إلى تحقيق هدف البحث ذاته.

ونلاحظ أن لكل منهج من المنهجين الكمي والكيفي طرق متعددة هي:

أ) بالنسبة للمنهج الكمي يتمثل في طرق بحث عديدة هي:

أولاً: طريقة المسح الاجتماعي.

ثانياً: الطريقة التجريبية.

ثالثاً: الطريقة الاحصائية.

ب) بالنسبة للمنهج الكيفي يتمثل في طرق بحث من بينها:

أولاً: طريقة دراسة الحاله.

ثانياً: طريقة تحليل المحتوى.

ثالثاً: طريقة البحوث المكتبية.

رابعاً: الطريقة التاريخية.

أولاً: أهمية مناهج البحث في العلوم الاجتماعية:

تحقق المناهج في العلوم الاجتماعية الأهداف التالية:

1- تحدد المناهج العمليات العقلية المختلفة اللازمة للتفكير في موضوع معين من موضوعات البحث.

2- تفسير الظواهر في ضوء البيانات المتوفرة.

3- دراسة الظواهر في الماضي لمعرفة اتجاهاتها التاريخية ومحاولة تفسيرها في ضوء الحقائق والأحداث الماضية.

4- التنبؤ بما يمكن أن تكون عليه الظاهرة في المستقبل.

5- اختبار النظريات أو اخضاعها للنقد (من خلال الاستعانة بالمنهج التجريبي).

6- الوصول إلى تعميمات عن الظواهر أكثر عمقاً.

7- جمع الحقائق والبيانات عن ظاهرة أو موقف معين مع محاولة تفسير هذه الحقائق تفسيراً كافيا.

8- تصنيف البيانات وتحليلها تحليلاً دقيقاً.

9- تحديد الأهداف الرئيسية للبحث.

ثانياً: منهج المسح الاجتماعية:

لم يكن المسح الاجتماعي أسلوباً متميزاً عن غيره من أساليب البحث ويعني البحث المتعمق لموقف اجتماعي ما، وفقا لما يوجد عليه في وقت معين وفي مجتمع محلي محدد ويصبح هدف المسح الاجتماعي تحقيقاً لمنفعه عملية وعلمية في نفس الوقت.

ويتميز المسح الاجتماعي بأنه أقدم الطرق استخداماً. فلقد أجريت بمصر في عام 3050 قبل الميلاد مسموحاً للسكان والحالة الصحية أثناء الأعداد لبناء الأهرامات إلا أن المسح الاجتماعي قد اتخذ صفته العلمية منذ دراسات لوبلاي في عام 1855 وتشارلز بوث فيما بين عامي 1891 – 1897.

ويمكن القول بأن جون هوارد من أوائل الذين استخدموا المسح الاجتماعي في الدراسات الاجتماعية وذلك في دراسته للسجون في انجلترا عام 1774. وكان يهدف هوارد من دراسته التعرف على حاله السجون والبؤس

الذي يعيشه النزلاء - فدفعت دراسته البرلمان الإنجليزي إلى إصلاح السياسة والأجراءات المتبعه في معاملة المذنبين ولهذا تتضح الأهمية العملية من أجراء الدراسات الاجتماعية باستخدام المسح الاجتماعي بالإضافة إلى هذه الأهمية العملية، فهناك أهمية نظرية علمية ترتبط بالبحوث المسحية تلك التي تهدف إلى تطوير النظرية أو تعديلها أو تغييرها عن طريق الكشف عن بعض الملامح الخاصة لموضوعات بحثية معينة يحاول الباحث توضيحها.

أي أن المسح الاجتماعي يتبع أما لتحسين الأوضاع الخاصة بالهيئة الاجتماعية والطبيعية، وأما لآثراء النظرية والقياس السيولوجي وتطورت أساليب المسح الاجتماعي بعد ذلك وتنوعت الموضوعات فأصبح يستخدم في دراسة العمال أو الفئات الاجتماعية كما بدأ يستخدم في دراسة مجتمع بأكملة، وظهرت أهميته في دراسة الرأي العام حيث أصبحت مسموح الرأي العام أكثر ذيوعاً في مجتمع اليوم.

تعريف المسح الاجتماعي:

يعرف هوينتي Whittney المسح بأنه محاولة منظمة لتحليل وتأويل وتسجيل الوضع الراهن لنظام اجتماعي أو لجماعة أو منظمة.

بينما ترى بولين يونج P. Yong أن المسموح الاجتماعي تستخدم المناهج العلمية في مدارسته المشكلات الاجتماعية.

ويعرف مورس Moazs المسح بأنه منهج لتحليل ودراسة أي موقف أو مشكلة اجتماعية وذلك بأتباع طريقة منظمة لتحقيق أغراض معينة.

حيث ينصب على الوقت الحاضر لوصول إلى بيانات يمكن تصنيفها

وتفسيرها وتصميمها وذلك للاستفادة بها في المستقبل وخاصة في الأغراض العملية.

ويتضح مما سبق أن تعريفات المسح الاجتماعي تختلف فيما بينها اختلافاً واضحاً. فهل هو طريقة للبحث أم منهج للدراسة أم طريقة لجمع البيانات إلا أن هناك بعض الاتفاق على أن المسح الاجتماعي هو:

1- الدراسة العلمية للظواهر الموجودة في جماعة معينة وفي كل مكان معين.

2- أنه ينصب على الوقت الحاضر حيث أنه يتناول أشياء موجودة بالفعل وليست ماضية.

3- أنه يتعلق بالجانب العلمي إذ يحاول الكشف عن الأوضاع القائمة لمحاولة النهوض بها ووضع خطة أو برنامج للاصلاح الاجتماعي.

وفي رأينا أن المسح الاجتماعي منهج علمي يستخدم أسلوب جمع المعلومات عن جماعته معينة في بيئة معينة وذلك لكشف أبعاد المشكلة عن طريق جمع البيانات بأدوات منظمة مقننة سواء من الجماعة كلها أو عينه منها ولذلك يستخدم المسح الاجتماعي في ميادين متنوعة معتمدا على الاتصال المباشر بين المجتمعات والأفراد.

أهمية المسح الاجتماعي:

1- تعتبر المسوح الاجتماعية ذات فائدة نظرية. فالباحث الاجتماعي يلجأ إليها بعد أن تكون اجريت بحوث كشفية على الظاهرة موضوع الدراسة. فيحاول جمع الحقائق عن الظاهرة وتحليلها وتفسيرها للوصول إلى تعميمات بشأنها. وتتوقف الأهمية النظرية للدراسات المسحية على مقدار ما

أسفرت عنه الدراسات السابقة وعلى مدى معرفة الباحث بالظاهرة المدروسة.

2- يستفاد بالمسح الاجتماعي في عمليات التخطيط القومي التي تستهدف تنمية الحياة الاجتماعية والاقتصادية وتوفير الرفاهية والرخاء لأفراد المجتمع في فترة زمنية محددة. ولما كان التخطيط القومي يستلزم التعرف على الأهداف المختلفة للجماعة وقياسها كما وكيفا. وترتيبها حسب أولويتها. واستقصاء رغبات الأفراد والجماعات والتعرف على ميولهم واتجاهاتهم والكشف عن الموارد الطبيعية والقوى والإمكانيات البشرية وتقديرها وكيفة ومدى استغلالها. فإنه يتحتم القيام بمسح اجتماعي لجمع البيانات المطلوبة وتجمع البيانات عادة قبل البدء في البرامج المختلفة واثناء وبعد تنفيذ البرامج أما البيانات الأولى فتجمع في المسح القبلي وتجمع الثانية والثالثة في المسح الدوري والمسح البعدى.

3- يستفاد بالمسح الاجتماعي دائما في دراسة المشكلات الاجتماعية القائمة وتحديد مدى تأثيرها على المجتمع وتحديد ومعرفة الأفراد والجماعات المهتمة بحل هذه المشكلات وتقدير الموارد والإمكانيات الموجودة والتي يمكن استخدامها لعلاج المشكلات ثم اقتراح الحلول لها.

4- يستفاد بالمسح الاجتماعي في قياس اتجاهات الرأي العام نحو مختلف الموضوعات وقد يتطلب الأمر في كثير من الأحيان قياس الاتجاهات في مراحل مختلفة لتقويم الجهود المبذولة، أو المقارنة بين طرق مختلفة لتغيير الاتجاهات.

5- يستفاد من المسح الاجتماعي في توضيح الظاهرة موضوع الدراسة عن طريق تحليلها والوقوف على الظروف المحيطة بها أو الأسباب الدافعة إلى ظهورها.

6- يستفاد من المسح الاجتماعي في الكشف عن المشاكل التي لم تحل حيث يسهم المسح الاجتماعي في جمع لبيانات والمعلومات عن الحياة الاجتماعية ومن ثم فهو طريقة للقياس تساعد في حل كثير من المشاكل الاجتماعية.

أنواع المسوح:

هناك تصنيفات متعددة توضح أنواع المسوح.

أ) تصنيف المسموح وفقاً لمجالها: يوضح هذا التصنيف نوعين من المسموح:

1- مسوح عامة:

وهي التي تعالج عدة أوجه من الحياة الاجتماعية كدراسة الجوانب السكانية والصحية...إلخ في مجتمع معين أيا كان حجم هذا المجتمع.

2- المسوح الخاص:

هي التي تهتم بنواصي خاصة محددة من الحياة الاجتماعية كالتعليم أو الصحة.

فهناك مسوح تقصي في اتجاه أفقي اذ تجرى على مجتمعات بأكملها- وهناك مسوح تذهب في اتجاه رأسي تعمقي اذ تجرى على قطاع معين مثل الاسكان التعليم – الصحة- البطالة .. إلخ.

ب- تصنيف المسوح وفقاً لمدى التعمق:

وتنقسم المسوح أحيانا على أساس مدى التعمق في تفسير وعرض بياناتهم:

1- مسوح تعتمد على الوصف فقط.

2- قد تتخذ هذه المسوح شكل اختبار فرض محدد تابع نظرية تحدد أسباب حدوث ظاهره معينة، بمعنى الكشف عن طبيعة العلاقة بين ظاهرة أو أكثر وبين سبب أو أكثر.

جـ- تصنيف المسوح وفقاً لحجم جمهور البحث إلى نوعين:

1- مسح الاجتماعي الشامل والذي يتم فيه دراسته كل المفردات التي تقع في نطاق البحث.

2- المسح الاجتماعي بالعينة والذي يتم فيه اختيار عينه من المفردات التي تقع في نطاق البحث على أن تحتل هذه العينة مجتمع البحث يتم دراستها وتعميم النتائج التي يتم التوصل إليها باقي مفردات مجتمع البحث والجهد والامكانيان بالإضافة إلى دقة نتائجها، شريطة أن تكون هذه العينة ممثلة أصدق تمثيل للمجتمع الأصلي.

خطوات المسح الاجتماعي:

كأي منهج أو طريقة في البحث الاجتماعي، يسير المسح الاجتماعي في خطوات متتابعة تبدأ بالتخطيط ثم عملية جمع البيانات وتفريغها وتوضيح هذه الخطوات الاجرائية تكاد تتفق مع الخطوات العامة في أي بحث إذ ينبغي قبل الشروع في اجراء مسح اجتماعي معين أن تحدد الأهداف الخاصة والعامة له كما تحدد البيانات والأداة الملائمة لجمع البيانات.

وهذا يعني أن خطوات المسح الاجتماعي يمكن اعتبارها خطوات البحث بصفة عامة إلا أن هناك بعض البيانات التي يجب أن تتضمنها المسوح الاجتماعية بصفه خاصة مثل البيانات الشخصية والبيئة والسلوكية والبيانات التي تركز على المعلومات والدوافع والاتجاهات.

ونستطيع أن تحدد أهم مشكلات تخطيط المسح الاجتماعي في:

1- أهداف المسوح ومصادر تمويلها: حيث يجب تحديد أهداف المسح بوضوح تام ولا يعني ذلك مجرد وضع الخطوط العامة في صورة محددة بل ينبغي تحديد المفاهيم بدقة وأسلوب تحقيق الأهداف في إطار الموارد المالية المتاحة.

2- نطاق البحث: ويتم التحديد على أساس الخصائص الديمرجرافية والجغرافية وطرق اختبار أفراد العينة و الحجم الأمثل للعينة التي يمكن أن تحقق أهداف البحث بكفاءة.

3- جمع المعلومات: حيث يتم أختيار أدوات جمع المعلومات على أساس الموضوع وإمكانيات القياس وخصائص جمهور البحث.

4- استمارات البحث: معظم المسوح الاجتماعي تستخدم استمارات البحث في الحصول على المعلومات نظرا للمزايا التي تتضمنها هذه الإدارة من حيث سهولة تطبيقها ومعالجة بياناتها إحصائياً.

5- مصادر الخطأ: في كل مرحلة من مراحل المسح هناك مصادر محتملة للخطأ والتميز ومن ذلك التميزات التي تصاحب أختيار العينة وعدم الدقة في إجراء المقابلات وتطبيق الاستثمارات والتبويب والتحليل ويجب عند الخطيط للمسح الاجتماعي أن نتوقع المصادر المختلفة للخطأ وكيفية التغلب عليها.

6- الدراسة الميدانية: حيث نجد أن نوعية الباحثين الميدانيين وطبيعة تدريبهم تمثل هميه خاصة في مرحلة البحث الميداني كما يتعين وضع برنامج محدد لتدريب الباحثين الميدانين في جمع المعلومات وتزويدهم بالمعلومات الضرورية عن موضوع البحث وأهدافه.

7- تبويب البيانات وتحليلها: بعد جمع البيانات عن طريق استمارات البحث تخضع الاستمارات لعمليه مراجعة مكتبية وتريزها وتجهيزها للتبويب ثم توضع خطة لتحليل الإحصائي وأختيار الاختبارات والمقاييس الإحصائية التي تلائم طبيعة هذه البيانات.

8- التوقيت: الجدول الزمني للبحث يجب أن يوضع عند التخطيط للمسح الاجتماعي ويشمل الجدول الزمني تحديد الفترة الكلية التي يتسغرقها المسح وتحديد التوقيت المناسب لعملية جمع المعلومات وأختيار التوقيت المناسب حيث يجب تحديد هذه الفترات الزمنية بكل دقة.

مزايا المسح الاجتماعي وعيوبه:

أ) المزايا:

1- يعتبر المسح الاجتماعي أفضل الطرق التي يمكن استخدامها عندما يكون الاهتمام مركزاً على دراسة الخصائص الاجتماعية وعلى البيانات يمكن أن تخضع للمعالجة الكمية

2- من خلال المسح الاجتماعي يمكن التوصل إلى نتائج أكثر صدقاً من النتائج التي يمكن التوصل إليها من خلال الملاحظات المكثفة أو المقابلات المتعمقة.

3- يعطي المسح الاجتماعي صورة عن الاتجاهات والمعتقدات والقيم لعدد كبير من الجمهور . فضلاً عن معرفة وتوزيعها داخل المجتمع العام.

4- يعتبر المسح الاجتماعي غير مكلف نسبيًّ، إلا إذا كانت عينة البحث كثيرة. إذ أن تخطيط أسلوب جمع البيانات وتوبيبها منذ البداية، يجنب الباحث جمع كم هائل من البيانات لا طائل من ورائه.

5- يتميز المسح الاجتماعي بالمرونة حيث يمكن طرح العديد من الأسئلة في ناحية واحدة مما يعطي الباحث مرونة ف التحليل، وعلى حين تتطلب التجربة مثلاً تحديد تعريفات اجرائية دقيقة فإن المسح يتيح تحديد التعريفات الاجرائية على أسس من الاملاحظة الواقعية.

6- يستخدم المسح الاجتماعي في دراسة الأعداد الكبيرة من الناس. من خلال استخدام الاستبيان والعينة الاحتمالية. كما يحدث في مجتمع الطلاب أو المدن أو الدولة وكذلك وضع الظواهر العامة مثل البطالة وغيرها.

ب) عيوبه:

1- أحد العيوب الرئيسية التي يعاني منها المسح الاجتماعي أنه يهتم بنطاق البحث أكثر من اهتمامه بالعمق في دراسته. وهذا هو السبب الذي يجعل من الأهمية بمكان اجراء مقابلات متعمقة عن

البيانات المطلوبة في البحث وذلك قبل الذهاب إلى ميدان باستمارة مقابلة مسحية مقننة.

2- إن الباحثين غير المدربين جيداً قد يكشوف أثناء المقابلة عن تحيزاتهم ويؤثرون على اجابات المبحوث.

3- توجد صعوبة بالغة في وضع تقنين للأسئلة لتتناسب معالخبرات والاتجاهات والخلفيات والظروف المتباينة للأعداد الكبيرة من المبحوثين.

4- المسح الاجتماعي يرتكز على دراسة الحاضر فإنه لا يصلح في الدراسات التطورية التي تعتمد على البط بين الماضي والحاضر.

5- من عيوب المسح الاجتماعي أنه لوحدث خطأ في اختيار العينة، فإن هذا الخطأ سيلحق بالمسح كله ويؤثر عليه.

6- ضخامة الجهود والنفقات ولخبرات الفنية التي يتطلبها المسح الاجتماعي.

7- ضخامة التغير المستمرفي خطة الدراسة واجراءتها تتيح امكانية وجود صعوبات ومعوقات تحول دون استخدام هذه الطريقة.

ثالثاً: المنهج التجريبي:

يعتبر القانون العلمي أعلى الحقائق العلمية مرتبة، فالقانون العلمي هو علاقة متنبؤ بها بين متغيرين أو أكثر في ظل ظروف محددة.

فقانون بويل المتضمن أن حجم الغاز يتناسب عكسياً مع ضغطه بشرط

ثبات درجة الحرارة، يتنبأ لنا باستمرار بأنه بشرط ثبات درجة الحرارة، إذا زاد حجم غاز ما انخفض ضغطه وإذا قل حجم غاز ما زاد ضغطه أما القنون العلمي ليس حقيقة علمية مطلقة فإن هذا القانون يصلح عند معين من درجة الحرارة وحجم الغاز ثم أننا لا نجد أن هذا القانون بعد هذا الحد يصبح صحيحاً.

ولأن القانون العلمي هو علاقة متنبؤ بها بين متغيرين أو أكثر في ظل ظروف معينة فإن التجريب هو المنهج الأمثل للتوصل إلى قانون علمي وهو المنهج البحثي الوحيد الذي يتحكم في المتغيرات.

التجريب في العلوم الطبيعية:

يسهل اجراء التجريب في العلوم الطبيعية للعديد من الأسباب:

1- الطبيعية المادية للمتغيرات تساعد على تحديد كينونة كل متغير بدقة .

2- امكنية عزل المتغيرات التي لا يسمح لها بالتأثير على نتائج التجريب بتكنولوجيا بسيطة أو معقدة.

3- توفير نظام تكنولوجي متقدم للملاحظة أثناء التجريب أما بالعين البشرية أو يمكن ملاحظته تكنولوجياً بميكروسكوب علي سبيل المثال.

4- توفير نظام تكنولوجي متقدم للقياس ومن ثم يسهل تعميم نتائج التجريب بوحدات قياسية متعارف عليها.

5- طالما أن التجريب في العلوم الطبيعية يتعامل مع متغيرات مادية فإن التأثير الـذاتي للباحث يقل، ويصبح من السهل كطشفه وتحديده إذا ما أجريت بحوث لاحقه للتأكد من النتائج.

6- تجري التجارب في معامل أكثر من اجرائها في الطبيعة نفسها- وفي المعمل يمكن ايجاد كافة الشروط اللازمة لاجراء التجربة السليمة.

التجريب والعلوم الاجتماعية:

تحاول العلوم الاجتماعية استخدام استراتيجية التجريب للتوصل إلى مـادة علميـة عاليـة الصحة نسبياً إلا أن طبيعة الظواهر الاجتماعيـة تعرقل مـن دقـة اجراء واستخدام التجـرب لصعوبة التحكم في المتغيرات الاجتماعية.

فالظواهر الاجتماعية تتسم بما يلي:

1- تعدد المتغيرات الاجتماعية المتفاعلة في الظاهرة الاجتماعية الواحدة.

2- عدم ثبات المتغيرات المتفاعلة في الظاهرة الاجتماعية .

3- صعوبة اعطاء وزن دقيق لكل من المتغيرات المتفاعلة في الموقف.

4- تنوع التغيرات المتفاعلة في الموقف الاجتماعي مـن متغيرات اجتماعيـة إلى بيولوجيـة إلى طبيعية مما يفرض التعامل مع كل صنف بتكنيك ملائم له.

تعريف طرقة التجريب:

الطريقة التجريبية هي الطريقة التي تتمثل فيها معـالم الطريقـة العلميـة

بصورة واضحة، فهي تستخدم التجربة في قياس متغيرات الظاهرة وتمتاز البحوث التجريبية بإمكان اعادة اجرائها بواسطة أشخاص أخرين مع الوصول إلى نفس النتائج إذا توحدت الظروف.

وهذه الطريقة تقوم على أساس جمع البيانات بطريقة تسمح باختبار عدد من الفروض عن طريق التحكم في مختلف العوامل التي تؤثر في الظاهرة موضع الدراسة، والوصول بذلك إلى العلاقة بين الأسباب والنتائج.

فالتجريب هو التحكم في المتغيرات بغرض تحديد أثر كل متغير وعلاقته بمتغيرات أخرى فالتجريب إذن هو منهج التحكم في المتغيرات لتحديد التأثير المتبادل بينها.

كما أن الطريقة تتمثل فيها معالم الطريقة العلمية بصورة جليه واضحة فهي تبدأ بملاحظة الوقائع الخارجة عن العقل. ويتلوها بالفرض ويتبعها بتحقيق الفرض بواسطة التجربة ثم يصل عن طريق هذه الخطوات إلى معرفة القوانين التي تكتشف عن العلاقات القائمة بين الظواهر.

وبـذلك تعتمـد - الطريقـة التجريبيـة علـى التحكـم في الظـروف والشـروط التـي تسمح باجراء تجربة مـن خـلال الملاحظـة المنظمـة ومـن هنـا كانـت أهميـة التجربـة ومعناها وتصميمها وشروطها من الأهمية بمكان عند اتخاذ المنهج التجريبي أساساً في البحث الاجتماعي. وكانت أيضاً أهمية الملاحظة التي تنحصر في مشاهدة الظاهرة والتدفق على النحـو الذي تبد عليه في حالته الطبيعية. بحيث لا يعـدو دور القائم بالملاحظة أن يكـون دوراً سـلبياً محايـداً، بـالرغم مـن تـدخل العقل والنطـق حتـى في أبسـط أنـواع الملاحظـة. ولـذلك كان

لزاماً على الباحث أن يكتفي بمشاهدة الظاهرة والمقارنة بـين مجالاتها المتنوعة عنـد إدخـال المتغير التجريبي عليها، حتى يستطيع الوصول إلى أفكار منظمة تؤدي إلى عـدد مـن القضايا أو القواعد التي تحدد ذلك القانون الذي يسيطر على تلك الظواهر.

وهكذا يمكن تعريف التجربة بأنها ملاحظة الظاهرة بعد تعديلها تعـديلاً كبيراً أو قليلاً عن طريق بعض الظروف المصطنعة. وهذا هو المعنى العام للتجربة وقد تستخدم أيضاً بمعنـى خاص فيراد بها الدلالة على الخبرة التي يكتسبها العالم بتصحيح أرائه ونظرياتـه العلميـة حتى يوفق بينها وبين الكشوف الجديدة لكي يزداد قرباً مـن الحقيقـة. ولكن الـذي يهمنا هنا هـو المعنى العام للتجربة، باعتبار أنها جزء جوهري من المنهج الاستقرائي، ووسيلة لتحقيـق بعـض النتائج السريعة التي لا يمكن الوصول إليها عن طرق الملاحظة.

وعلى ذلك يستهدف المنهج التجريبي جمع المعلومات وتنظيمها بـشكل يـؤدي إلى إلقـاء الضوء على مدى صحة فرض أو مجموعة من الفروض وبقدر ما تكون طريقة جمع المعلومات وتنظيمها دقيقة لا تحتمل الطعن، تكونطريقـة جمـع المعلومـات وتنظيمها دقيقـة لا تحتمـل الطعن، تكون القيمة العلمية لهذه الدراسة.

فالمنهج التجريبي: عباره عن إجراء بحثي يقوم فيه الباحـث بخلق الموقـف بما يتـضمنه من شروط وظروف محدده، حيث يتحكم في بعض المتغيرات ويقوم بتحريك متغيرات أخرى، حتى يستطيع تبين تأثير هذه المتغيرات المستقلة على المتغيرات التابعة. أي أن التجريب محاولة لتحديد العلاقة النسبية بين متغيرات محددة.

التصميمات التجريبية الرئيسية:

(1) التجربة القيلية "البعدية باستخدام مجموعة واحدة من الأفراد:

قد يلجأ الباحث للتغلبل على بعض الصعوبات المتضمنة في اختيار المجموعات المتكافئة إلى تثبيت الأشخاص الذين يستخدمهم في البحث، أي أنه يستخدمهم كمجموعة ضابطة في الوقت ذاته، فإذا أراد الباحث مثلاً أن يدرس تدريب أثر إدخال فترات للراحة في زيادة إنتاج عمال مصنع من المصانع، فإنه يستطيع إختيار عينة من عمال المصنع، ويقيس إنتاج هؤلاء العمال، ثم يدخل المتغير التجريبي وهو فترات الراحة وبعد ذلك يقيس إنتاجهم ثانية. فإذا وجد فروقاً جوهرية من الناحية الاحصائية بين القياس في المرة الأولى والمرة الثانية افترض أنها ترجع إلى المتغير التجريبي. ويمكن تمثيل هذا النموذج التجريبي كما يلي.

	قبل التاثير	بعد التاثير	
المجموعة التجريبية	س	س1	الفرق = س1- س

ومما يؤخذ على هذا النوع من التصميم أن الفرق في القياس قبل التجربة وبعدها قد تكون راجعة إلى عوامل أخرى تحدث أثرها في الفترة الزمنية بين عمليتي القياس، هذا بالإضافة إلى أن قياس المجموعة الواحدة مرتين متتاليتين قد يزيد من حساسية الأفراد نحو موضوع البحث، وقد يدعو إلى مللهم نتيجة تكرار القياس، وقد يدفعهم إلى التمسك بموقفهم الأولى فيحتفظون بنفس الاجابات الأولى . وليس من شك في أن ذلك كله كفيل بتشويه النتائج ولا يعطي صورة صادقة لما يحدثه المتغير التجريبي من تغير.

وعلى الغرم من وجود العيوب التي سبق ذكرها في هذا النوع من التصميم إلا أن له مزايا أهمها أنه يوفر على الباحث إختيار مجموعات متكافئة، ثم أنه لا يستلتزم وجود أفراد كثيرين لاختيار مجموعات متكافئة من بينهم. هذا بالإضافة إلى التكافؤ يكون كاملاً لأن كل فرد يمثل نفسه قبل التجربة وبعدها.

2) التجربة البعدية:

يحدث في بعض التصميمات الترجيبية أن يختار الباحث عينتين عشوائيتين من مجتمع البحث- ويفترض فيهما أنهما متكافئتان في جميع الوجوه ثم يدخل المتغير التجريبي على المجموعة التجريبية دون المجموعة الضابطة. وبعد إنتهاء التجربة تقاس المجموعتان، ويقارن الفرق بينها، وتختبر دلالة هذا الفرق بالأساليب الاحصائية للتأكد مما إذا كان ذا دلالة إحصائية أم لا.

ونضرب مثلاً لتجربة من هذا النوع. ونفترض أننا نريد إختبار الفرض القائل بأن البرامج الثقافية التي تقدمها مؤسسة الثاقفة العمالية تؤدي إلى زيادة وعي العمال بحقوقهم وواجباتهم.

فلنتحقق تجريبياً من صحة هذا الافتراض، يمكن اختيار مجموعتين متكافئتين من العمال، ولتكن أحداهما تجريبية والأخرى ضابطة ثم تتعرض المجموعة الأولى للمتغير التجريبي بأن تحضر الدورة الثقافة التي تعقدها المؤسسة. وبعد انها الدورة نقيس اتجاهات أفراد المجموعتين. فإذا اختلفت اتجاهات الأفراد الذين حضروا الدورة عن اتجاهات أفراد المجموعة الضابطة اختلافا له دلالته الاحصائية كان ذلك داعياً إلى الاطمئنان إلى صحة الفرض.

ويطلق على التجارب التي من هذا النوع اسم التجارب البعدية "لأن الباحث لا يقيس اتجاهات أفراد المجموعتين إلا بعد انتهاء التجربة ويؤخذ على التجارب البعدية أنها تفترض تكافؤ المجموعات من جميع الوجوه. وهذا أمر يصعب التأكد منه نظراً لتعدد المتغيرات واحتمال وجود متغيرات أخرى لم يتعرف عليها الباحث، ثم أن قياس الأفراد بعد التجربة فقط لا يعطي صورة صادقة لما كان عليه الأفراد قبل التجربة، ومن المحتمل أن تكون الفروق بين أفراد المجموعتين سابقة للتجربة ذاتها. ثم أن المجموعتين التجريبتين والضابطة قد تتعرضان لتأثير عوامل أخرى خلال الفترة التجريبية المحددة للبحث مما يجعل من العسير الحكم على أن التغير ناتج عن المتغير التجريبي وحده دون غيره من العوامل.

3- **التجربة القبلية**- البعدية باستخدام مجموعتين عشوائيتين من مجتمع البحث ويفترض فيهما أنهما متكافئتان في جميع الوجوه، وتجري عملية القياس القبلية على المجموعة الضابطة، بينما تجري عملية القياس البعدية على المجموعة التجريبية.

ويعتبر الفرق بين القياس القبلي الذي أجري على المجموعة الضابطة والقياس البعدي الذي أجري على المجموعة التجريبية ناشئاً عن المتغير التجريبي.

ويؤخذ على هذا النوع من التصميم أنه يفترض أيضاً تكافؤ المجموعات من جميع الوجوه ثم أنه من الصعب على الباحث أن يتأكد من أن التغير الحادث جاء نتيجة للتغير التجريبي وحده دون عوامل عارضة هذا بالإضافة إلى أن هذا النوع من التجريب لا يسمح بقياس أفراد المجموعتين قبل

التجربة وبعدها فيصبح من العسير على الباحث أن يعرف مقدار التغير الذي طرأ على كل فرد نظراً لأنه لا يعرف موقفه من البداية.

4- **التجربة القبلية** - البعدية باستخدام مجموعتين أحداهما ضابطة والأخرى تجريبية:

تستخدم في هذا النوع عينتان متكافئتان أحدهما ضابطة والأخرى تجريبية وتقاس الجموعتان قبل التجربة. ثم يدخل المتغير التجريبي على المجموعة التجريبية وحدها، وتقاس المدجموعتان بعد ذلك ويعتبر الفرق في نتائج القياس ناتجاً عن المتغير التجريبي وحده حيث أن المجموعتين تعرضتا للقياس القبلي والبعدي ولنفس الظروف الخارجية المحيطة بالتجربة.

وقد سبق أن أشرنا إلى هذا النوع من التصميم في معرض حديثنا عن تصنيفات التجارب. ويعتبر هذا النموذج كافياً إلى حد كبير للتغلب على عيوب التصميمات التجريبية السابقة إلا أنه وجد أن القياس قبل ادخال المتغير التجريبي قد يؤثر في نوع الاستجابة بالنسبة لأفراد المجموعة التجريبية إذ يحاولون الثبات على آرائهم، والتمسك بالاجابات التي سبق لهم أن اعطوها للباحث. ولذا لجأ الباحثين إلى الاستعانة بتصميمات تجريبية أخرى تستخدم فيها أكثر من مجموعة ضابطة.

5- **التجربة القبلية**- البعدية باستخدام مجموعة تجريبية ومجموعتين ضابطتين:

يضاف إلى هذا النوع من التصميم مجموعة ضابطة ثانية ولا تجري عليها عمليات القياس القبلي ولكنها تتعرض للمتغير التجريبي ثم يجري عليها

القياس بعد تعرضها لهذا المتغير ولما كان اختيار المجموعات الثلاث يتم بطريقة عشوائية فإننا نفترض أن نتائج القياس الأول للمجموعتين الأخريين يمكن أن يعطي صورة صادقة لنتائج القياس بالنسبة لهذه المجموعة لو أنه تم فعلاً. ويمكن الاستدلال على ذلك بأخذ متوسط القياس قبل التجربة للمجموعتين التجريبية والضابطة الأولى. وليس من شك في أن هذا النوع من التصميم يجنب أفراد هذه المجموعة الآثار التي تترتب على عملية القياس القبلي.

ويمكن أن نقول أنه لو لم يكن قد حدث تفاعل بين المتغير التجريبي والقياس الأول فإنه من الممكن تفسير النتائج بالصور الآتية:

1- يرجع التغير الحادث للمجموعة الضابطة الثانية إلى تأثير المتغير التجريبي فقط.

2- يرج التغير الحادث للمجموعة الضابطة الأولى إلى تأثير القياس القبلي فقط.

3- إذا كان التغير الحادث للمجموعة التجريبية عن مجموعة التغير الحادث للمجموعتين الضابطتين. فإن ذلك يعتبر أنعكاساً لتفاعل العمليات للقياس القبلي مع المتغير التجريبي. وقد يؤثر هذا التفاعل على النتائج المترتبة على المتغير التجريبي أما بالزيادة أو النقصان هذا وينبغي أن نأخذ بشيء من الحذر النتائج التي نتوصل اليها لأننا نفترض أن العوامل الخارجية لم تؤثر في نتائج التجربة، وهذا الافتراض قد لا يكون صحيحاً خاصة إذا كانت الفترة بين

القياسين طويلة. وذلك أدخلت في التجارب الحديثة مجموعة ضابطة تالية للوصول إلى نتائج أكثر دقة وأحكاماً.

6- التصميم التسلسلي:

في هذا التصميم يتم الاعتماد فيه على دراسة جماعة واحدة وذلك على فترات زمنية معينة. حيث يقوم الباحث بقياس عدة مرات على الجماعة وبين كل قياس وآخر فترة زمنية متقطعة حيث يجري الباحث في البداية قياساً يحدد خلاله خط الأساس يليه قياس يقارن بالقياس الأول.

وهكذا وحيث يقارن الذي يليه بالقياس الذي قبله (والذي يغير في نفسه الوقت خط أساسي) إلى أن نصل للقياس الأخير عند أنهاء التجربة.

7- التصميم البعدى لجماعة تجريبية وأخرى ضابطة:

وفي هذا التصميم يتم القياس للجماعة التجريبية والجماعة الضابطة بدون أجراء قياس قبلي حيث يتم التعامل مع الجماعة التجريبية وأدخال المتغير المراد قياسه وفي النهاية من الوقت المحدد للتجربة يرجع أثر التغير الناتج على الجماعة التجريبية للمتغير الذي يتم أدخاله على الجماعة.

مزايا وعيوب الطريقة التجريبية:

أ) المزايا:

1- أن الميزة الرئيسية للتجريب تحت الضبط والتحكم تمكن في مشكلة عزل المتغير التجريبي وقياس تاثيره عبر فترة زمنية معينة.

2- أن التجربة يمكن تكرارها لعدة مرات مع استخدام متغيرات متعددة. ولعل فرصة التكرار هذه تزيد من الثقة في النتائج.

3- يتحقق في هذه الطريقة الالتزام بقواعد المنهج العلمي وخطواته أكثر من غيره من المناهج حيث يقوم على اختبار صحة الفروض السببية.

4- تتيح هذه الطريقة القدرة على اختبار العلاقة السببية في ظروف خاصة وضوابط محددة يوفرها الباحث أو يجرى اختبار العلاقة السببية في ظروفها الطبيعية.

ب) العيوب:

1- يصعب صوغ فروض علمية دقيقة بالنسبة للظاهرة الاجتماعية فالتغير المحدد، ارتباط بمتغيرات أخرى غير قليلة يصعب استبعادها كما يصعب تحميلها جميعاً على الفرض.

2- أن منطق الفرض العلمي فكرة وصياغة يتناقض مع طابع وفلسفة بعض فروع العلوم الاجتماعية، كعلم الاجتماع مثلا الذي يسعى إلى الرؤية التركيبية وليست التجزئيية. التي تتم من خلال الفرض الذي يركز على علاقة أو علاقات بين متغيرين بمعنى عزلهما لدراستهما.

3- من الصعب ايجاد جماعيتن أو حاليتن متماثلتين في كل الخصائص ما عدا واحدة. وكما أكد وركايم أن هذا لم يحدث تقريبا في أي علم من العلوم فما بالنا ونحن بصدد ظواهر اجتماعية يؤثر عزلها عن سباقها في أوضاعها وأحوالها.

4- بالنسبة للدراسة القبلية البعدية وبالرغم من اقترابها النسبي من

فلسفة التجريب عن غيرها من أنواع التصميم التجريبي فإن الغرض الكامن وراء هذه الدراسة هو ثبات الجماعة أو المجتمع المراد دراسته، وعدم تغيره خلال فترة أدخال المتغير المراد دراسته إليه.

رابعاً: منهج دراسه الحالة

تزايد الاهتمام بدراسة الحالة وكفاءتها في البحث الاجتماعي، منذ أن تطورت الاساليب والطرق الكيفية والذي يرجع إلى تراث العلوم الاجتماعية يجد أن دراسة الحالة ذات أهمية في بعض البحوث الاجتماعية باعتبارها من أهم مداخل الدراسة كما أن الأساليب الاحصائية يمكن تطبيقها إلى جوار دراسة الحالة كمدخلين متكاملين.

ولقد بدأ استخدام دراسة الحالة كطريقة من طرق البحث الاجتماعي في القرن التاسع عشر عن طريق الباحث الانجليزي أندور أور في دراسته عن الآثار الاقتصادية والاجتماعية الناجمة عن استخدام الالات الميكانيكية ثم انتشر بعد ذلك استخدام هذه الطريقة إذ أصبحت بمثابة الوسيلة الفعالة لدراسة الأسرة وظروف العمل والمشاكل الاجتماعية والاقتصادية.... الخ.

تعريف دراسة الحالة:

نجد أن هناك خلاف بين علماء المناهج في تحديد دراسة الحالة هل هي منهج ضمن مناهج البحث أم أنها أحدى الطرق التي عن طريقها يتم اجراء بحث معين أو يمكن اعتبارها أحدى أدوات جمع البيانات فيذهب قانون علم الاجتماع الذي وصفه فيرتشايلد إلى أن دراسة الحالة منهج في البحث الاجتماعي عن طريقة يمكن جمع البيانات ودراستها.

بحيث يمكن رسم صورة كلية لوحدة معينة في علاقاتها المتنوعة وأوضاعها الثقافية، ويمكن أن تكون الوحده موضع الدراسة شخصاً معينا أو أسره أو جماعة اجتماعية أو نظام اجتماعي أو مجتمع محلي.

وعلى هذا ينبغي التفرقة بين دراسة الحالة كوسيلة لجمع البيانات، وبين دراسة الحالة كمنهج من مناهج البحث.

وعلى ذلك يذهب كليفوردشو إلى أن دراسة الحالة طريقة تركز على الموقف الكلي أو مجموع العوامل التي تساعد في وجود موقف معين وكذلك على وصف العملية التي من خلالها يتم أحداث سلوك معين بالإضافة إلى دراسة السلوك الفردي داخل الموقف الذي يقع فيه وتحليل الحالات ومقارنتها مما يؤدي على تكوين الفروض.

ويستخدم دراسة الحالة عند التعامل مع وحدة اجتماعية معينة بغرض دراستها للتوصل إلى نتائج تقبل التطبيق نسبيا على وحدات أخرى مشابهة من حيث الخصائص والسمات العامة.

وبذلك تتميز طريقة دراسة الحالة بالعمق أكثر مما تميز بالاتباع في دراسته للأفراد والمجتمعات كما يتميز بالتركيز على الجوانب الفردية أو المميزة لعينه صغيرة جداً من أفراد المجتمع، وهو يمثل أحد طرق وأساليب التحليل أكثر من كونه معبراً عن إجراءات محددة.

وتتميز دراسة الحالة عن غيرها من طرق البحث العلمي الاجتماعي بأنها تعني بدراسة وحدة اجتماعية دراسة شمولية كلية وهذا يختلف عن طرق وأدوات بحثية أخرى، يكون كل تركيزها على أحد جوانب أو أبعاد الوحدة الاجتماعية موضع الدراسة والبحث.

وبالتالي فهي توفر للباحث بجانب الرؤية الكلية مزيدا من التعمق والتفصيلات التي لا تساعده فقط في فهم أفضل للحالة المدروسة وإنما توفر بيانات تسهم في اختبار النظريات العملية وتطويرها.

ويقصد بمنهج ودراسة الحالة: دراسة لوحدة مفصلة مستفيضة للكشف عن جوانبها المتعددة والوصول إلى تعميمات تنطق على غيرها من الوحدات المشابهه.

نجد أن منهج دراسة الحالة تتطلب ما يلي:

1- اختيار وحدة اجتماعية فرد – جماعة – مجتمع - منظمة، لتكون موضوع الدراسة.

2- تحديد الأسباب التي تدعو إلى أجراء دراسة عن هذه الوحدة الاجتماعية .

3- تحديد خصائص هذه الوحدة الاجتماعية سواء كانت الخصائص العامة أو الخصائص النوعية.

4- توضيح العوامل الراهنة المؤثرة على هذه الوحدة الاجتماعية.

5- يكون هدف الدراسة هو التوصل إلى تعميمات عن هذه الوحدة الاجتماعية في ظل ظروف وعوامل محددة بحيث يمكن أن تطبق هذه التعيميمات على وحدات اجتماعية أخرى من نفس النوع وفي نفس الظروف.

6- مع التأكد بوجود فروق بين هذه الوحدة ونظيراتها ولذلك يجب

توضيح أثر هذه الفروق على التعميمات التي قد تطبق على وحدات اجتماعية بعينها.

7- تعتمد طريقة دراسة الحالة على التعمق في دراسة الوحدات المختلفة وعدم الاكتفاء بالوصف الخارجي أو الظاهرى للموقف.

8- تهدف الطريقة إلى تحديد مختلف العوامل التي تؤثر في الوحدة المدروسة أو الكشف عن العلاقات السببية بين أجزاء الظاهرة.

تقوم أجراءات دراسة الحالة على الآتي:

1- المقابلة الشخصية .   2- الملاحظة المتعمقة.

3- دراسة الوثائق والسجلات المكتوبة.4- معايير تاريخ الحياة.

5- تسجيل معلومات دراسة الحالة.   6- الوقت الذي تستغرق الدراسة.

وهناك طريقتان تستخدمان في دراسة الحالة:

1- التاريخ الشخصي للحالة.   2- تاريخ الحالة.

والتاريخ الشخصي للحالة هو صورة من صور تاريخ الحياة يعرض فيها الباحث الحوادث التي مرت بالمبحوث من وجهة نظره وهي تشمل المذكرات الشخصية التي كتبها المبحوث عن نفسه والتي يسرد فيها قصة حياته مثل اليوميات والخطابات ويحتاج الباحث إلى هذه المعلومات لمعرفة دوافع المبحوث ووجهة نظره في التجارب الشخصية التي مر بها وسلوكه.

وتساعد هذه المعلومات الباحث على أدراك شخصية المبحوث وعلاقاته الاجتماعية وفلسفته في الحياة وذكاؤه.

أما تاريخ الحالة فيشمل قصة تطورها والأحداث والتجارب التي كـان لها أثر في سـلوك المبحوث ويحصل عليها الباحث من مصادر متعددة كالأسرة والمدرسة والعمـل ويستعين بكـل الوثائق التي يمكن أن تتضمن بيانات من هذا النوع.

وهذا يعني أن الأول يركز على عرض حياة المبحوث مـن وجهـة نظـره أمـا الثاني فيهـتم بمدى صدق البيانات.

ويستخدم منهج دراسة الحالة في الظروف التالية:

1- حينما يريد الباحث أن يدرس المواقف الجزئية في مجالها الكلي ومحيطها الاجتماعـي والثقـافي، كالتعرف على حقيقـة الحياة الداخلية لـشخص مـا بدراسـة حاجاتـه الاجتماعية ودوافع سلوكه باعتباره عضوا في جماعة يتفاعل معها في إطار ثقافته الكلية.

2- حينما يريد الباحث أن يدرس التاريخ التطوري لحالة معينـة أو الوقـوف عـلى فـترة معينة من فترات حياتها وتطورها في الماضي.

3- حينما يريد الباحث التوصل إلى معرفة العوامـل المتشابكة التي تـسخدم في تحليـل العمليات الاجتماعية بين الأفراد وما يقوم بينهم مـن تفاعـل كالتعـاون والتنافـس والوصول إلى مسبباتها في الماضي والحاضر.

دراسة الافراد باستخدام منهج دراسه الحاله:

قد يقتـصر مجـال الدراسـة عـلى جانـب واحـد مـن حيـاة الفـرد كدراسـة علاقاته مع زملائه في الجامعة أو العمل. وقد تتناول الدراسة مختلـف الظروف

التي احاطت بالفرد منذ نشأته - أو في بعض فترات حياته - والتي أثرت في تكوينه وأنماط سلوكه واتجاهاته.

وعند درساة الأفراد كالحالات باستخدام المنهج ينبغي الالتزام بما يلي:

1- كفاية البيانات، التي تجمع عن الحالة والمرتبطة بموضوع البحث وكذلك ينبغي أن يتوفر لهذه البيانات العمق والوضوح والدقة.

2- صدق البيانات، التي يدلي بها المبحوث وذلك بالرجوع إلى التقارير والبيانات الرسيمة الموثوق بصحتها من مختلف المصادر الأخرى ومقارنتها باستجابات المبحوث.

3- ضمان صحة التعميمات العلمية والذ يتأتي من التحديد الدقيق للحالة ومدى التشابه بينها غيرها من الحالات في السمات والخصائص وينبغي أن تكون هذه التعميمات مسايرة للنتائج التي يتم الوصول اليها وفي حدودها.

وعند دراسة الأفراد بمنهج دراسة الحالة يمكن للباحث استخدام كثير من أدوات جمع البيانات من أهمها الملاحظة واستمارة المقابلة (الاستبار) والوثائق الشخصية للأفراد كالسير الخاصة (الذاتية) وتواريخ الحياة واليوميات والخطابات الشخصية.

دراسة المجتمعات المحلية باستخدام منهج دراسة الحالة:

وهنا قد يقتصر مجال الدراسة على جانب واحد من جوانب المجتمع وقد تتناول كافة جوانبه، وعند دراسة المجتمع المحلي بهذا المنهج ينبغي على الباحث أن يلتزم بما يلي:

1- تحديد مشكلة البحث تحديداً دقيقاً وواضحاً حتى يتجه البحث إلى المعلومات المتعمقة التي ترتبط بهذه المشكلة.

2- تحديد مجتمع البحث تحديداً دقيقاً يشمل كافة خصائصه حتى يمكن تعميم النتائج على الحالات المشابهة له في نفس الخصائص والسمات.

3- التأكد من وفرة البيانات والاحصائيات ومصادرها التاريخية التي تعطي صورة واضحة عن تطور المجتمع، وينبغي تحديد بداية الفترة التي تبدأ عندها الدارسة.

4- تحديد الأدوات المناسبة لجمع البيانات والتي تتفق مع موضوع البحث وعدم الانتصار على أمراه واحدة.

يفضل أن يكون جامع البيانات خارج المجتمع وذلك للأسباب:

أ) حتى تكون نظرته أكثر موضوعية وواقعية.

ب) يفضل الناس شخص غريب عن مجتمعهم عند أعطاء البيانات.

ج) في حال وجود نزاعات بين الجماعات للمجتمع فيفضل أن يكون جامع البيانات شخص محايد.

د) يشعر الناس بالحرج عند التحدث عن مشكلاتهم أمام شخص يعرفونه بينما يزول هذا الحرج أمام شخص غريب عنهم وعن مجتمعهم .

5- ينبغي إعداد المجتمع لعملية البحث قبل البدء فيه حتى.

6- ينبغي الوصول إلى التعميم هو الهدف من الدراسات العلمية.

إجراءات دراسة الحالة:

وتتلخص إجراءات دراسته الحالة فيما يلي:

1- تحديد الهدف من دراسة الحالة.

2- تحديد المفاهيم الأساسية في دارسة الحالة تحديد أسس ومعايير تحديد وحده دراسة الحالة سواء كانت فرداً أو جماعة أو تنظيماً.

3- تحديد الأسئلة المراد الإجابة عليها في دراسته الحالة من خلال وضع دليل عام لدراسة الحالة ويمكن أن يتضمن أكثر من دليل فرعي مثل وجود دليل للمفاهمة وآخر لتحليل المضمون وثالث للملاحظة وهكذا.

4- تحديد مدى مساهمة دراسة الحالة في عمليات البحث ككل بمعني هذا ستكون مرحلة لجمع معلومات تتبعها دراسات وخطوات أخرى أم أنها الطريقة الوحيدة حيث يجب تحديد نوعية البيانات وعدد الحالات وما إلى ذلك.

5- اختبار الأدوان التي تستخدم في دراسة الحالة وأختيارها والتأكد من ملاءمتها وتعين حدود استخدام كل منها.

6- تسجيل بيانات الحالة وخاصة عندما تجمع البيانات من فرد أو أفراد وعلى ذلك يجب أن يتم التسجيل بموافقة المبحوث ووفق أرادته.

7- الاعتبارات التي يجب أن يراعيها الباحث في لقائه مع المبحوثين والتي من أهمها ظروف اللقاء وبدء المقابلة وأنهائها وما إلى ذلك من الاعتبارات.

مزايا وعيوب طريقة دراسة الحالة:

أ) مزايا دراسة الحالة:

1- أصبحت طريقة دراسة الحالة وسيلة فعالة في البحوث العلمية بوجه عام (فحل المشكلات التي تعترض العلوم والفيزيائية والبيولوجية والتي تعترض العلوم السياسية أو فن العمارة وغيرها تعتمد على دراسة الحالة) والبحوث الاجتماعية بوجه خاص (ساعدت هذه الطريقة في التعميق وراء المشكلات القائمة وعدم الاكتفاء بالمظهر الخارجي).

2- تتميز دراسة الحالة بالمرونة في الوسائل المستخدمة لجمع البيانات – المقابلات – الملاحظة – الاستبيان.... الخ.

3- تمتد المرونة في دراسة الحالة إلى أيه أبعاد للقضية المطروحة للدراسة بالرغم من أن الخاصية الرئيسية لتصميمات دراسة الحالة هو شمولية البحث. فإن جوانب معينة للفرد أو الموقف الاجتماعي المدروس يتم التركيز عليها بينما توجد جوانب أخرى لا تشملها الدراسة.

4- تتجه دراسة الحالة إلى تناول أية وحدة اجتماعية والعوامل الأساسية المؤثرة في اختيار وحدة دراسة معينة هي:

أ) إمكانية تحديد العناصر.

ب) تكاليف البحث.

ج) الزمن والقوى البشرية المطلوبة للقيام بالدراسة.

5- توفر دراسة الحالة حالات محددة لاختبار النظريات حيث يقوم الباحث

بوضع إطار نظري يحدد خطوات بحثه، وتوفر دراسة الحالة له الفرصة لوضع واحد أو أكثر من جوانب النظرية موضع الاختبار الأمبيريقي.

6- دراسة الحالة غير مكلفه إلى حد ما، وهذا يرتبط بوسائط جمع البيانات المستخدمة، وتقل التكلفه كلما كانت عملية جمع البيانات تتم عن طريق الباحث بنفسه وبتعمق في ضوء خبراته السابقة.

ب) عيوب طريقة دراسة الحالة:

1- تعذر استخدام الطريقة مع الجماعات المتخلفه ثقافياً إذ أن النتائج التي يصل إليها الباحث، في مثل هذه الجماعات لا تمثل في الغالب السلوك الشخصي وإنما اتجاهات الجماعة.

2- التحيز الشخصى سواء من جانب المبحوثين أو الباحثين على السواء.

3- عدم صدق البيانات التي يجمعها الباحث باستخدام هذا المنهج وهذا يرجع إلى سجلات الحياة التي يستخدمها الباحث في جمع البيانات ويمكن التغلب على ذلك بالرجوع إلى مصادر أخرى موثوق بها كالتقارير والبيانات الرسمية.

4- يتكبد الباحث في دراسته للحالات كثيراً من الجهد والمال وهذا يقلل من أهمية هذا المنهج ومدى الاعتماد عليه في البحث.

5- تستغرق دراسة الحالة وقت طويل نظراً للتعمق في دراسة الوحدة فضلاً عن قيامه باستغراق وقت طويل في جمع المعلومات عن تلك الوحدة وتسجيلها.

6- عدم إمكانية تعميم النتائج التي يصل إليها الباحث عن طريق استخدام منهج دراسه الحاله وذلك لأختلاف الحالة عن غيرها من الحالات.

خامساً: منهج تحليل المحتوى:

بدأ استخدام أسلوب تحليل المحتوى في الصحافة أول الأمر. ثم استخدام هذا الأسلوب في علم الاجتماع فقد ظهرت في عام 1926م دراسة. ما لكو ويلي عن (صحافة البلد)، حيث قام بتحديد الموضوعات التي تتناولها الصحافة فصنفها حسب فئات معينة للتحليل، وتبع ذلك استخدام تحليل المحتوى في الأدب عام 1930م، وتوسع استخدام هذا الأسلوب اثناء الحرب العالمية الثانية ثم ذاع بعد ذلك ميادين متعددة.

تعريف تحليل المحتوى:

يعرف برلسون Berelson تحليل المحتوى بأنه (أسلوب للبحث يهدف إلى الوصف الموضوعي المنظم الكمي للمحتوى الظاهر للاتصال.

فالاتصال يعني كل المعاني التي يعبر عنها بالرموز المختلفة (الكلمة أو الصوت أو الصورة أو الرسم) ويهدى الاتصال إلى الإجابة عن أسئلة مثل من الذي يقول ماذا ولمن وكيف يقول؟

وما هي الأثار المرتبة على ذلك؟

وتحليل المحتوى طريقة للبحث الاجتماعي تلائم دراسته الاتصالات الإنسانية وإلى جانب استخدامها في دارسة عملية الاتصال فهي تستخدم أيضا لدراسة جوانب أخرى للسلوك الاجتماعي.

ووحدات الاتصال مثل الكلمات، والفقرات والكتب هي الوحدات التي يتم تحليلها في تحليل المحتوى.

والمحتوى الظاهر يشير إلى الخصائص التي تظهر بشكل مباشر في عملية الاتصال مثل كلمات معينة في كتاب أو الوان معينة في لوحة وهكذا. والمحتوى الكامن يشير إلى المعاني التي تتضمنها الاتصالات وتحديد المحتوى الكامن يشير إلى المعاني التي تتضمنها الاتصالات وتحديد المحتوى الكامن يتطلب أحكام على دور الباحث وللقيام بتحليل محتوى الاتصال ينبغي اختيار عينة المصدر والعينة الزمنية وعينة الوحدات وتحديد فئات التحليل التي تشمل مادة الاتصال وشكلة ثم ينبغي العناية بتصنيف كل المواد المناسبة حتى يتيسر استخلاص النتائج بطريقة سليمة ولضمان دقة النتائج ينبغي التأكد من توفر صفتي الصدق والثبات. فالمادة التي تخضع للتحليل يجب أن تكون صادقة فيما تشتمل عليه.

وتحليل المحتوى منهاج مستحدث في البحوث الاجتماعية عامة وفي قياس الاتجاهات بصفة خاصة لأثره الهام في قياس العلاقات الاجتماعية والقيادة.

خصائصة:

1- يستخدم تحليل المحتوى في العلوم الاجتماعية فقط وفي تحديد أثار الاتصال.

2- لا ينطلق إلا على جوانب لغوية.

3- هناك موضوعات متعددة ينطوي عليها التحليل مثل تحليل الشعارات التي تسخدم ف مناسبات قومية، وتحليل الأقلام والجرائد عند معالجة موضوع معين وتحليل القيم التي تتضمنها المواد الأدبية... الخ.

4- يركز على الوصف الموضوعي المنظم الكمي.

5- أن الوحدات التي يقوم بتحليلها ليست دائماً الفاظ أو كلمات بل هي معاني متشابهة تجمع في فئة واحدة وغالباً ما يشمل على أفكار رئيسية أو عبارات وجمل بأكملها.

6- يستخدم هذا الأسلوب في وصف محتوى مادة الاتصال لما لهذا المادة من أهمية في مجال البحث الاجتماعي.

7- يهتم هذا الأسلوب بدراسة المضمون الظاهر للاتصال.

وحدات تحليل المحتوى:

يمكن أن نحصر وحدات المحتوى في خمس وحدات هي:

1- وحدة الكلمة:

الكلمة هي أصغر وحدة في تحليل المحتوى وقد تشير الكلمة إلى معنى رمزى معين وذلك حينما يقوم الباحث بتحليل كلمات الشعارات مثل كلمة الحرية أو الديمقراطية.

2- وحدة الموضوع:

ويقصد بها الوقوف على العبارات أو الأفكار الخاصة بمسألة معينة ويعتبر الموضوع أهم وحدات تحليل المحتوى عند دراسة الآثار الناجمة عن الاتصال وتكوين الاتجاهات.

3- وحدة الشخصية:

ويقصد بها تحديد نوعية وسمات الشخصية التي ترد في العمل الأدبي بصفة خاصة، وقد تكون الشخصية خيالية كما قد تكون أيضا حقيقية.

4- وحدة المفردة:

ويقصد بها وسيلة الاتصال نفسها، فقد تكون كتاباً أو مثالا أو قصة أو برنامجاً وتستخدم المفردة كوحدة للتحليل إذا كانت هناك عدة مفردات.

5- وحدة المساحة والزمن:

وتتمثل في تفسيم المحتوى تقسيمات مادية سواء بالنسبة لمواد الاتصال المرئية مثل الأعمدة وعدد السطور وعدد الصحفات أو عدد الدقائق التي يستغرقها برنامج معين.

خطوات تحليل المحتوى:

تختلف مادة الاتصال المراد تحليلها حسب المشكلة المراد بحثها فقد يختار الباحث مجموعة من الصحف أو الكتب أو الرسائل أو السير الشخصية ليقوم بتحليلها.

1- اختيار عينة المصادر

عند إجراء البحث بطريقة ينبغي البدء في تحديد مجتمع البحث وهذا المجتمع يكون في هذا البحث مجموعة من الصحف اليومية على سبيل المثال لذا فإنه لاختيار عينة تمثل مجتمع الدراسة يجب أن تقسم الصحف إلى فئات طبقا لخصائص معينة واختيار عينة طبقية مناسبة حتى يمثل المجتمع الأصلى تمثيلاً كاملاً.

2- اختيار العينة الزمنية:

يتطلب البحث الميداني تحديد المجال الزمني للدراسة أي الفقرة التي يقوم فيها الباحث بجمع البيانات ن الميدان.

3- اختيار عينة الوحدات:

بعد اختيار العينة الزمنية يتعين على الباحث اختيار عينة الوحدات ويقصد بها الموضوعات التي يرى حاجتها للتحليل ورموز هذه الموضوعات والتي تنحصر في (الموضوع) الشخصيات المفردة.

4- تحديد فئات التحليل:

وعلى الباحث تحديد فئات التحليل إلى:

أ) الموضوع سواء كان موضوعاً محدداً أو موضوعات فرعية لموضوع واحد فعلى سبيل المثال إذا كان المطلوب تحليل الخطابات المرسلة إلى جهة معينة فإن الباحث عليه أن يحدد ما الذي يبحث عنه – هل يزيد معرفة عدد الشكاوي بالنسبة إلى الموضوعات الأخرى أو معرفة الشكاوى الخاصة ونوعياتها أو معرفة شخصية الشاكين وهي رجال أم نساءتزوجين أو غير متزوجين...... الخ.

ب) اتجاه محتوى الاتصال ويعني به الكشف عن الاتجاه العام لمحتوى الاتصال وهل هو اتجاه تأيدى أو معارض....الخ.

ج) وضع معايير لتقدير محتوى الاتصال وهذه النقطة هامة خاصة عند تصنيف الاتجاهات أو القيم في المحتوى. ويفضل وضع تقديرات كمية للمعايير الكيفية.

د) تحديد السمات الشخصية مثل الجنس والحالة الصحية والنفسية والاجتماعية.................... الخ.

مزايا طريقة تحليل المحتوى

1- تعتمد هذه الطريقة على رأي المبحوث مباشرة بدون تدخل له تأثير من جانب الباحث.

2- تعطي هذه الاستراتيجية للمبحوث المساحة والوقت الذي يريدهما للتعبير عن رائه.

3- باعتماد هذه الاستراتيجية على السجلات المهنية فإنها تستند إلى خبرات مستمرة للمارسين مما قد يوفر بيانات غزيرة.

4- كما أنه بمقارنة السجلات المهنية عبر فترات زمنية محددة يمكن التوصل إلى معلومات حية عن الماضي والحاضر معاً.

5- من المميزات الرئيسية لهذه الطريقة هو اقتصادها في الوقت والمال ومن السهل على باحث واحد القيام بها.

6- ضمان السلامة في تحليل المضمون فإذا اكتشف الباحث خطأ في المسح أو التجربة فعليه إعادة بحثه كله مره أخرى مع كل التكلفه المالية والوقت أما في تحليل المضمون فإن الباحث قد يعيد جزء من البحث فقط.

عيوب طريقة تحليل المحتوى:

1- محدودية خبراتها أدت إلى نقص تقنياتها بالمقارنة بالاستراتيجيات الأخرى ذات الاستخدام الأوسع وذلك نظراً لأنها غير واسعة الاستخدام.

2- قد يصعب التوصل إلى تعميمات من سجلات أو كتابات فردية .

3- قد ينتقي الباحث السجلات أو الكتابات المتمشية أكثر من وجهة نظره.. ورغم أن ذلك يعتبر خطأ من جانب الباحث نفسه أكثر من عيب في الاستراتيجية نفسها، إلا أن وقوع هـذا الخطأ يخل من موضوعية البحث.

4- من الصعب في كثير من الأحيان التوصل إلى سجلات تحتوى على بيانات كافية حول موضوع بحث معين.

5- أنه محدود في دراسة الاتصالات المسجلة فقط.

سادساً: المنهج التاريخي:

يعد المنهج التاريخي من المناهج العامة، حيث يستخدمه بعض الباحثين الـذين يجـدون ميلاً لدراسة الأحداث التي وقعت في الماضي القريـب أم البعيـد، وذلـك مـن خـلال الرجـوع إلى مصادر معينة.

ولتوضيح المنهج التاريخي يتطلب الأمر الوقوف على موضوعات، من مثل: تعريف المنهج التاريخي، وأهميته، وخطوات تطبيقه، ومزاياه وعيوبه، وهي كما يلي:

1- تعريف المنهج التاريخي:

يقصد بالمنهج التاريخي، هو (عبارة عن إعادة للـماضي بواسطة جمـع الأدلـة وتقويمهـا، ومن ثم تمحيصها وأخيراً تأليفها؛ ليتم عرض الحقائق أولاً عرضاً صحيحاً في مدلولاتها وفي تأليفها، وحتى يتم التوصل حينئذ إلى استنتاج مجموعة من النتائج ذات البراهين العلمية الواضحة).

وهو أيضاً (ذلك البحث الذي يصف ويسجل ما مضى من وقائع وأحداث الماضي ويدرسها ويفسرها ويحللها على أسس علمية منهجية ودقيقة؛ بقصد التوصل إلى حقائق وتعميمات تساعدنا في فهم الحاضر على ضوء الماضي والتنبؤ بالمستقبل).

كما يعرف، بأنه ذلك المنهج المعني بوصف الأحداث التي وقعت في الماضي وصفاً كيفياً، يتناول رصد عناصرها وتحليلها ومناقشتها وتفسيرها، والاستناد على ذلك الوصف في استيعاب الواقع الحالي، وتوقع اتجاهاتها المستقبلية القريبة والبعيدة.

2- أهمية المنهج التاريخي:

على ضوء التعاريف السابقة للمنهج التاريخي، يمكن إبراز أهمية هذا المنهج:

أ) يمكن استخدام المنهج التاريخي في حل مشكلات معاصرة على ضوء خبرات الماضي.

ب) يساعد على إلقاء الضوء على اتجاهات حاضرة ومستقبلية.

ج) يؤكد الأهمية النسبية للتفاعلات المختلفة التي توجد في الأزمة الماضية وتأثيرها.

د) يتيح الفرصة لإعادة تقييم البيانات بالنسبة لفروض معينة أو نظريات أو تعميمات ظهرت في الزمن الحاضر دون الماضي.

3- خطوات تطبيق المنهج التاريخي:

يتبع الباحث الذي يريد دراسة ظاهرة حدثت في الماضي بواسطة المنهج التاريخي الخطوات التالية:

أ) توضيح ماهية مشكلة البحث:

يتطلب توضيح ماهية مشكلة البحث تناول خطوات الأسلوب العلمي في البحث، وهـي: التمهيد للموضوع، وتحديده، وصياغة أسئلة لـه، وفرض الفروض، وأهداف البحث، وأهميـة البحث، والإطار النظري للبحث، وحدوده، وجوانب القصور فيه، ومصطلحات البحث.

ويشترط في مشكلة البحث توافر شروط، من مثل: أهميتها، ومناسبة المنهج التاريخي لها، وتوافر الإمكانات اللازمة. وأهمية النتائج التي سيتوصل إليها الباحث.

ب) جمع البيانات اللازمة:

وهذه الخطوة تتطلب مراجعة المصادر الأولية والثانوية، واختيار البيانات التي تـرتبط بمشكلة بحثه. ومما تجدر الإشارة إليه هنا، أن على الباحث التمييز بـين نوعي المصادر. إذ تتمثل المصادر الأولية في السجلات والوثائق، والآثار. وتتمثل المصادر الثانوية في الصحف والمجلات، وشهود العيان، والمذكرات والسير الذاتية، والدراسات السابقة، والكتابات الأدبية، والأعمال الفنيـة، والقصص، والقصائد، والأمثال، والأعمال والألعاب والرقصات المتوارثة، والتسجيلات الإذاعيـة، والتلفزيونية، وأشرطة التسجيل، وأشرطـة الفيديو، والنـشرات، والكتـب، والـدوريات، والرسومات التوضيحية، والخرائط.

ج) نقد مصادر البيانات:

وتتطلب هـذه الخطوة فحـص الباحث للبيانـات التـي جمعهـا بواسطة نقدها، والتأكد من مدى فائدتها لبحثه. ويوجد نوعـان للنقد، الأول، ويـسمى

بالنقد الخارجي، والثاني، ويسمى بالنقد الداخلي. ولكل منهما توصيف خاص به على النحو التالي:

النقد الخارجي: ويتمثل في إجابة الباحث عن الأسئلة التالية:

- هل كتبت الوثيقة بعد الحادث مباشرة أم بعد مرور فترة زمنية؟

- هل هناك ما يشير إلى عدم موضوعية كاتب الوثيقة؟

- هل كان الكاتب في صحة جيدة في أثناء كتابة الوثيقة؟

- هل كانت الظروف التي تمت فيها كتابة الوثيقة تسمح بحرية الكتابة؟

- هل هناك تناقض في محتويات الوثيقة؟

- هل تتفق الوثيقة في معلوماتها مع وثائق أخرى صادقة؟

النقد الداخلي: ويتمثل في إجابة الباحث عن الأسئلة التالية:

- هل تمت كتابة الوثيقة بخط صاحبها أم بخط شخص آخر؟

- هل تتحدث الوثيقة بلغة العصر الذي كتب فيه؟ أم تتحدث بمفاهيم ولغة مختلفة؟

- هل كتبت الوثيقة على مواد مرتبطة بالعصر أم على ورق حديث؟

- هل هناك تغيير أم شطب أم إضافات في الوثيقة؟

- هل تتحدث الوثيقة عن أشياء لم تكن معروفة في ذلك العصر؟

- هل يعتبر المؤلف مؤهلاً للكتابة في موضوع الوثيقة؟

د) تسجيل نتائج البحث وتفسيرها:

وهذه الخطوة تتطلب من الباحث أن يعرض النتائج التي توصل إليها البحث تبعاً لأهداف أو أسئلة البحث مع مناقشتها وتفسيرها.

وغالباً ما يتبع الباحث عند كتابة نتائج بحثه ترتيب زمني أو جغرافي أو موضوعي يتناسب ومشكلة البحث محل الدراسة.

هـ) ملخص البحث:

وهذه هي الخطوة الأخيرة من خطوات المنهج التاريخي، وتتطلب أن يعرض الباحث ملخصاً لما تم عرضه في الجزء النظري والميداني في البحث، كما يقدم توصيات البحث التي توصل إليها، ومقترحات لبحوث مستقبلية.

4- مزايا وعيوب المنهج التاريخي:

أ) مزايا المنهج التاريخي:

- يعتمد المنهج التاريخي الأسلوب العلمي في البحث. فالباحث يتبع خطوات الأسلوب العلمي مرتبة، وهي: الشعور بالمشكلة، وتحديدها، وصياغة الفروض المناسبة، ومراجعة الكتابات السابقة، وتحليل النتائج وتفسيرها وتعميمها.

- اعتماد الباحث على المصادر الأولية والثانوية لجمع البيانات ذات الصلة بمشكلة البحث لايمثل نقطة ضعف في البحث إذا ما تم القيام بالنقد الداخلي والنقد الخارجي لهذه المصادر.

ب) عيوب المنهج التاريخي:

- أن المعرفة التاريخية ليست كاملة، بل تقدم صورة جزئية للماضي؛ نظراً لطبيعة هـذه المعرفة المتعلقة بالماضي، ولطبيعة المصادر التاريخية وتعرضها للعوامل التي تقلل من درجة الثقة بها، من مثل: التلف والتزوير والتحيز.

- صعوبة تطبيق الأسلوب العلمي في البحث في الظاهرة التاريخـة محـل الدراسـة؛ نظراً لأن دراستها بواسطة المنهج التاريخي يتطلب أسلوباً مختلفاً وتفسيراً مختلفاً.

- صعوبة تكوين الفروض والتحقيق من حصتها؛ وذلك لأن البيانات التاريخية معقـدة، إذا يصعب تحديد علاقة السبب بالنتيجة على غرار ما يحدث في العلوم الطبيعية.

- صعوبة إخضاع البيانات التاريخية للتجريب، الأمر الذي يجعل الباحث يكتفـي بـإجراء النقد بنوعية الداخلي والخارجي.

- صعوبة التعميم والتنبؤ؛ وذلك لارتبـاط الظـواهر التاريخيـة بظـروف زمنيـة ومكانيـة محددة يصعب تكرارهـا مـرة أخـرى مـن جهـة، كـما يـصعب عـلى المـؤرخين توقـع المستقبل.

سابعاً: المنهج الأحصائي:

هي مجموعـة مـن الأسـاليب الحسـابية أو العمليـات الخاصـة بجمـع ووصـف وتنظيم وتحليل وتفسير البيانات الكمية، ولهذا فهو أداة أساسية للقياس والبحث العلمي.

تحتل الإحصاء أو (الأساليب الإحصائية) أهمية خاصة في الأبحاث العلمية الحديثة، إذ لا تخلو أي دراسة أو بحث من دراسة تحليلية إحصائية تتعرض لأصل الظاهرة أو الظاهرات المدروسة فتصور واقعها في قالب قياسي رقمي، وتنتهي إلى إبراز اتجاهاتها وعلاقاتها بالظاهرات الأخرى إلا أنه يمكن نعرف علم الإحصاء على أساس أنه الأسلوب الذي يختص بالطرق العلمية لجمع وتنظيم وتخليص وعرض وتحليل البيانات وكذلك الوصول إلى نتائج مقبولة وقرارات سليمة على ضوء هذا التحليل وهذا هو المفهوم الحديث للإحصاء وهو في هذا الإطار يصلح لأن يكون فناً أو لوناً من المعرفة، وأداة متطورة مبسطة لأسلوب البحث العلمي.

عرف علم الإحصاء على أنه (العلم الذي يهتم بالطرق العلمية لجمع وتبويب وعرض وتحليل البيانات في ظروف عدم التأكد وذلك لاتخاذ القرارات السليمة.

عرف علم الإحصاء على أنه: (أحد فروع الرياضية التطبيقية ويختص عرض وتحليل البيانات لحل المشاكل المهنية أو البحثية في الحياة).

كما عرف علم الإحصاء أيضاً على أنه: (العلم الذي يساعد الباحث في جمع وعرض ووصف وتحليل البيانات الإحصائية واستخدام النتائج في التنبؤ أو اتخاذ قراراً محدداً تجاه الظاهرة في البحث والتحقق من صحة النظرية).

مفهوم الإحصاء في جانبها التطبيقي:

يأخذ الإحصاء في جانبه التطبيقي صور مختلفة فقد تأخذ صورة السجلات الإحصائية أو المؤشرات الإحصائية، وتعرف السجلات الإحصائية في

قاموس (Webster) على أنها الحقائق المصنفة التي تأخذ في الاعتبار أحوال في الدولة التي يمكن أن توضع على هيئة أرقام أو جداول من الأرقام.

لذا اسماها (كارل دوتج Karl Dotige) بالمعلومات العامة لأنها لا تلقي الضوء على علاقات الأفراد وما يدور من مكنونات فيما بينهم بل تكتفي بمعرفة مستويات المهنية والصحية والمالية والاقتصادية والسكانية، بينما أسماها (كالفن لادس Kalvin Lads) بالمعلومات الجاهزة مسبقاً أي المعلومات المهيأة من قبل الجهات الرسيمة قبل الشروع في إجراء البحث وتحليله.

بعد استعراضنا لتعريفات علم الإحصاء يمكن التوصل إلى التعريف الإجرائي الآتي:

1- علم الإحصاء هو علم العلاقات المتبادلة بالعلوم الأخرى فهو يؤثر ويتأثر بها.

2- أنه يعتبر من أبسط وأسرع الطرق.

3- أن علم الإحصاء يبحث عن جمع وتسجيل الحقائق الخاصة بالظواهر المختلفة بطريقة يسهل معها معرفة اتجاهات هذه الظواهر وعلاقتها بعضها البعض.

4-يعتبر علم الإحصاء من العلوم التي لا يقتصر استخدامها في مجال بذاته بل أنه يستخدم في جميع المجالات.

5- يقوم به متخصصون.

6- يساعد الباحث في جمع وعرض ووصف وتحليل البيانات الإحصائية

واستخدام النتائج والتنبؤ أو اتخاذ القرارات السليمة اتجاه ظاهرة ما أو مشكلة.

7- يهدف إلى فهم طبيعة هذه الظواهر ومعرفة القوانين التي تسير عليها.

أهمية الإحصاء في البحث الاجتماعي:

1- يساعد الباحث على إعطاء أوصاف على جانب كبير من الدقة للظاهرة المدروسة فيبرز حجمها ويلفت النظر لأبعادها ويكشف جوانبها المختلفة.

2- يساهم في تكملة البيانات التي تم جمعها بالطرق الأخرى والتحقق من صدقها.

3- يعاون الباحث في استخلاص النتائج العامة وتفسيرها تفسيراً كمياً كمدخل للتحليل الكيفي بما يحقق المعاونة في فهم الموقف الاجتماعي فهماً صحيحاً.

4- يمكن الباحث من التنبؤ بالنتائج المحتملة وتفسيرها تفسيراً منطقياً.

5- يعاون في عمليات الاستدلال والتاكيد وكشف أوجه الشبه والاختلاف.

6- يساهم في استخدام المقاييس من حيث تصميمها وتطبيقها واستخراج النتائج بواسطتها.

7- يمكن من اختيار العينة وتحديد حجمها ومدى تمثيلها للمجموعة.

8- يوضح العلاقات بين جوانب الظاهرة ومدى الارتباط المتغيرات المختلفة.

9- يساهم في إجراءات البحوث المختلفة مثل (إعداد الأدوات واختبار ثباتها وصدقها) وفي فرض الفروض..الخ.

10- يساهم في إجراءات جدولة البيانات وتحليلها وتفسيرها في مرحلة معالجتها بما يحقق تلخيص النتائج في شكل ملائم ومفهوم.

11- يستعان به في اختيار صدق نظرية اجتماعية أو قانون علمي بالاستدلال على البيانات الإحصائية التي تختبرها.

12- يساعد في تتبع الظواهر الاجتماعية واكتشاف اتجاهاتها وتطورها وما يشملها من تغيير في فترات مختلفة كتتبع حجم ظاهرة الهجرة المصرية للخارج وفقاً لسنوات محددة وخصائص معينة للمهاجرين وتبعاً لجهة المهجر أو إحصاءات خاصة بالتعليم أو الجريمة أو الحوادث أو الانتخابات أو التعدادات أو الزواج أو الطلاق.. الخ.

كذلك فيمكن من تتبع ظاهرة الجريمة في المجتمع كشف الارتباط بين أنواع معينة من الجرائم (القتل، السرقة، الرشوة مثلاً..الخ) وبين فترات زمنية معينة ومعدل تزايدها أو تناقصها... الخ.

أو كما في دراسة ظاهرة زيادة السكان في المملكة العربية السعودية حيث يتتبع الباحث معدلات تزايد السكان والوفيات وفقاً للسنوات المختلفة وهكذا.

وظائف الإحصاء في البحوث الاجتماعية:

1- تتدخل الإحصاء في إفهام الباحث نوعية البيانات المتاحة واستقراء ما تعكسه من مؤشرات تتعلق بظاهرة معينة قيد البحث. كما تفيد الباحث في إعداد جداول صحيحة إحصائياً للبيانات وجودة تنظيمها بما يسهل على القارئ لها من الوقوف على حال الظاهرة وعلاقتها بالظواهر الأخرى، ولذا

يجب على الباحث أن يحدد بدقة الأساليب الملائمة لنوعية البيانات التي جمعها وأن يضع خطة للتحليل الإحصائي.

2- يتخذ الإحصاء في مراحل التحليل للبيانات كمرحلة هامة من مراحل البحث الاجتماعي. ويكون الاستفادة بها أكثر عند بداية هذه المرحلة وبعد أن يتم سحب العينة البحثية من المجتمع الأصلي.

ومما يجدر التأكيد والإشارة إليه، أن الأساليب الإحصائية لا تضيف إلى أو تكون بديلاً عن البيانات التي جمعها. فإذا افتقد الباحث القدرة على جمع البيانات الصحيحة حول الظاهرة التي يهتم بدراستها، فلن يكون استخدام الأساليب الإحصائية وسيلة لتحسين هذه البيانات أو تقويتها أيضاً إذا لم يتوافر لدى الباحث مهارة كافية في مجال الإحصاء تمكنه من استخدام أنسب أساليبها ملائمة لهدف البحث سوف تكون النتائج التي يفسر عنها مفككة ويصعب مناقشتها والدفاع بقوة عما تسير إليه من قضايا مستقبلة أو راهنة تتعلق بموضوع البحث.

في هذا الصدد، يقع الباحثون في أخطاء عندما يقومون بجمع البيانات غير الكافية وغير الشاملة لجوانب الظاهرة قيد الدراسة، فإنه يصعب استخدام معاملات الارتباطات، كما تكون قياسات الصدق والثبات غير دقيقة. من هذا تتضح أهمية الإلمام الجيد للباحث الاجتماعي بالأساليب الإحصائية بحيث يستطيع أن يختار من بينها ما يخدم أهداف البحث، ويستطيع في الوقت ذاته فهم ما تعكسه هذه الأساليب من نتائج.

تلعب الإحصاء دوراً حيوياً في في إعطاء الخاصية أو الظاهرة المقاسة

معني ومن ثم إضفاء مزيد من الفهم الواضح حولها من خلال التقديرات الإحصائية للبيانات الكمية للظاهرة. ففي علم النفس الاجتماعي وعلم السلوك قد يصعب إلى حد بعيد معرفة مستوى الإدراك والتوقعات والتوافق النفسي تجاه خاصية معينة دون استخدام الأساليب الإحصائية والمقاييس التي يجب فهمها وتوفر المهارة لدى الباحث في تطبيقها. ومن أمثلة المقاييس النفسية والسلوكية مقياس التوافق النفسي، مقياس التوتر ومقياس الاغتراب النفسي.

تزداد أهمية الاستعانة بالأساليب الإحصائية خاصة الاستدلالية منها في الأبحاث العلمية والاجتماعية التي يتم إجراؤها على مجتمعات كبيرة الحجم وأحياناً تكون غير محددة أو معلومة الخصائص مثل الثروة البحرية أو المدفونة تحت باطن الأرض كالبترول والغازات وأثرها على المستوى الاقتصادي الاجتماعي لأفراد المجتمع، على سبيل المثال. وقد يصعب تماماً دراسة المجتمع الكبير لأسباب مادية وفيزيقية حيث تتطلب فريقاً ضخماً من الباحثين يعملون لفترات زمنية طويلة.

لذلك يستخدم البحث الاجتماعي العينات التي تمثل المجتمع الأصلي.. وتضم العينة مفردات تحمل خصائص هذا المجتمع. وتشير كلمة مفردة في العينة إلى فرد أو حيوان أو أي شيء كالكتاب والمدرسة والسيارة..الخ.

تتدخل الإحصاء في جانبين أساسيين:

أولهما: في كيفية اختيار العينة، ثانيهما في نوعية هذه العينة، أو العينات التي تخدم أهداف البحث. ففي مجال اختيار العينة، نجد أنها تعتمد على البيانات الإحصائية الدالة على صفات المجتمع الأصلي.

3- من تعريف الإحصاء نجد أن تلخيص البيانات تمثل الأهمية الثانية لها في مجال البحث الاجتماعي. فإذا قام باحث اجتماعي بتوزيع حوالي مائتي استمارة استبيان وتضم كل منها حوالي 70 سؤالاً على أفراد مجتمع ما كمدينة الرياض لاستطلاع الرأي حول برامج التليفزيون وحواراتها، في هذه الحالة يتجمع لدى الباحث بيانات ضخمة لا يمكن أن يتفهم مؤشراتها ما لم يقم بتلخيصها باستخدام أساليب الإحصاء الوصفي من جدولة وتكرارات ورسومات بيانية.. الخ. لأن الباحث إذا لم يكن لديه الخبرة بالمعالجة الإحصائية للبيانات، سوف يقدم تفسيرات ويحصل على نتائج غير دقيقة ولا تعكس بصدق الاتجاه العام للجمهور نحو البرامج التليفزيونية.

4- تزداد أهمية استخدام الإحصاء في تلخيص البيانات وتفسير النتائج خاصة عندما تتعدد المتغيرات التي يتم التعامل معها لخدمة أهداف البحث. فقد توجد متغيرات مستقلة عديدة نفسية واجتماعية وثقافية وتاريخية وسياسية ترتبط بالمتغير التابع في الدراسة، وتتطلب عملية التحليل للبيانات استخدام الانحدار المتعدد لتحديد الأهمية النسبية لهذه المتغيرات في تفسير الظاهر.

5- تبدو أهمية استخدام الإحصاء في البحوث الاجتماعية بمساهمتها الأساسية في عملية تحويل المفهومات المجردة إلى متغيرات يمكن قياسها. وتشتمل هذه العملية على توصيف للعمليات التي يجب إعدادها واتخاذها لملاحظة أو لقياس ما يستدل به على المفهومات المجردة. ثم بعد تحديد المتغيرات وتعريفها إمبريقياً، تبدأ عملية صياغة الفروض النوعية من حيث صلاحيتها في تحديد ووصف نوع العلاقة بين المتغيرات. ونظراً لأن الفروض تمثل عبارات تربط بين متغيرات يمكن قياسها، فمن الممكن بالتالي اختبار

هذه الفروض من خلال الملاحظة والقياس، ويستخدم الباحثون وعلماء النظرية الاجتماعية الأساليب الإحصائية المتنوعة في استنباط ما يعرف بالنماذج العلمية في تحويل المقولات النظرية التي تؤلف نظرية اجتماعية ما إلى أبعاد يمكن قياسها مثال ذلك النماذج الرياضية والنماذج المستخدمة في مجال الدراسات الاجتماعية لتنظيمات العمل. ويرتبط بهذا الدور الهام لاستخدامات الإحصاء في البحث الاجتماعي أهمية أخرى تتعلق بإستخداماتها في تقديم دليل إمبريقي ينهض على أساس رفض أو قبول أو تطوير نظرية مستخدمة في مختلف العلوم والسلوكية والإنسانية.

6- يعتبر استخدام الأساليب الإحصائية هاماً في تفسير نتائج البحث الاجتماعي وفي تقديم تفسيرات مدعمة إمبريقياً حولها هذا مع شأنه أن يفسح المجال لدراسات مستقبلية تنطلق من استخلاصات صحيحة حول ظاهرة الإمبريقية في عمليات التخطيط وصنع القرارات المتعلقة بالظاهرة قيد البحث وذلك من جانب المهتمين بها على المستويين الأكاديمي والعملي داخل تنظيمات العمل على اختلاف أنماطها داخل المجتمع.

7- للأساليب الإحصائية دور بالغ الأهمية لاستخدام الحاسب الآلي في البحث الاجتماعي إذ يتطلب استخدام الحاسب الآلي تعلم إحدى اللغات الخاصة والتي تمكن الباحث من التعامل معه على الوجه الصحيح ومن أشهر الحزم الإحصائية المستخدمة في العلوم الاجتماعية ما يعرف اختصاراً بالأحرف الإنجليزية.

وتوجد هذه الحزمة كبرنامج من برامج الحاسب الآلي وتتحدد وظائفها في تحليل البيانات في سرعة وسهولة.

ثامناً: البحوث المكتبية:

تعتبر المكتبة من المصادر التي لا غني عنها للباحث، ويصعب أن نتصور إجراء بحث معين دون أن ترجع كباحث إلى المكتبة، واستخدام مصادرها من الكتب والمراجع. ولاشك أن المكتبات الحديثة استفادت وتستفيد من التقدم العلمي الذي أحرزه علم المكتبات، حيث أن المكتبات الحديثة تصنف مصادرها وفق أسس علمية متعارف عليها في معظم مكتبات العالم.

استخدام الوثائق:

يقصد بالوثائق أي مواد مكتوبة يمكن أن تستخدم كمصدر للمعلومات عن السلوك الإنساني وعلى الرغم من أن المادة المكتوبة توجد في التجارب والمسوح والدراسات التي تستخدم الملاحظة بدرجة أو بأخرى إلا أننا هنا نشير إلى الوثائق التي ليست نتيجة لأي جهد من الباحث.

وتلك تتضمن الاحصاءات السكنية، المسوح المختصرة التي يقوم بها العلماء الاجتماعيين - الإحصاءات الصحية، الاحصاءات الاقتصادية، سجلات المؤسسات التطوعية، سجلات المحاكم، الأوراق الرسمية، الصحف والمجلات ودراساتهم التاريخية حيث حاولوا فيها تصميم اجراءات يكن من خلالها استغلال الوثائق المكتوبة إلا أن بعض العيوب هي:

1- مدى صدق الوثائق حيث أن هناك العديد من الاختبارات التي يمكن عن طريقها تحديد مدى صدق هذه الوثائق مثل مقابلة بعض الشهود وتحليل هذه المقابلات لإختيار صدق هذه الوثائق.

ومن الناحية السويولوجية فإن معظم الوثائق هي نتائج للإنسان وبالتالي فهي

تكشف إلى حد ما عن السلوك الإنساني فالخطابات مثلاً يمكن أن تتيح التعرف على شخصية وسلوك كاتبوها.

2- من عيوب الوثائق أيضاً أن تكون عند كتابتها قد تعمد كاتبها تضليل من يقرأها في المستقبل إلا أن هذا العيب إن وجد في بعض التغلب على هذه الصعوبة عن طريق أما أن تتحدد مستوى النتائج في إطار الحالات التي تتم دراستها أو يأخذ عدد كبير من الحالات وذلك يمكن أن يتم بالنسبة للوثائق الشخصية.

3- أنها محدودة فيما تتيحه من استنتاجات ويصعب تعميم نتائجها إذ أنها بصورة أو بأخرى هي نتائج حالة فردية واحدة ومن التغلب على هذه الصعوبة عن طريق إما أن تتحدد مستوى النتائج في إطار الحالات التي تتم دراستها أو يأخذ عدد كبير من الحالات وذلك يمكن أن يتم بالنسبة للوثائق الشخصية.

يمكن تلخيص مزايا أسلوب الاعتماد على الوثائق والملفات في النقاط التالية:

1- يمكن أن تستخدم مع الابيانات والمقابلات لكي يتاح لنا معلومات موضوعية عن الوسط الاجتماعي المبحوث.

2- يمكن عن طريق الوثائق أن يدرس الباحث التأثير المتبادل بين خصائص متعدده لظاهرة ما.

3- تفيد بدرجة كبيرة جداً في الدراسات التي تتناول التغير الاجتماعي فيمكن مثلاً إسراف على التغيرات في مستوى التلعيم.. الخ عبر السنوات المختلفة لهذه الوثائق.

بعض المواقع المهمة في بحوث الخدمة الاجتماعية

1- مجلة العلوم الاجتماعية www.swmsa.com

2- كلية العلوم الاجتماعية جامعة الكويت www.css.kuniv.edu

3- موقع لذوى الاحتياجات الخاصة www.gulfkids.comlar

4- موسوعة خدمة اجتماعية www.social-team.com

5- موقع خدمة اجتماعية www.s-work.tk

6- دليل المواقع النفسية العربية www.elazayem.com/new page216.htm

7- موقع المنشاوي للدراسات والبحوث www.minshawi.com

8- موقع للبحوث والدراسات www.amangordan.org/studies/studies.htm

9- موقع للبحث في موضوعات على النفس www.khayma.com/dr-nabil/index.htm

10- موقع بوابة العلوم الاجتماعية العربية www.assr.org

11- موقع علم نفس الطفل www.kids-psychology.com

12- رابطة الأخصائيين النفسيين المصرية www.eparanm.org

13- المكتبة الالكترونية المجانية www.fiseb.com/index1.htm

14- موقع الاستشارات النفسية والاجتماعية www.dr-omar.com

15- موقع لترجمة النصوص والمواقع www.translate.google.com/translate_t

مراجع الفصل الخامس

1- محمد ذكي أبو النصر وآخرون: التصميم المنهجي لبحثو الخدمة الاجتماعية - جامعة حلوان- مركز نشر وتوزيع الكتاب الجامعي- 2006م.

2- محمد سيد فهمي وأمل محمد سلامه - البحث الاجتماعي والمتغيرات المعاصرة - الإسكندرية - دار الوفاء لدينا الطباعة والنشر- 2011م.

3- صلاح أحمد مراد، أساليب الإحصائية في العلوم النفسية والتربوية والاجتماعية - القاهرة - مكتبة الأنجلو المصرية - 2000مز

4- على عسكر وآخرون، مقدمة في البحث العلمي التربوي والنفس والاجتماعي، الكويت، مكتبة الفلاح للنشر والتوزيع، 2003م.

5- صابر بوخرغام - خطوات البحث الاجتماعي، بيروت، دار الأفاق الجديدة، 2000م.

6- غريب سيد أحمد - تصميم وتنفيذ البحث الاجتماعي - جامعة الإستكندرية، دار المعرفة الجامعة، 2000م.

7- محمد ذكى وهويدا عبدالمنعم - أساسيات البحث في الخدمة الاجتماعية - جامعة حلوان - كلية الخدمة الاجتماعية، 1998م.

8- Danid Siluerman- Interpreting Oualitative Date Sage Publircation- London first Published - 2003.

9- Chva F. Nachmias & David Nachmias: Research Methods in the Social Sciences Edition, London, st. Martin's Pressinc, 2006.

10- Duran R - Monnette etal: Applied Social Reseeareh N Y. Holt, Rinhart and Winston, 2001.

الفصل السادس
أنواع العينات الاحتمالية وغير الاحتمالية

مقدمة.

أولاً: مبررات استخدام العينات في البحوث العلمية:

ثانياً: شروط العينة الجيدة:

ثالثاً: خطوات تصميم العينة:

رابعاً: أنواع العينات.

أ) العينات الاحتمالية.

ب) العينات غير الاحتمالية.

خامساً: مزايا العينة وعيوبها.

مقدمة:

بعد أن يفرغ الباحث من صياغة مشكلة البحث "ومن اختيار أكثر نماذج البحوث ملائمة لموضوعه وتحديد المنهج المناسب للدراسة مسترشداً بأسلوب البحث المحدد الذي يسير وفقه.

ومن الناحية النظرية الخالصة يتعين أن تكون كل حالة من الحالات التي ينطوي عليها البحث متضمنة في التطبيق، أي لابد وان تجري عليها الدراسة. وهذا ما يطلق عليه طريقة الحصر الشامل ونظراً لما يحتاج إليه هذا العمل من وقت وتكلفة وجهد فإنه يصبح مستحيلاً من الناحية التطبيقية في بعض الدراسات جمع البيانات عن جمع أفراد المجتمع الأصلي مما يدعو إلى ضرورة الاعتماد على أسلوب أخر بديل وهو الذي يتمثل في اختيار فئة أو طائفة من الحالات لتمثل مجتمع الدراسة بأكمله ويطلق على عملية اختيار مثل هذه الفئة اختيار العينة Sampling.

وعلى ذلك يمكن تقسيم البحوث من حيث درجة شمولها إلى بحوث شاملة وبحوث بالعينة.

فالبحوث الشاملة هي البحوث التي تجري على جميع أفراد المجتمع بلا استثناء.لذا لا يمكن استخدام هذه الطريقة إلا إذا كان المجتمع محدوداً .

ومهما كان المجتمع الأصلي للبحث واسع النطاق أو ضيق النطاق. فإن على الباحث أن يحدد درجة التجانس في هذا المجتمع الأصلي.

ولما كان أسلوب الحصر الشامل حتى في الموضوعات التي تدرس في أضيق نطاق قد أثبت عدم فعاليته أو على الأقل عدم تكافؤ ما يتطلبه من وقت وجهد

وتكاليف مع ما يحققه من مميزات على أسلوب المعاينة فإن البحوث الاجتماعية الحديثة تأخذ نماذج من المجتمع الأصلي أما على شكل عينة عمديه أو علي شكل عينة طبقية، أو عينة منتظمة أو على شكل عينة عشوائية.

ويعتبر أسلوب العينات من أعظم المشكلات التي تواجه علماء المناهج، لأنه يتوقف على العينة كل قياس أو نتيجة يخرج بها الباحث لذا يجب على الباحث إتباع الوسائل العلمية الخاصة باختيار العينة.

أولاً: مبررات استخدام العينات في البحوث العلمية:

1- تمكن العينة من الحصول على بيانات يستحيل الحصول عليها باستخدام الحصر الشامل وخاصة مع الإمكانيات المادية والفنية والبشرية المحدودة.

2- تمكن العينة من تقليل احتمالات خطأ التحيز الذي ينتج عن استخدام الحصر الشامل مع قصور الإمكانيات المختلفة.

3- استخدام العينة يمكن من جمع البيانات في حدود الوقت الذي تضمنته خطة البحث.

4- إن خطأ الصدفة الذي ينشأ عن استخدام العينة يمكن السيطرة عليه بعكس خطأ التحيز الناتج عن الحصر الشامل.

5- العينة تعمل على توفير الوقت والجهد والمال كما أنها لا تستلزم عند استخدامها إلا مجموعة صغيرة من الباحثين لكنها مدربة تدريباً عالياً.

6- كل علماء المنهجية يسلمون بأن استخدام العينات يمكن من جمع معلومات دقيقة وكاملة وبدرجة تسمح بتعميم الأحكام الناتجة عنها.

7-يمكن أن يضاف إلى كل ذلك أن النتائج المتحصل عليها عن طريق الحصر لا تختلف كثيراً بعد تحليلها عن تلك المتحصل عليها باستخدام العينات.

ثانياً: شروط العينة الجيدة:

لابد من وجود أساسين عامين لكل تصميمات العينة الأساس الأول هو تجنب التحيز في الإجراء المختار والثاني هو الوصول إلى أكبر قدر من الضبط في المعلومات التي تخدم البحث.

هناك مجموعة من الشروط التي يجب توافرها في العينة الجيدة يمكن تلخيصها في شرطين أساسين هما:

1-أن تكون العينة ممثلة للمجتمع الأصلي: أي تكون شاملة لجميع خصائص المجتمع الأصلي أو أكبر قسط منها. لأن الباحث لا يستطيع أن يعمم من نتائجه إذا اختار العينة بطريقة عرضية.

بمعنى أنه إذا تكررت نفس النتائج على عينات أخرى كانت العينة التي تجرى عليها البحث عينة ممثلة للمجتمع الأصلي أصدق تمثيل.

حتى يمكن أن تكون المتوسطات والنسب لخصائص العينة متقاربة مع متوسطات ونسب المجتمع الأصلي، حتى تصبح العينات ممثلة للكل الذي تنتمي إليه.

2-أن تكون لوحدات المجتمع الأصلي فرصاً متساوية في الاختيار: وكثيراً ما يقع الباحث في خطأ عدم استيفاء هذا الشرط في العينة التي يخترها دون قصد منه. فإذا كان البحث يتعلق بإجراء استبيان على مجموعة

خاصة كان من السهل عليه أن يختار الأشخاص المقربين منه أو المحتكين به، وفي هذا قصر الاختيار على مجموعة دون غيرها.. وعدم إعطاء جميع أفراد المجتمع فرصاً متساوية في الاختيار لذا يجب تساوي فرص الاختيار لجميع الأفراد لنحصل على عينة ممثلة للمجتمع الأصلي في غالب الأحوال.

ثالثاً: خطوات تصميم العينة:

من الواضح أنه قبل أن يستقر الرأي على إجراء المعاينة علينا أن نعرف أولاً ما هي المعلومات المطلوبة ولماذا نريدها وما أهميتها وكيفية استخدامها، ولماذا نريد استخدام عينه للحصول على البيانات؟ وهذه الأسئلة تجعلنا نرى ما إذا كان من الضروري استخدام العينة.فقد نستنتج أن البيانات المطلوبة يمكن الحصول عليها من مصادر أخرى بدون الالتجاء إلى علي عينة ما.وإذا ما وجدنا أنه من الضروري إجراء معاينة فإن رائدنا الأساسي يكون دائماً هو الحصول على عينة تعطي نتائجا ذات دقة معينة بأقل تكاليف ممكنة أو التي تعطي دقة معينة بتكاليف محدودة.وهناك بعض الخطوات الأساسية التي يجب أخذها في الاعتبار قبل اختيار العينة:

1- **تعريف الدراسة المطلوبة:** فلابد من تعريف الدراسة المطلوبة أو المشكلة أولاً، فنعرف ما هو المطلوب ثم نبحث عن التصميمات المختلفة الممكنة وعن الأسئلة المراد إجابات لها، وعن المصادر التي سنحصل منها على هذه الإجابات.

2- **تعريف وتحديد المجتمع الذي نريد معاينته:** فلابد من تعريف المجتمع تعريفاً دقيقاً ومعرفة العناصر الداخله فيه. فمثلاً عند إجراء معاينة على أرض زراعية لابد أن نعرف ما هي الأرض الزراعية، وكذلك معاينة

سكان منطقة البحث: هل يدخل في التعريف السكان الرحل، وعلى العموم لابد من تحديد وتعريف المجتمع حتى يستطيع الباحث وهو في الميدان معرفة ما إذا كانت هناك وحدات مشكوك فيها وهل هي تنتمي إلى المجتمع أم لا؟

3-لابد من دراسة كل المراجع الممكنة: وذلك لمعرفة البيانات والمعلومات المطلوبة والوقوف على ما جمع منها فعلاً في دراسات سابقة، ففي ذلك ما يوفر بعض الخطوات المطلوبة كما يوفر من التكاليف.

4-تحديد البيانات المراد جمعها: تتوقف البيانات المطلوبة على الغرض من البحث ولمعرفة البيانات المطلوب جمعها لابد من أن نرجع إلى تعريف الدراسه المطلوبة ولابد من التحقق من أن كل البيانات التي نجمعها هي بيانات جوهرية وضرورية للغرض.

5- الانتهاء إلى رأي في طريقة جمع البيانات وطريقة قياسها وأنسب الأوقات لإجراء المعاينة.

خطوات تصميم العينة:

أولاً: تحديد إطار المعاينة.

ثانياً: تحديد وحدة المعاينة.

ثالثاً: تحديد حجم العينة.

رابعاً: تحديد طريقة اختيار العينة.

خامساً: تحديد أخطاء العينات.

(1) تحديد إطار المعاينة:

الإطار عبارة عن قائمة تضم جميع وحدات العينة في المجتمع المبحوث كما يحتوي ذلك الإطار على الوسيلة التي يتم عن طريقها التعرف على موضوع تلك الوحدات على الطبيعة.

فالإطار هو المصدر الذي تؤخذ منه العينة باعتباره محدداً أو حاصراً لمختلف وحدات المجتمع بصورة تمكن من اختيار العينة من بين تلك الوحدات المحصورة ولمزيد من الشرح. فلو كانت الأسرة هي وحدة العينة فإن الإطار هو قائمة بأسماء جميع الأسر في المجتمع المبحوث تضم إلى جوارها مختلف البيانات التي تساعد في تحديد تلك الأسر أو الوصول إليها.

هذا وتتعدد أشكال الإطارات بحسب طبيعة وحدة العينة، بمعنى أنه قد يكون سجلاً يضم الأسماء والعناوين.إلخ.

وهناك بعض الشروط التي يجب أن تتوافر أهمها:

1-أن يتضمن ذلك الإطار جميع الوحدات في المجتمع.

2-أن يتيح ذلك الإطار وسيلة ميسرة للتعرف على موقع الوحدات التي يتضمنها على الطبيعة.

3- أن يتضمن الإطار وسيلة للفصل بين وحدات المجتمع المبحوث وأية وحدات أخرى تختلط به خارجه.

4- أن تكون البيانات المعطاة عن كل وحدة من وحدات البحث دقيقة لذا يجب أن يكون الإطار حديثاً تلافياً للوقع في أخطاء من ذلك النوع.

5- يفضل أن يكون الإطار الذي يستخدم في البحوث منظماً بطريقة تسهل اختيار العينة وكلما كانت الوحدات تحمل أرقاماً مسلسلة. كان ذلك أدعى إلى سهولة اختيار العينة.

وقد يرغب الباحث في التركيز على دراسة بعض الأشياء أو الأحداث المحددة التي تنتمي إلى إطار عام محدد المعالم ففي حالة الرغبة في دراسة سلوك سائقي السيارات الخاصة بالرياض الذين لم يرتكبوا حوادث في الطريق في عام محدد مثلاً، فإنه يحدد الإطار العام للعينة وهو المجموعة التي تضم جميع السيارات المسجلة في إدارة مرور عام 2012، ثم يحدد المجموعة التي تضم جميع السيارات المسجلة في إدارة مرور الرياض عام 2007، التي لم تسجل حوادث في ذلك العام، ويعمل قائمة بأرقامها وأسماء أصحابها، ثم يسحب عينته عشوائياً من تلك القائمة التي تكون مجموعة فرعية(Subset)حيث تعرف المجموعة الفرعية بأنها كل مفردة من المجموعة (أ) التي تكون أيضاً مفردة من المجموعة (ب)، حيث تصبح (أ) مجموعة فرعية للمجموعة (ب).

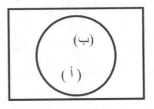

(جـ)

الإطار العام

Venn diagrams

(أ) مجموعة فرعية من (ب)

وإذا كانت (جـ) هي مجموعة تمثل جميع الطلاب بالمملكة و (ب) مجموعة طلاب كليات الخدمة الاجتماعية، و (أ) طلاب المستوى الخامس فتكون (أ) مجموعة فرعية من المجموعة (ب).

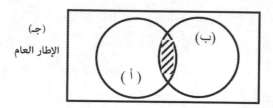

تقاطع مجموعة فرعية (أ) مع مجموعة فرعية (ب)

يعتبر تقاطع المجموعة الفرعية (أ) مع المجموعة الفرعية (ب) هي المجموعة التي تتكون من جميع مفردات (جـ) التي تنتمي لكل من (أ)، (ب).

فإذا كانت (جـ) هي مجموعة تمثل الشباب المراهق، و (ب) تمثل مجموعة الجماعات الأولية التي تسودها العلاقات الغير رسمية، و(أ) تمثل مجموعة الجماعات المنحرفة، فإن تقاطع (أ) مع (ب) يمثلها الجزء المظلل من الشكل السابق.

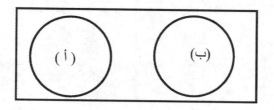

مجموعة فرعية منفصلة

تعتبر المجموعتين (أ)، (ب) منفصلتان، وذلك في حالة عدم وجود مفردات مشتركة بينهما، فإذا كان الإطار العام (جـ) يمثل مجموعة الأفراد في

المجتمع، وإذا كانت (أ) تمثل مجموعة فرعية للذكور (ب) تمثل مجموعة فرعية للإناث، فإنه يمكن القول بأن المجموعتان (أ)، (ب) منفصلتان. وكذلك يمكن القول بأن توزيع الأفراد حسب حالة الزواج يكون الإطار العام الذي يحتوي على مجموعات فرعية منفصلة هي: مجموعة الأفراد دون سن الزواج، مجموعة الأفراد الذين لم يتزوجوا أبداً، مجموعة الأفراد المتزوجون ومجموعة الأفراد المطلقون، وأخيراً مجموعة الأفراد الأرامل.

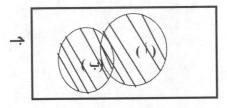

مجموعات فرعية متحدة

يعتبر الاتحاد بين المجموعتين الفرعيتين (أ) و (ب) الذي يمثله مجموعة المفردات كلها في مجتمع الدراسة (جـ) التي تنتمي أما إلى (أ) أو إلى (ب) أو إلى كليهما. فإذا كان (جـ) يمثل مجموعة الأفراد في مستويات التدرج الاجتماعي المختلفة بالمجتمع، وتمثل (أ) مجموعة

فرعية تمثل المستوى المنخفض في سلم التدرج الاجتماعي، وتمثل (ب) مجموعة فرعية تمثل "الفقراء" فإن الاتحاد بين المجموعتين الفرعيتين تمثلها المنطقة المظللة في الشكل السابق.

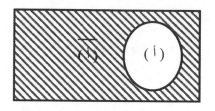

مجموعة مكملة للمجموعة الفرعية (أ)

وتعتبر مكملة المجموعة الفرعية (أ) هي مجموعة المفردات كلها في مجتمع الدارسة التي لا تنتمي إلى المجموعة (أ).ويشار إلى المكملات بالرمز (أ)، فإذا كان (جـ) تمثل جميع الدول بالعالم،وكانت المجموعة الفرعية (أ) تمثل الدول النامية فإن (أ) تمثل مكملة المجموعة الفرعية (أ)، وهي الجزء المظلل من الشكل السابق وهي الدول المتقدمة اقتصادياً وصناعياً.

وبصفة عامة نعود لتكرار أهمية تحديد الإطار العام للعينة، وكذلك للمجموعات الفرعية سواء كانت فرعية،أو منفصلة، أو متحدة أو مكملة، وذلك بوضع قائمة تشتمل جميع المفردات في كل مجموعة، ثم ترقيم المفردات بأرقام مسلسلة، وبحيث تمثل تلك القائمة جميع المفردات بالمجموعة دون نقص أو زيادة:الوضع الذي قد يخل بدرجة التمثيل، يمثل الإطار العام الوعاء الذي يحتوي على مفردات مجتمع الدراسة والذي تسحب منه عينة البحث وكلما كان الإطار العام للعينة أكثر تحديداً، كلما قلت الأخطاء الناتجة عن عدم حصر جميع المفردات المكونة لمجتمع الدراسة.

(2) تحديد وحدة المعاينة:

يرى الإحصائيون أننا لو كنا في مجال فحص المسامير المنتجة في مصنع ما باستخدام العينة فإنه يجوز أخذ عينة مباشرة من المسامير وفي هذه الحالة

تكون وحدة العينة هي المسمار الواحد، كما يجوز كذلك أخذ عينة من الصندوق الذي توضع به المسامير، وعندئذ تكون وحدة المعاينة هي الصندوق وليس المسمار.

ومن هنا فإنه ليس من الضروري أن تكون وحدة العينة هي "المفردة"فكثير من العينات تؤخذ وحداتها من مجموعات من المفردات، فقد تكون وحدة العينة مجموعة من التلاميذ وقد تتسع لتكون قصلاً دراسياً بأكمله وقد تتسع أكثر لتضم مدرسة أو كلية بكامله وبالمثل قد تكون وحدة العينة الأسرة أو مجموعة من الأسر تسكن في منزل واحد أو حي واحد.

ولكن خبراء الإحصاء يقررون أن تحليل نتائج العينات يكون عادة أسهل لو كانت وحدة العينة هي ذاتها المفردة، أما إذا كانت وحدة العينة مجموعة من المفردات فلابد عند التحليل من مراعاة وجود علاقات وروابط بين مجموعة المفردات المكونة لوحدة العينة مع عدم إغفال أثار تلك الروابط والعلاقات على النتائج المتحصل عليها.

(3) تحديد حجم العينة:

ينبغي تحديد حجم العينة على أساس علمي قبل البدء في أي بحث من البحوث "تنفيذه" وتعتبر عملية تحديد حجم العينة من الخطوات الضرورية لأي بحث لما تحققه من توفير للوقت والجهد والمال،بجانب الحصول على نتائج دقيقة وكافية ولتحديد حجم العينة تحديداً علمياً دقيقاً ينبغي أن يتأكد الباحث من تحديد العوامل الرئيسية التي تؤثر في تحديد حجم العينة والتي تتمثل في عدة اعتبارات أهمها:

1-الاعتبارات الفنية: وأهمها درجة التجانس أو التباين بين وحدات المجتمع ومدى الثقة التي يود الباحث أن يلتزمها في البحث فإذا كان المجتمع الأصلي متجانساً أمكن أن تكون العينة صغيرة الحجم، أما إذا كان التباين واضحاً في المجتمع. فمن الضروري أن تكون العينة كبيرة الحجم للتقليل من خطأ الصدفة أما عن مدى الثقة التي يود الباحث أن يلتزمها في البحث، فإنه من الضروري أن يحدد الباحث نسبة الخطأ التي يود أن يتسامح فيها. فإذا قبل الباحث أن يتسامح في نسبة خطأ قدرها 5% مثلاً فإنه يستطيع أن يحسب الحد الأدنى لحجم العينة بحيث لا يخرج بهذا الخطأ عن الحد الذي ارتضاه.

2-الاعتبارات غير الفنية: وأهمها الإمكانيات المادية المخصصة للبحث والوقت المحدد لجمع البيانات، ففي كثير من الأحيان يكون الباحث محدداً بإنفاق مبلغ معين لا يستطيع أن يتعداه الأمر الذي يؤثر في تحديد حجم العينة وفق تلك الإمكانيات المادية والزمنية المحدودة.

(4) تحديد طريقة اختبار العينة

تختلف أنوع العينات باختلاف الطرق التي تتبع في اختيارها وإن كانت جميعها تهدف إلى تمثيل المجتمع الأصلي تمثيلاً صحيحاً بحيث تحتوي العينة المختارة على جميع مميزات وخواص مجتمع البحث.

وغالباً ما يجد الباحث أمامه عدة طرق للمعاينة يستطيع أن يستخدمها في البحث الواحد. لذا وجب علي الباحث أن يفاضل بين الطرق المختلفة لاختبار العينة التي تعطيه أدق النتائج بأقل التكاليف الأمر الذي يتطلب معرفة أنواع العينات وصفاتها ومميزاتها وعيوبها.

رابعاً: أنواع العينات:

تتطلب بعض البحوث عينات مقيدة محددة بأوصاف خاصة، وبذلك تكون عملية الاختيار من المجتمع الأصلي عملية مشترطة بشروط تحدد الأفراد الذين تشتمل عليهم العينة المطلوبة. فإذا أراد الباحث أن يجري دراسة على طلبة الكلية الممتازين علمياً فقد يحدد هذا الامتياز العلمي بأنه يشتمل على تقدير جيد جداً على الأقل في النتيجة النهائية.

في هذه الحالة قد يكون عدد هؤلاء الطلبة قليلاً لدرجة أن العينة تستنفذهم جميعاً، وبذلك لا تكون المشكلة مشكلة اختيار عينة من بين أفراد المجتمع، بل مشكلة الحصول على عدد كاف من الأفراد لغرض البحث، وكلما كثرت الشروط اللازمة في العينة كلما صعب الحصول عليها بطبيعة الحال،وكلما قل عدد الأفراد الذين يتم الاختيار من بينهم. أما إذا كان المجتمع الأصلي مشتملاً على عدد كبير من الأفراد المستوفين لجميع الشروط اللازمة في العينة فإنه من اللازم بعد عملية الحصر الأولى إجراء عملية اختيار أما عن طريق عشوائي أو بإضافة شرط جديد يحد من عدد الأفراد اللائقين للعينة.

ولهذا فإننا قد نلجأ أحياناً إلى اختيار عينة بطريقة عشوائية، فمثلاً قد يختار الباحث عينة يرى أنها تمثل المجتمع بالنسبة إلي خاصية ما.فإذا أراد باحث دراسة مستوى المعيشة في البدو فقد يعتقد أن قرية معينة في نظرة تمثل مستوى المعيشة في البدو السعودي وفي هذه الحالة تسمى بالعينة العمدية. وقد تكون مقيدة في حالة ما إذا كان المطلوب اختيار عينة صغيرة لمجتمع كبير. فإذا كان المطلوب اختيار قرية واحدة لتمثيل السعودية فإنه يمكن اعتبار الاختيار العمدي هو أفضل الطرق.ومن الواضح أن طريقة الاختيار العمدي فيها

تحيز إلا أن اختيار قرية واحدة بطريقة عشوائية قد يؤدي إلى خطأ كبير. على أنه من ناحية أخرى إذا كانت العينة العمدية تشتمل على عدة قرى فإن تحيز العينة العمدية هنا يكون خطيراً.

وواضح أن كشف البحث أو تعليمات البحث قد تكون واحدة في كل العينة العشوائية والعمدية ولكن الفرق الوحيد بينهما هو في طريقة اختيار كل منهما.

وكثيراً ما يستخدم طريقة العينة العمدية فيما يسمى بالأبحاث الاستطلاعية أو ما يسمى بالاختبارات السابقة الأولى كما في الحالة معرفة تكاليف عملية معينة أو محاولة معرفة فكرة تقريبية سريعة عن مشكلة ما وأما الثانية وهي الاختبارات السابقة فتستخدم في حالة اختبار كشف البحث ومدى تجاوب الجمهور وفهمه للأسئلة، وذلك حتى نستفيد وتجرى تعديلات على كشف الأسئلة قبل بدء المعاينة الأساسية.وفي هذه الحالة نختار في قرية مجموعة من المزارعين أو مجموعة من الأسر لاختبار كشف البحث.

ويمكن التعرف على أسلوبين في اختيار العينة هما:

أولاً: العينات الاحتمالية Probability Samples

وسوف نعرض أهم أنواع العينات الاحتمالية :

1-العينة العشوائية البسيطة.

2-العينة العشوائية المنتظمة.

3-العينة الطبقية.

(1) العينة العشوائية البسيطة Simple Random Sample

يستخدم مصطلح العينة الاحتمالية للدلالة على العينة العشوائية وتشير كلمة العينة العشوائية إلى اختيار عدد معين من جمهور أصلي بشرط تكافؤ فرص الاختيار بين الوحدات الأصلية.

وهناك أهمية كبرى للاختيار العشوائي في العينات الإحصائية. والعشوائية كما تستخدم لا تعني الصدفة وعدم الدقة وعدم التخطيط. ولكن لابد من بذل أقصي جهد في كل مفردة مختارة لتكون موضوعاً للبحث، وهذا يجب إتاحة الفرصة كاملة لدخول كل أفراد المجتمع الأصلي في البحث.

كما يقصد بالعينة العشوائية تلك العينة التي لا تتقيد بنظام خاص أو ترتيب معين مقصود في الاختيار. وفي هي الحالة توصف العينة بأنها غير متحيزة ولهذا يجب أن نراعي ترتيب اختيار أفراد العينة وفقاً للخاصية المطلوبة تمثيل جميع أنواعها إن أمكن، وإلا وقع الباحث في خطأ التحيز دون قصد منه وللتقليل من العامل الشخصي بقدر الإمكان تلجأ الهيئات إلى الوسائل الآلية في اختيار العينة. وكما يحدث مثلاً في سحب أرقام اليانصيب أو في استخدام زهر اللعب والأرقام التي يقع عليها لتحديد الاختيار.

والعينة العشوائية أبسط أنواع العينات، ويراعي فيها إعطاء جميع الوحدات في المجتمع فرصاً متكافئة للاختيار. وتستعمل في اختيار هذه العينة عدة طرق من أهمها:

1-تكتب جميع أسماء الوحدات على بطاقات متشابهة.

2-تخلط خلطاً جيداً يكفي لإضاعة أي أثر للترتيب المتعمد.

3-يؤخذ عدد من البطاقات من المجموعة يساوي عدد أفراد العينة المطلوبة.

وهناك طريقة أخرى يطلق عليها جداول الأرقام العشوائية التي تسهل عملية الاختيار، ويتعين على الباحث الحصول على العينة بمعرفة الأرقام التي يجب اختيارها.

عيوب العينة العشوائية البسيطة : Systematic Random Sample

بالرغم من بساطة العينة العشوائية وسهولة تطبيقها إلا أن هناك بعض العيوب وأهمها:

1-صعوبة الحصول على قوائم كاملة عن جميع مفردات المجتمع التي سوف تسحب العينة منها.

2-صعوبة وكثرة تكاليف كل من جمع البيانات من مفردات العينة العشوائية البسيطة والإشراف والرقابة على جمع البيانات.

3-تعطي نتائج غير دقيقة إذا كانت مفردات مجتمع البحث غير متجانس من حيث الخصائص.

(2) العينة العشوائية المنتظمة:

العينة المنتظمة هي نوع من العينة العشوائية البسيطة، وتتطلب أن يكون الجمهور الأصلي أو قائمة أعضائه متخذة شكل نظام متسق. بمعنى أن تكون القائمة تضم مثلاً أعضاء المجتمع المحلي كله على أساس عضويتهم أو انتمائهم بما يكون إطارهم العام. ومن هذا الإطار يتم اختيار العينة بانتظام.

وتستخدم العينة المنتظمة عندما تكون هناك خصائص مميزة للجمهور الأصلي بحيث يكون الجمهور في تسلسل متسق ومتدرج من حيث التنوع.

ويمكن تلخيص خطوات العينة المنتظمة فيما يلي:

1-تحديد عدد من مفردات مجتمع البحث.

2-تحديد حجم العينة.

3-تحديد المسافة (مدى المعاينة) بين كل مفردة والمفردة التي تليها وذلك بقسمة حجم المجتمع على حجم العينة المطلوبة.

4-تحديد نقطة البداية بطريقة عشوائية، أي اختيار المفردة الأولى بالعينة عن طريق اختيار رقم عشوائي بين الرقم (1) ومدى المعاينة.

5-إضافة (مدى المعاينة) إلى هذا الرقم لتحديد المفردة الثانية ثم إضافة (مدى المعاينة) إلى ترتيب المفردة الثابتة لتحديد المفردة الثالثة وهكذا.

مثال:

إذا أراد الباحث اختيار عينة منتظمة من (5) طالبات من بين (50) طالبة في كلية الخدمة الاجتماعية وكان هناك قائمة تحتوي على الطالبات فإن مدى المعاينة $= \frac{50}{5} = 10$

فإذا تم اختيار رقم (5) فإن العينة العشوائية المنتظمة يتكون من (5، 15، 25، 35، 45).

مزايا العينات المنتظمة:

1- السهولة والبساطة في اختيار مفردات العينة من مجتمع البحث.

2-قلة التكاليف من حيث المال والوقت والجهد في اختيار مفردات العينة من مجتمع البحث.

3-لا يتطلب اختيار مفردات العينة المنتظمة توفير كشوف بأسماء مفردات مجتمع البحث مثل اختيار عينة منتظمة من مدارس أو اختيار لعينة على أساس الوقت مثل دراسة المبيعات كل يوم أربعاء خلال فترة زمنية معينة.

3-العينة الطبقية: Starti fiecl Random

وإذا تعذر اختيار العينة من القوائم التي أشرنا إليها في الطريقتين السابقتين وذلك لعدم وجود قوائم كاملة أو حديثة، أو إذا أردنا أن تشمل العينة نسباً من فئات معينة، مثل قراء جريدة معينة، فإننا نحدد أولاً بالنسبة المطلوب توافرها في العينة من الرجال والنساء من مختلف الطبقات الاقتصادية أو الثقافية أو نسب الأعمار المختلفة....إلخ. وذلك حسب الخصائص المعروفة للمجموعة الأصلية التي تفترض تمثيلها في العينة والتي يمكن الحصول عليها من الإحصاءات وغيرها. وبعد أن تحدد النسب يعطي كل قوائم بالمقابلة في منطقة معينة للتعليمات بمقابلة عدد من الأفراد بالنسب المحددة. ولا شك أن هذه الطريقة من أبسط الطرق وأقلها في التكاليف للوصول إلى أعداد كبيرة من الناس، ألا أنها معرضة للوقوع في خطأ جوهري لأنها تترك للقائم بالمقابلة الحرية في اختيار من بريد ما داموا في حدود النسب المقررة.

تعتبر العينة العشوائية الطبقية أسلوباً مناسباً في حالة عدم تجانس مفردات البحث من حيث الخاصية أو الخصائص التي يقوم الباحث بدراستها ويتطلب المعاينة العشوائية الطبقية اتباع الخطوات التالية:

1-تقسيم المجتمع إلى طبقات

يتم تقسيم المجتمع إلى مجموعات متجانسة حيث يقوم الباحث بدراستها ويكون هناك تباين فعلي بين مفردات كل من الطبقات التي قسم إليها مجتمع البحث وكلما حصلنا على تقسيم أحسن للطبقات كلما زادت دقة التقديرات مثال يمكن تقسيم طالبات كلية الخدمة الاجتماعية مستوى أول وثاني وثالث.... إلخ.

2-تحديد حجم العينة الكلي

ويتم باستخدام المعاملات الاحصائية ويتطلب معرفة مجتمع البحث وأحجام الطبقات ووجود إطار لكل طبقة على حده حتى تتمكن من اختيار عينة كل طبقة.

3-توزيع العينة على طبقات المجتمع

بعد تحديد العينة الكلي يتم توزيعها على الطبقات وتحديد حجم العينة داخل كل طبقة ويوجد ثلاث طرق لتوزيع العينة:

أ-طريقة التوزيع المتساوي

أي حجم العينة الذي يسحب من طبقة = $\dfrac{\text{حجم العينة الكلي}}{\text{عدد الطبقات}}$

ب-طريقة التوزيع المناسب.

يتم توزيع العينة على طبقات المجتمع حسب الطبقة من خلال المعادلة

$$\text{ن هـ} = \text{ن} \times \dfrac{\text{ن هـ}}{\text{ن}}$$

جـ-طريقة التوزيع الأمثل.

يتم توزيع العينة على طبقات المجتمع حسب حجم الطبقة درجة تباينها وهـي طريقـة أكثر كفاءة من خلال المعادلة.

$$\text{ن هـ} = \text{ن} \times \frac{\text{ن هـ 6هـ}}{\text{مجـ ط هـ 6هـ}}$$

4- اختيار مفردات العينة من الطبقات

وبعد تحديد حجم العينة المطلوبة من كل طبقة يتم اختيار مفردات كـل طبقـة كمـا لـو كانت مجتمعا مستقبلاً بنفس الطريقة التي تسحب بها العينة العشوائية البسيطة.

مزايا استخدام العينة العشوائية الطبقية:

1-تضمن تمثيل كل طبقة من طبقات مجتمع البحث في العينة المسحوبة.

2-تساعد في الربط بين اختيار مفردات العينة والعناصر في المجتمع.

3-تكون ذات أثر فعال في حالة وجود قيم متطرفة في المجتمع.

4-تغير عند الرغبة في تجميع نتائج عدة باحثين.

5-تساعد في الحصول على نتائج ذات دقة عالية.

عيوب استخدام العينة العشوائية الطبقية:

1-ارتفاع تكاليف اجر ائتها حيث تتطلب الحصر الشامل لجميع المفردات المجتمع.

2-يصعب استخدمها وخاصة في المساحات الجغرافية شاسعة.

ثانياً: العينات غير الاحتمالية (العينات غير العشوائية):

العينات غير العشوائية هي عينات لا يتم اختيارها عشوائياً، بل تختار بطريقة انتقائية وبالتالي لا تمثل مجتمع البحث تمثيلاً صادقاً ، فهي تتم بناء على اجتهاد الباحث. كما أن الفرص غير متساوية لأفراد المجتمع في الظهور في العينة.والهدف من هذه العينات هو الحصول على نتائج استطلاعية.ويقتصر الاستنتاج الإحصائي في هذا النوع من العينات على وصف المجتمع في إطار الإحصاء الوصفي، ولا يمكن استخدام أساليب الإحصاء الاستنتاجي، وبالتالي يصعب تعميم النتائج. وهذا لا يعني عدم جواز استخدام هذا النوع من العينات غير العشوائية يمكن استخدامها لجمع البيانات الاجتماعية تتناسب دراسة بعض المواضيع التي قد لا تسمح الظروف المحيطة بها الحصول علي عينات عشوائية. ومن أشكال هذه العينات:

1-العينة القصدية "العمدية".

2-العينة العرضية "الصدفة".

3-العينة الحصصية.

4-عينة الكرة الثلجية.

1-العينة القصدية (العمدية أو الغرضية) Purposive Sample:

وهي العينة التي يتم اختيارها بناء على حكم شخصي واختيار كيفي من الباحث للمسحوبين، استناداً إلى أهداف البحث.

فإذا أراد باحث ما أن يدرس تطور التعليم العالي في جامعة الأميرة نورة، يختار أعداداً من قيادات الجامعة (رئيسة الجامعة، عمداء الكلية، رؤساء

الأقسام) كعينة قصدية تُحقق أغراض دراسته. وهذا يدل على أن العينة التي يتم اختيارها هي عينة مقصودة ثم اختيارها بطريقة غير عشوائية.

2- العينة العرضية أو عينة الصدفة Accidental Sample:

وهي العينة التي يختارها الباحث من الأفراد الذين يقابلهم بالصدفة. وذلك ضمن شروط تضمن تمثيلاً معقولاً لمجتمع الدراسة. ويتميز هذا النوع من العينات بسهولة الوصول إلى المبحوثين وانخفاض التكلفة والجهد والوقت. ويؤخذ على هذه العينة أنها لا يمكن أن تمثل المجتمع الأصلي بدقة، فيصعب حينئذ تعميم نتائج البحث الذي يتناولها على المجتمع الأصلي كله.

وهذا ما نلاحظه كثيراً في المقابلات التي يقوم بها مراسلو التلفزيون حيث يخرجون إلى الشارع ويختارون أي فرد يصادفهم، ويتحادثون معه، حول موقف أو رأي ما، ويعتبرون أنهم اختاروا عينة من الناس. ولكن مثل هذه العينة لا يمكن أن تكون ممثلة للمجتمع، ولا يمكن الاعتداد بآرائهم عند اتخاذ أي قرار.

3- العينة الحصصية Quota Sample:

تستخدم في الدراسات الاستطلاعية، وفي قياسات الرأي العام السريعة، حيث يلجأ الباحث الذي يريد معرفة موقف، أو رأي شرائح مختلفة من المجتمع، في حدث معين، فيقسم المجتمع إلى طبقات أو فئات بالنسبة لخصائص معينة (كالجنس أو العمر أو نوع السكن أو المهنة أو المنطقة الجغرافية) إلى غير ذلك من المتغيرات التي تهم الباحث قبل انتقاء العينة، بحيث يكون لكل شريحة أساسية من شرائح المجتمع حصة في هذه العينة.

إن هذه العينة تشبه العينة الطبقية العشوائية لكنها تختلف عنها في أن الباحث في العينة الطبقية العشوائية يختار الأفراد من كل طبقة بطريقة عشوائية أما في العينة الحصصية فيختار الباحث الأفراد كما يريد، دون استخدام الأسلوب العشوائي، ودون أن يلتزم بأية شروط.

4-عينة الكرة الثلجية Snowball sample:

أخذ عنوان هذه العينة من حالة الكتلة الثلجية التي تتدحرج من أعالي التلال أو الجبال إلى سطوح فتجمع (الكتلة الثلجية) حولها أو تلف حولها مزيد من الثلج فيزداد حجمها عبر تدحرجها من الأعلى إلى الأسفل.

صاحب هذه التسمية وابتكار هذا النوع من العينات هو (تينهوتن) الذي قدمه إلى المناهج في علم الاجتماع عام 1971 في أمريكا وتم تطبيقه في الدراسات التي تهتم بالمشكلات وظواهر المجتمعات المحلية (Communities) وبالذات الذي تعتمد في جمع معلوماتها بواسطة آلية الملاحظة.

تقوم هذه الطريقة على اختيار فرد معين وبناء على ما يقدمه هذا الفرد من معلومات تهم موضوع دراسة الباحث، يقرر الباحث هو الشخص الثاني الذي سيقوم باختياره لاستكمال المعلومات والمشاهدات المطلوبة، لذلك سميت بعينة الكرة الثلجية حيث يعتبر الفرد الأول النقطة التي يبدأ حولها التكثيف لإكتمال الكرة أي اكتمال العينة. ولا توجد قائمة بأسماء المبحوثين ولا يسحبون حسب الطريقة العشوائية، فهي إذن عينة غير احتمالية. ويستخدم هذه العينة في البحوث التي تدور حول الزمر الشبابية أو العصابات الإجرامية وتنتسب هذه العينة إلى البحوث الكيفية منها إلى البحوث الكمية.

خامساً: مزايا العينة وعيوبها:

مميزات العينة:

1- يوفر استخدام العينة كثيراً من الوقت والجهد والمال حيث أننا نستخدم جـزءاً مـن مجتمـع الدراسة:

2- تحقق العينة أهداف البحث، إذا أجريت وفق شروط دقيقة.

3- ليس هناك في الحقيقة ما يسمى حصراً شاملاً على وجه الدقـة، ففـي معظـم حـالات الحـصر الشامل لا يمكن الحصول على بيانات من بعض الأفراد، أو يعطي بعـض الأفـراد بيانـات خاطئة وهذا يضيع الفائدة المرجوة من الحصر الشامل .

4- نستطيع بطريقة العينة تعميم نتائج الدراسة على المجتمع الأصلي، إذا كان المجتمع المدروس متجانساً.

5- يمكن الحصول على بيانات أكثر اتساعاً ودقة عند استخدام العينة، مع زيادة حجم البيانات والجهد المطلوب من قبل الباحث لجمعها.

عيوب العينة:

1- لا يمكن الحصول على عينة يتطابق تركيبها مع تركيبة المجتمع الأصلي.

2- يتطلب اختيار العينة في المجتمع الأصلي المتباين زيادة في حجم العينة لتـشمل أفـراد جميـع الفئات.

3-وجود الخطأ العشوائي عند اختيار العينة،ويرتبط وقوع هذا الخطأ بأسلوب اختيار مفردة أو عنصر معين من عناصر مجتمع الدراسة.

4- اختيار عناصر أو مفردات لا تنتمي إلى مجتمع الدراسة.

5-خطأ التحيز وهذا لا يرجع لفروق الصدفة العشوائية بين العينات والمجتمع، فتحيز المعاينة خطأ منتظم ويرجع عادة إلى أخطاء الباحث ووقع تحت تأثير معين يجعله منحازاً لفكرة معينة فيقوم باختيار عينات تتلاءم مع هذا التأثير.وإذا كان الباحث واعياً بمصادر التحيز، يمكنه الإقلال من التحيز،وإن كان مستحيلاً القضاء عليه.

أخطاء العينات:

1-أخذ العينة بدون استعمال أطار.

2-أخذ العينة من أطار خاطئ.

3-أخذ العينة من الإطار الصحيح ولكن بطريقة خاطئة.

4-عدم جمع البيانات من بعض الأفراد "المفردات".

مراجع الفصل السادس

1-غريب سيد أحمد- تصميم وتنفيذ البحث الاجتماعي- الإسكندرية-دار المعرفة الجامعية-2001م.

2-محمد ذكي وهويدا محمد عبد المنعم-أساسيات البحث في الخدمة الاجتماعية -جامعة حلوان- كلية الخدمة الاجتماعية- 1998م.

3-طاهر حسو الزيباري- أساليب البحث في علم الاجتماع -بيروت- المؤسسة الجامعية للدراسات والنشر والتوزيع-2011م.

4-مرفق الحمداني وآخرون – مناهج البحث العلمي – أساسيات البحث العلمي – عمان- جامعة عمان للدراسات العليا- 2006م.

5-مصر خليل عمر- الموضوعية والتحليل في البحث الاجتماعي بيروت-دار الآفاق الجديد 2003م.

6- مساعد عبدالله حمد- مبادئ البحث التربوي- الرياض مكتبة الرشد 2004م.

7- عبد المعطي عساف وآخرون- التطورات المنهجية وعملية البحث العلمي -عمان -دار وائل للنشر والتوزيع ، 2002م.

8- Schattr. Invest The Social Work: The Process and Practice of Research Thcusand Oaks.EA pine forge press, 1996.

9- Turner, J. The State of Theorizing in Sociolog ical Social Psychology: Agrand Theorist`s view. In P. Burk (ED) contemporary social psychological theories calif: Stanford University press, 2006.

الفصل السابع
وسائل جمع البيانات في البحث الاجتماعي

مقدمة.

أولاً: الملاحظة.

ثانياً: المقابلة.

ثالثاً: الاستبيان.

رابعاً: الأنترنت.

مقدمة:

تتعدد وسائل وأدوات جمع البيانات في البحث الاجتماعي، وهذا التعدد والتنوع يـسمح للباحث بإستخدام أكثر من طريقة أو أداة لجمع البيانات حول مشكلة الدراسة. وتتحدد الأداة المناسبة في ضوء طبيعة منهج البحث ومشكلة البحث وأهداف البحث وفرضياته والأسئلة التـي يسعى إلى الإجابة عنها.

ويمكن تصنيف مصادر البيانات والمعلومات إلى نوعين:

1- مصادر جاهزة:

ويتضمن هذا النوع من المصادر، جميع الأبحاث والمؤلفات والإحصائيات المنـشورة في الدوريات العلمية والكتب والتقارير والأنترنت والوزارات وغيرها، والمحفوظة في المكتبات العامة والخاصة أو الجامعية أو التابعـة للمؤسـسات المهتمـة بتلك المنـشورات. ومـا عـلى البـاحث إلا البحث عنها ومراجعتها لإستخلاص ما هو ضروري لبحثه.

2- مصادر غير جاهزة (ميدانية):

يتضمن هذا النوع، بيانات ميدانية حول المبحوثين ويتوجب على الباحث الوصول إلـيهم أو إلى عينة منهم ليحصل على البيانات الضرورية لأغراض بحثه بإستخدام وسيلة مـن وسـائل جمع البيانات مثل (استمارة الإستبيان، المقابلة، الملاحظة، الاختبارات).

ولكل أداة من الأدوات السابقة خصائصها ومميزاتها الإيجابية والسلبية. ويعتمـد اختيار الباحث لطريقة جمع المعلومات على عدة عوامل منها:

1- طبيعة البحث ومدى ملائمة طريقة جمع المعلومات.

2- طبيعة مجتمع وعينة الدراسة.

3- ظروف الباحث وقدراته المالية والوقت المتاح له.

4- مدى معرفته بالطريقة أو الأداة.

وسوف نعرض فيما يلي أهم وسائل جمع المعلومات من ميدان الدراسة كما يلي:

أولاً: الملاحظة: Observation

الملاحظة كطريقة من طرق البحث قديمه، قدم الإنسان نفسه، فقد شغل الكتاب والشعراء منذ أقدم العصور بوصف السلوك الاجتماعي وبإشتقاق الفروض عن الدوافع والمشاعر على أساس السلوك الملحوظ، كما أن كل منا يهتدي في سلوكة اليومي بما يلاحظة من ظواهر في محيط حياته.

فالطفل في تنشئته الاجتماعية، يتعلم ملاحظه ما يدور حوله من أحداث، وما يبدو على وجوه المحيطين به من تغيرات، ورئيس العمل يلاحظ سلوك مرؤسيه، وقائد المناقشة قد يهتدي في توجيهها بما يلاحظة من استجابات الأعضاء لسلوكه.

إلا أن الملاحظة العلمية تمتاز عن الملاحظة غير العلمية بأنها تهدف إلى تحقيق هدف علمي محدد وبأنها تكون مخططه تخطيطاً مقصوداً تنظم فيه طرق تسجيل الملاحظات وربطها باقتراحات عامه وخضوعها لضوابط تحقق ثباتها وصدقها.

وتقتضي عملية جمع البيانات أن يقوم الباحث بجمع مادته العلميه من الميدان مباشرة ولهذا يقوم الباحث بنفسه بالإحتكاك المباشر مع الأشخاص والمواقف التي يرغب في دراستها.

وتعد الملاحظه أول خطوه رئيسيه في عملية جمع البيانات من الميدان فالملاحظة هي العمليه التي تعتمد بالدرجة الأولى على العين الإنسانية أو دائرة التليفزيون في تسجيل وقائع الأحداث التي تحدث أمام الباحث سواء ما يتعلق منها بالسلوك الجمعي أو المواقف الاجتماعة وفي العلوم الاجتماعية يستخدم الباحثون الملاحظه على شكلين: الشكل الأول هو ما يطلق عليه الملاحظة البسيطه والشكل الثاني هو الملاحظه المضبوطة أو المقننه وعلى أيه حال يستخدم الباحث. عين الملاحظة لتسجيل الأفعال أو الحوادث التي تعد أساسية بالنسبة لدراسته ولاشك أن الفروض المستخدمة توجه الدراسة وعملية اختيار الملاحظات المناسبة لاختبار هذه الفروض. فمن المعروف أن أي حشد من الملاحظات لا يشكل بحثا ولكن يجب أن تنظم هذه الملاحظات حول هدف معين ويكون للباحث دوراً هاماً في بحثه.

تعريف الملاحظه:

الملاحظه أداه هامة من أدوات جمع البيانات ومن الصعب أن نتصور دراسة جادة للسلوك الاجتماعي لا تلعب فيها الملاحظة دوراً هاماً ومما يزيد من أهميه الملاحظه أنها يمكن أن تستخدم في جميع أنواع البحوث الاجتماعية، الكشفية والوصفية والتجريبية.

وقد استخدم علماء الاجتماع الملاحظة بنجاح في دراسة المجتمعات الغربية

فعلى سبيل المثال. قام عالم الاجتماع (جوفمان Egoffman) بمحاولة فهم السلوك الاجتماعي داخل أحد مستشفيات الأمراض العقليه الحضريه عن طريق الملاحظات وقد لاحظ (جوفمان) السلوك الاجتماعي للعاملين والنزلاء داخل المستشفى واستدل من ملاحظاته على أن المرض العقلي يعد أحد الأدوار الاجتماعية وأن مستشفى الأمراض العقليه هي المكان الذي يتعلم فيه الناس انماط السلوك الملائم لهذا الدور لذا عرف بعض علماء المناهج الملاحظه على أنها المشاهده الدقيقه لظاهرة ما. مع الاستعانة بأساليب البحث والدراسة التي تتلاءم مع طبيعة هذه الظاهرة.

لذا لاتعتبر الملاحظه العلمية مجرد مشاهدة كما أن تفسير السلوك الملاحظ لا يجب أن يكون عارضاً فالملاحظة العلمية لها أركان لابد من توافرها:

1- لابد أن يكون هدف البحث والتقصى العلمي وراء ما ينوي الأخصائي الاجتماعي أن يلاحظه.

2- الملاحظة العلمية انتقائية، فهناك العديد من الأنماط السلوكية التي تصدر عن الوحدات الاجتماعية (فرد – جماعة – مجتمع محلي) إلا أن هدف البحث الذي يقوم به الأخصائي هو الذي يجعله يختار نمطا سلوكيا معينا يركز عليه ملاحظته.

3- السلوك الذي يدرس هو المتكرر. فإذا لم يتكرر النمط السلوكي المطلوب ملاحظته فإنه يسقط، أما النمط السلوكي المتكرر فهو الذي يخضع للدراسة.

4- يعتبر التفسير هو الشق الثاني للملاحظه العلمية – هذا إذا أعتبرنا اجراء

الملاحظه وتسجيلها الشق الأول. فلابد وأن تخضع الأمور التي تمت ملاحظتها للتفسير العلمي، أما تدوين العناصر التي تم ملاحظتها فقط فلا يؤدي إلى أيه نتائج علميه.

5- لا تصبح الملاحظه العلميه سليمة إذا كان الأخصائي الاجتماعي مصدر استثارة للوحدة الاجتماعية التي يقوم بملاحظتها. فإذا كان وجوده يسبب استثاره لأعضاء تلك الوحدة الاجتماعية على أساس عدم مألوفيته لهم، فإن استجابة الأعضاء لتلك الاستشارة لا تجعل الموقف طبيعياً لذلك تكون أنماط السلوك الصادره عن أعضاء الوحده الاجتماعية موضع الملاحظة غير طبيعية أيضا.

6- قد يقوم بالملاحظة باحث واحد – وقد يقوم بها عده باحثين أما أنهم يتواجدون معا – أو هم موزعون زمنيا مع نفس الوحدة الاجتماعية موضع الملاحظة، أو مكانيا مع عدة وحدات اجتماعية متشابهة في خصائصها بغرض التأكد من طبيعة النمط السلوكي الذي يلاحظ ومتى وكيف يتم ومعدل تكراره.

أنماط الملاحظه:

اختلف علماء المنهجيه في تحديد أنماط الملاحظه وأساليبها إلا أن الاتجاه الغالب يرى أن الملاحظه تنقسم إلى نمطين أساسيين، أولهما يُعرف بالملاحظة البسيطه وثانيها يُعرف بالملاحظة المقننه، مع توافر عده صور واساليب لكل من النمطين بمكنانه من تحقيق هدفه وذلك على النحو الآتي:

1- الملاحظه البسيطه:

ويقصد بها أن تتم عملية ملاحظة الظواهر وهي في حالتها التلقائيه دون تعمد أو دون ضبط علمي، أو بمعنى آخر.. هي تلك الملاحظه للظواهر من خلال ظروفها الطبيعية دون استخدام لأي نوع من أنواع العد والقياس.

هذا وللملاحظه البسيطه اسلوبان رئيسيان تتم من خلالهما.. يُعرف أولهما بالملاحظة المشاركة، ويُعرف الثاني بالملاحظة غير المشاركة، وذلك على النحو التالي:

أ- الملاحظه المشاركة:

وتطلق عليها برلين يونج، مصطلح Non Controlled Paricipant Observation ونعني بالملاحظة المشاركه، تلك الملاحظة التي تمكن الباحث من أن يحيا وسط الناس الذين يرغب في ملاحظتهم، وتتيح له أن يساهم في مختلف أوجه النشاط للمبحوثين، ومن الطبيعي أن تكون معايشة الباحث لمجتمع يحثه لفترة مؤقته تتحدد سلفا وفقا لخطة البحث.

هذا وقد انتشر استخدام أسلوب الملاحظه المشاركة في الدراسات الأنثربولوجية سواء تلك التي تعرضت لدراسة الوحدات الاجتماعية الصغيرة كالأسرة أو الكبيرة كالقبيلة والقرية والمدينة الخ.

ومن ألزم الأمور على الباحث من خلال أسلوب الملاحظة المشاركة أن يساير الجماعة أو المجتمع المبحوث كأي عضو فيه، بمعنى أن يخضع لنفس الظروف والمؤثرات التي يخضع لها مجتمع بحثه، وعليه أيضا ألاّ يفصح عن شخصيته حتى لا يلجأ المبحوثون إلى تضليله باستخدام أساليب التكلف

والرياء لاختفاء مشاعرهم وانماط سلوكهم الحقيقية، وإن كان الأمر لايمنع الباحث من أن يفصح عن شخصيته ويعلن هدفه البحثي إن استشعر أنه من أفراد المجتمع المبحوث وتفهمه للمهمة العلمية التي يقوم بها.

وهناك مجموعة من النصائح للباحثين الذين يرغبون في اتباع هذا الأسلوب وذلك على النحو الآتي:

1- لابد أن يستخدم الباحث كل حذقه ومهارته وحرصه وهو يقدم نفسه لمجتمع بحثه لأن أي خطأ كفيل بأن يفشل مهمته.

2- ألا يتحيز الباحث إلى أي فريق من مجتمع بحثه، بل يجب عليه الحرص الشديد أثناء تعامله مع مختلف القوى المؤثرة في الحياة الاجتماعية حتى يضمن تعاون الجميع معه.

3- ألا ينسى الباحث نفسه أثناء انخراطه في الحياة اليومية للمجتمع المبحوث، وإنما عليه أن يتذكر دوما مهمته العلمية، وعلى الباحث - في رأي كثير من علماء المنهجية - أن يحدد منذ البداية درجة مشاركته في الحياة الاجتماعية للمجتمع المبحوث، ويرون أنه من المفضل ألا يشارك الباحث في النشاط اليومي وأن يعلن بوضوح عن شخصيته وهدفه لأن ذلك يتيح له حرية مطلقة سواء في التعرف على مختلف الأنماط التي يريد أن يتعرف عليها أو بالنسبة لتوجيهه لبعض الأسئلة والاستفسارات التي يرى أنها ضرورية لاستكمال مختلف جوانب البحث.

ب- الملاحظة غير المشاركة:

ويقصد بها تلك الملاحظة التي تتم دون أن يشترك الباحث بأي صورة من الصور في أي نوع من أنواع النشاط اليومي للمجتمع المبحوث.

ويرى علماء المنهجية أن الملاحظة غير المشاركة كأسلوب من أساليب الملاحظة البسيطة يستخدم لملاحظة الأفراد أو الجماعات أو المجتمعات ذات الاتصال المباشر، كما يرى نفس العلماء أن لهذا الأسلوب ميزة تتمثل في تمكين الباحث من أن يلاحظ السلوك كما يحدث فعلا وفي الواقع وبصورة طبيعية.

4- الملاحظة المقننة والمنظمة:

وتشكل الملاحظة المقننة النمط الثاني من أنماط الملاحظة، والذي يختلف بالضرورة عن سابقه (الملاحظة البسيطة) ومحك الاختلاف الأساسي هذا هو خضوع الملاحظة المقننة لنوع من الضبط العلمي.

والضبط الذي نقصده هنا.. ضبط ينسحب على عملية الملاحظة ككل. بحيث يشتمل كل الأطراف المشاركة فيها، الباحثين والمبحوثين وموضوع الملاحظة والغايات التي تسعى إليها وكذلك الموقف الاجتماعي الذي يحتوى كل هولاء الأطراف جميعاً.

ومن هنا شاع استخدام الملاحظة المقننة في الدراسات التي تختبر فروضا سببية، أو في تلك الدراسات التي تستهدف تقديم وصف دقيق لظاهرة ما.

ويرى كثير من الباحثين أن هناك الكثير من الخصائص المشتركة بين نوعي الملاحظة البسيطة والمقننة، وإن كان البعض يرى أن الفرق الجوهري بين الأسلوبين يرجع إلى أن الباحث في الملاحظة المقننة يعرف الجوانب الهامة التي لها صلة مباشرة بدراسته والتي يمكن بالتالي أن تفيد بحثه. وهذه المعرفة

تجعله في موقف يسمح له بأن يصمم خطة لإجراء ملاحظاته وتسجيلها قبل البدء في جمع البيانات.

ولو أننا نرى أن معرفة الباحث بما يجب أن يلاحظ فضلا عن وضعه خطة أو تصميما ولو مبدئيا لعملية الملاحظة. لهو من الأمور الحيوية لعملية الملاحظة سواء في شكلها المبسط أو المقنن، خصوصاً وأن التقنين هنا. هو نوع من الضبط المعملي الملازم لعملية التجريب.

وعلى كل فإن الفرق بين نمطي الملاحظة المبسطة والمقننة، إنما يكمن في قدرة الملاحظ على التحكم في مختلف الظروف المحيطة بموضوع الملاحظة سواء تم ذلك التحكم من خلال مواقف اجتماعية طبيعية أو من خلال مواقف معملية مع ما يصاحب ذلك كله من الاستعانة بوسائل العد والقياس فضلاً عن الأدوات التي تضمن حدة الملاحظة ودقتها.

هذا ومن أهم تلك الوسائل المستخدمة في الملاحظة المقننة. مختلف أنواع التسجيلات الصوتية والمرئية أو كليهما معا. كالصور الفوتوغرافية والتسجيلات الصوتية، أو تسجيلات (الفيديو كاسيت) والسينما وما إليها، علاوة على التسجيلات التقريرية التي يكتبها الملاحظون أولا بأول حول موضوعات ملاحظاتهم حتى يمكن من خلالها التعرف على مختلف العلاقات بين الظواهر محل الملاحظة واستثمار ذلك في المقارنات التي تجري بعد ذلك للتأكد من دقة المعلومات المجموعة عن الظاهرة محل الملاحظة.

فلو أضفنا إلى استعانة الباحثين من خلال عملية الملاحظة المقننة بعض

وسائل العد والقياس والتي تستهدف بالدرجة الأولى تمكين الملاحظ من وصف مشاهدته بطريقة كمية والتعبير عن ملاحظاته بالأرقام قدر المستطاع.

حيث أن الملاحظة المقننة أكثر ضبطاً وأكثر وموضوعية من حيث كم ونوع البيانات المتوافرة وأكثر معرفة بالهدف للوصول بأقصر الطرق وأيسرها، ولكنها في المقابل تتطلب باحثا من نوع خاص.

وإن ظلت الملاحظة في كل الأحوال. هي الملاحظة التي تتطلب حداً أدنى من الضمانات والشروط حتى تحقق أهدافها كإحدى أهم أدوات جمع البيانات في العلوم الاجتماعية بكل مميزاتها وعيوبها.

تكتيك الملاحظة:

يفضل أن يتم تكتيك الملاحظة، بإتباع الخطوات التالية:

1- يقوم بالملاحظة باحثان أو أكثر – ولا يفضل أن تمارس الملاحظة المباشرة بواسطة باحث واحد فقط، لأن ذلك يقلل من موضوعيه الملاحظة.

2- ضرورة ثبات الملاحظة، أي الحصول على نفس النتائج من نفس المبحوثين في ظل نفس الظروف، مع اختلاف الملاحظين.

وتتوفر ثبات الملاحظة بعده وسائل منها:

أ) قيام كل ملاحظ بتدوين البيانات في نفس الوقت، ثم اجراء المقارنة بين التسجيلين للتأكد من تطابقهما.

ب) تخصيص مجموعة من المبحوثين بحيث يقوم كل باحث بملاحظة

المجموعة الأخرى. ثم اجراء تبديل آخر في فترة الملاحظة التالية. وهكذا ويضمن هذا التبديل المتتالي ألا ينفرد باحث واحد بملاحظة مجموعة واحدة طوال فترة اجراء الملاحظة. وتبديل الملاحظين دوريا يضمن قدراً أعلى من الثبات.

ج) كما قد يقوم الباحث بإجراء فترة ملاحظة وتدوين نتائجها ثم يقوم بفترة ملاحظة أخرى وتدوين النتائج - ثم يقارن نتائج فترتي الملاحظة لمعرفة مدى الاتفاق بين نتائج الملاحظة في الدورتين.

د) يقوم الباحث بالملاحظة وتدوين النتائج - وفي نفس الوقت تسجيل الدوره بواسطة جهاز فيديو. ثم يعيد الباحث الملاحظة أثناء عرض التسجيل (صوت وصورة) - ويجري المقارنة بين نتائج مرحلتي الملاحظة.

هـ) يقوم الباحث بالملاحظة والتسجيل صوت وصورة في نفس الوقت.

ثم يعرض تدونيه لفقرات الملاحظة على محكمين - والذين يقومون بمشاهدة التسجيل وتدوين ملاحظتهم أيضاً. ويقارن بين نتائج ملاحظة المحكمين للتوصل إلى اتفاق بينهم - ثم يقارن ما اتفقوا عليه بالتسجيل الأصلي للباحث.

ورغم أن الوسيلة الأخيرة معقدة بعض الشيء إلا أنها توفر ثباتا أفضل للملاحظة كما أنها قد تستخدم كأسلوب لتدريب الباحثين على كيفية إجراء الملاحظة ويحسب ثبات الملاحظة على النحو التالي:

النسبة المئوية لثبات الملاحظة =

$$\frac{\text{عدد مرات الاتفاق بين الفقرات}}{\text{جملة عدد الاتفاق والاختلاف بين فقرات الملاحظة}} \times 100$$

3- استخدام صحيفة تسجيل أو جدول تسجيل الملاحظ، يتضمن الفقرات أو العناصر التي سيتم ملاحظتها. يقوم الباحث بتدوين ما يلاحظ أمام كل فقرة أثناء فترة الملاحظة.

4- قد تستخدم أيضا بعض الأجهزة التي تساعد على دقة الملاحظة مثل ساعة ميقاتية (ستوب ووتش)، لضبط الفترة المحددة لإجراء الملاحظة. أجهزة تسجيل. أجهزة فيديو، والتي قد تستخدم كأدوات للتسجيل لحساب النسبة المئوية لثبات الملاحظة.

5- ضرورة تهيئة مفردات البحث لعملية الملاحظة حتى يتقبلونها ولا تصبح بمثابة مثير لهم، مع عدم اطلاعهم على جدول الملاحظة كيلا تكون فقراته مصدر استثاره لهم في مواقف معينة.

6- ترتيب مكان للباحثين يضمن لهم سهولة الملاحظة من جانب، وأن يبعدهم عن دائرة التفاعل بين المبحوثين من جانب آخر.

7- تفريغ البيانات التي دونت بجدول الملاحظة في شكل رسوم بيانية أو أعمدة أو غير ذلك لاجراء مقارنة بين عناصر الملاحظة أو لتوضيح أنواع من العلاقات بينها.

مميزات الملاحظة:

ومن المميزات التي يمكن أن تذكر للملاحظة هي:

1- أنها تمكن الباحث من تسجيل السلوك الملاحظ وقت حدوثه مباشرة وبذلك يقل فيها الاعتماد على الذاكرة وتسلم من تحريف الذاكرة.

2- أن كثيراً من الموضوعات مثل العادات الاجتماعية وطرق التعامل بين الناس وطرق تربية الأطفال، يكون من الأفضل ملاحظتها إذا أريد الكشف عن خصائصها.

3- أنها تعكس مختلف التأثيرات التي تصاحب وقوع السلوك بصورة حية.

4- أنها لا تتطلب من الأشخاص موضع الملاحظة أن يقرروا شيئاً وهم في الكثير من الأحيان قد لا يعلمون أنهم موضع الملاحظة، وبذلك تتخلص الملاحظة من عيوب المقابلات أو الاختيارات أو التجارب التي قد يتردد الناس في الإسهام فيها أو في الإجابة عن أسئلتها. أو قد يضيقون بها ولا يجدون لها متسعاً من الوقت.

5- أنها تمكننا من الحصول على معلومات وبيانات حول سلوك من لا يستطيعون التعبير عن أنفسهم قولاً أو كتابة. وذلك كالاطفال والبكم، وكالحيوانات التي قد يهم الباحث أن يعرف شيئاً عن سلوكها.

6- أنها أداة صالحة لتقويم فعالية العملية التربوية في تحقيق الأهداف والغايات المرسومة لها، ولتقويم فعالية كثير من وسائل التربية وطرقها.

عيوب الملاحظة:

ولكن على الرغم من هذه المميزات التي تتمتع بها وسيلة الملاحظة فإنها لا تخلو من العيوب. ومن هذه العيوب يمكن الإشارة إلى ما يلي:

1- يصعب في حالات كثيرة أن يتنبأ مقدما بوقوع حادث معين. حتى في حالة وقوعه قد تتطلب ملاحظته عناء وجهد. فالباحث الذي يريد أن يدرس عادات القرويين في حالات الزواج أو الوفاة أو سلوكهم في أوقات الكوارث (الفيضانات والسيول والحرائق وظهور الأمراض المعدية وما إلى ذلك) قد يضطر إلى الانتظار فترة غير محددة أو قد تقع الحادثة في فترة قصيرة جداً يصعب عليه ملاحظتها.

2- أن هناك بعض الموضوعات يصعب أو يتعذر ملاحظتها، كما هي الحال فيما يختص بالسلوك الجنسي أو الخلافات العائلية (التي لا تكون عادة مفتوحة لملاحظ خارجي) وقد يكون من الأيسر في هذه الحالات الالتجاء إلى الأدوات الأخرى مثل المقابلة.

3- أن النتائج التي نصل إليها عن طريق الملاحظة نتائج يغلب عليها الطابع الشخصي إلى حد كبير. أضف إلى ذلك أن الناس ليسوا سواء من حيث السرعة أو البطء في تسجيل الظواهر أو من حيث الدقة أو المهارة في إدراك التفاصيل الجوهرية وتمييزها عن غيرها.

4- نظراً لشدة تركيب الظواهر وتداخلها – وخاصة الاجتماعية منها، فإنه من الصعب على الملاحظ الوقوف على جميع الظروف المحيطة بها وعلى جميع عناصرها والتفاصيل الجوهرية لفهمها، كثيراً ما يغفل الملاحظ

عن بعض التفاصيل الجوهرية ويوجه عنايته إلى بعض التفاصيل الأخرى التي لا تدل على الصفات الذاتية للاشياء.

ثانياً: المقابلة:

تعتبر المقابلة الشخصية من أكثر وسائل الحصول على المعلومات شيوعاً. وإن كانت تتفاوت من أهميتها ونوعيتها بحسب المنهج والطريقة، والمقابلة وسيله لا يستغني عنها الباحث الاجتماعي، فالظواهر الاجتماعية تحتاج في توضيحها وبحثها في كثير من الأحيان إلى نوع من العلاقات بين الباحث والمبحوث يطلق عليها علاقة المواجهة فكثير من الأسئلة والنواحي الشخصية تصل في دقتها إلى درجة لا يتسنى معها الحصول منها على بيانات إلا في مقابلة يقوم بها أخصائي مدرب وتعد المقابلة من أهم وسائل جمع البيانات وأكثرها استخداما نظراً لميزاتها المتعددة ولمرونتها هذا بالإضافة إلى الاعتماد عليها اعتمادا كليا في المجتمعات التي ينتشر فيها الرقي.

ويختلف استخدام المقابلة في البحوث الاجتماعية باختلاف دورها في تصميم البحث - وقد تستخدم في المراحل الأولى من الدراسة للمساعدة على تحديد أبعاد الظاهرة، أو تحديد مشكلة البحث والايحاء بفروض وكشف الأطر المرجعية الموجودة في أذهان المبحوثين، أو كوسيله أساسية لجمع البيانات.

تعريف المقابلة:

المقابلة تعني لغة المواجهة أو المعاينة أو الاستجواب لو نظرنا إلى المصطلح الإنجليزي Interview لوجدنا يحمل نفس المعنى.

ومن هنا فإن المقابلة تعتبر في رأي البعض (محادثه موجهة لغرض محدد

غير الاشباع الذي ينتج عنها) بمعنى ألا تكون المحادثة للتسليه أو لتحقيق أهداف شخصية أخرى بين المتقابلين.

وقد عرفها البعض الأخر: (بأنها تفاعل لفظي تم عن طريق موقف مواجهة يحاول فيه الشخص القائم بالمقابلة أن يستثير معلومات أو آراء أو معتقدات شخص آخر أو أشخاص أخرين، والحصول على بعض البيانات الموضوعية.

كما يمكن تعريف المقابلة بأنها محادثة موجهة يقوم بها فرد مع آخر أو أفراد آخرين لاستغلالها في بحث علمي أو للاستعانة بها في التوجيه والتشخيص والعلاج.

الخصائص العامة للمقابلة:

من الخصائص العامة التي تختص بها المقابلة الشخصية كوسيلة جمع البيانات نذكر منها ما يلي:

1- أن المقابلة على اختلاف أنواعها تتكون من ثلاثة عناصر متميزة هي: الباحث القائم بالمقابلة والفرد المفحوص، وموقف المقابلة وترتبط هذه العناصر الثلاثة ارتباطاً وثيقاً وتؤثر جميعاً على نتائج المقابلة.

فإذا كان الباحث يهدف في المقام الأول إلى الحصول على البيانات اللازمة لبحثه فإن المفحوص يرمي من وراء استجابته للباحث إلى تحقيق أهداف أخرى في نفسه، قد يكون من بينها ارضاء حب الاستطلاع لديه أو التخفيف عن نفسه، بالتعبير عما يضايقه أو الحصول على شيء من الشعور بالرضا نتيجة للتحدث مع الباحث أو مساعدة الباحث على تأديه مهمته.

2- أن المقابلة هي عملية اتصال شخصي منظم بين فرد وفرد آخر أو بين فرد وأفراد آخرين.

ومن شأن هذا الاتصال الشخصي المباشر المنظم تحقيق تفاعل واحتكاك بين الشخص القائم بالمقابلة والشخص أو الأشخاص الذين تقع مقابلتهم.

وهذه العلاقة الناشئة عن المقابلة تختلف عن علاقة الصداقة وذلك من حيث إن علاقة الصداقة تتضمن قدراً كبيراً من اوجه الاتصال حول العديد من الموضوعات عبر فترة طويلة من الزمن.

3- أن الاتصال الفني المنظم الذي تتضمنه المقابلة بمعناه الفني الخاص يفرض على القائم بالمقابلة أن يمتلك من المعارف والمهارات والاتجاهات والصفات الشخصية ما يمكن من إدارتها وتوجيه مسيرتها في الطريق السليم الذي يمكنها من تحقيق أهدافها.

4- أن الاتصال الناشيء عن المقابلة هو اتصال هادف يرقي بصفة رئيسية إلى استثارة المجيب للإفضاء بمعلومات دقيقة صادقة عن موضوعات معينة ترتبط بأهداف المقابلة.

5- أن المقابلة تستخدم لاغراض عديده متنوعة لا يعدو أن يكون البحث العلمي والتوجيه والتشخيص والعلاج بعض هذه الأغراض ويرتبط استعمالها بكثير من المهن.

أنواع المقابلات:

هناك أنواع متعدده من المقابلات ويمكن تصنيف هذه المقابلات على أكثر من أساس:

1- المقابلات تبعا للغرض منها:

وهناك ثلاث أنواع من المقابلات هم:

- المقابلة لجمع البيانات: وهي تلك المقابلة البحثية التي يقوم بها الباحث لجمع البيانات المتعلقة بموضوع البحث، وتستخدم في كافة أنواع البحوث الاستطلاعية والوصفية والتجريبية.

- المقابلة التشخيصية: تلك المقابلة التي يقوم بها الطبيب أو الاخصائي الاجتماعي أو النفسي بهدف تشخيص حالات العملاء من المرضى وذوي المشكلات والتعرف على العوامل الأساسية المؤثرة في المشكلة التي يعاني منها العميل.

- المقابلة العلاجية: هي تلك المقابلة التي تهدف إلى رسم خطة لعلاج العميل.

2- المقابلات على أساس عدد المبحوثين:

وتنقسم إلى نوعين هما:

- المقابلة الفردية: هي التي تتم بين القائم بالمقابلة وبين شخص واحد من المبحوثين.

- المقابلة الجماعية: هي التي تتم بين القائم بالمقابلة وبين عدد من الأفراد في مكان واحد ووقت واحد.

3- المقابلات على أساس نوعية الأسئلة:

والتي تنقسم إلى:

- المقابلة الحرة غير المقننة: وهي تلك المقابلات التي لا تحدد أسئلتها تحديدا دقيقاً سابقاً مما يتيح الفرصة أمام المبحوث للتعبير عن شخصيته تعبيرا حراً تلقائيا وقد يستخدم الباحث ما يسمى بدليل المقابلة وهو عباره عن صحيفة تشتمل على رؤوس الموضوعات التي يرغب أن يدور الحديث حولها مع المبحوث والتي تتصل بمشكلة بحثه.

- أما المقابلة المقيدة أو المقننة: وهي تلك المقابلة التي يلتزم فيها الباحث بتقديم اسئله محدده تحديدا دقيقاً ويستخدم الباحث فيها استمارة المقابلة التي تتميز بأن الباحث هو الذي يوجه الأسئلة بنفسه إلى المبحوثين كما يقوم بتدوين الإجابات عليها.

- المقابلات البؤرية: وفي هذا النوع من المقابلات تكون الوظيفة الأساسية للباحث هي تركيز الاهتمام على خبرة معينة صادفها الفرد وعلى آثار هذه الخبرة ويحدد الباحث مقدما المواضيع أو الجوانب المختلفة للسؤال الذي يرغب في مناقشته والتي يستنبطها من مشكلة الدراسة ومن فروضه وللباحث الحريه في توجيه اسئلته بالترتيب الذي يتراءى له.

- المقابلات الغير موجهة: وفي هذا النوع من المقابلة يكون الفرد المبحوث أكثر حرية في التعبير عن مشاعره ودوافع سلوكه بدون توجيه معين من الباحث فدور الباحث هنا قاصر على توجيه بعض الأسئلة للفرد بدون تحديد اتجاهاً معيناً أثناء اجابته ويقوم الباحث أثناء المقابلة بتشجيع الفرد على سرد ما يعن له ويتطلب هذا خلق جو من الثقة والطمأنينه حتى يشعر الفرد بحريته المطلقه أثناء المقابلة.

اجراء المقابلة البحثية:

لما كانت المقابلة تستخدم لجمع البيانات المتعلقة باتجاهات الأفراد وعقائدهم ودوافعهم ومشاعرهم نحو موضوعات معينة معتمدة على التقدير الذاتي اللفظي للمبحوث، في موقف ومواجهته، يقوم على التفاعل المستمر والتأثير المتبادل بين شخصين كلاهما غريب عن الآخر فإن نجاح المقابلة يتوقف إلى حد كبير على مهارة القائم بها ومدى فهمه دوافع السلوك ومقدار وعيه بمختلف العوامل التي يمكن أن تدفع المبحوث على الوقوف موقفا سلبيا من الباحث أو إلى اعطاء بيانات محرفه لاتتسم بالصدق والثبات.

ويجمع أغلب المشتغلين بالبحث الاجتماعي على أن المقابله تحتاج إلى مهاره وخبره وتدريب وهذه المهاره والخبره يمكن اكتسابها عن طريق الممارسه العملية مع الاستفاده بالحقائق العلمية التي توصل إليها علماء النفس والاجتماع وخاصة تلك التي تتعلق بدوافع السلوك ومكونات الشخصية وأساليب الاتصال والتأثير.

وكي تحقق المقابلة البحثية هدفها وهو ادلاء المبحوثين بالمعلومات التي لديهم والمتعلقة بموضوع البحث، يجب أن يراعى من جانب الباحث عدة عوامل:

1- السماح للمبحوثين بالتعبير عن آرائهم بحرية – وذلك بعدم مقاطعتهم أو الايحاء لهم بإجابات معينة أو الإصرار على ضرورة الإجابة في حالة رفض المبحوث للإجابة على سؤال معين.

2- يطرح السؤال بأسلوب يثير في المبحوثين قابلية الإجابة عليه.

3- يفضل أن تكون إجابة المبحوث في شكل قصصي مسهب.

4- كما يفضل أيضا أن تكون الأسئلة أقل ما يكون كي لا يستغرق المبحوث وقتا طويلاً نسبيا في الإجابة على بعض الأسئلة ثم يمل الإجابة على سائر الأسئلة.

5- مع قلة عدد الأسئلة، يجب أن تكون الأسئلة عامة بعض الشيء لأن الأسئلة النوعية تتطلب إجابات مقتضبه وتحد من استرسال المبحوث في الإجابة.

6- يجب ألا يتدخل الباحث أثناء إجراء المقابلة البحثية في إبداء رأيه إزاء بعض الإجابات أو حول الموضوعات التي تناقش.

7- قد يتدخل الباحث لإعادة تركيز الإجابات حول موضوع المقابلة في حالة إذا ما تحدث المبحوث بالتداعي عن أمور تبعد عن موضوع المقابلة.

8- يجب أن يوافق المبحوث على أسلوب تسجيل المقابلة، سواء بشريط تسجيل، فيديو (صوت وصورة)، أو بقيام الباحث بتدوين المقابلة كتابة أثناء اجراء المقابلة أو بعد انجاز المقابلة.

9- ومن حق المبحوث أن يطلع على التسجيل بعد اجراء المقابلة وأن يوافق على مضمونه.

10- إذا تمت مقابلة بحثية جماعية فعلى الباحث أن يتيح الفرصة لكل أعضاء الجماعة البحثية أن يعبروا عن ارائهم وألاّ يدع شخصية واحدة منهم تعبر بمفردها عن آراء الجماعة.

وقد تجري المقابلة مرة واحدة، وهذا هو الأمر المعتاد، بيد أنه في بعض الأحيان قد يعاد اجراء المقابلة مع نفس المبحوثين مرة أخرى.

ويتم اجراء المقابلة مرة أخرى مع نفس المبحوثين:

1- إذا اتضح للباحث أن المعلومات التي حصل عليها غير كافية.

2- إذا وجد تعارض أو غموض في بعض الآراء.

3- إذا تعرض التسجيل، مهما كان نوعه، لسبب أو لآخر، للتلف جزئيا أو كليا.

4- إذا طلب المبحوثين بأنفسهم تكرار المقابلة للإدلاء بمزيد من المعلومات.

مزايا المقابلة:

1- للمقابلة أهميتها في المجتمعات التي تكون فيها درجة الأمية مرتفعة فالمقابلة لا تتطلب من المبحوثين أن يكونوا مثقفين حتى يجيبوا على الأسئلة حيث أن القائم بالمقابلة هو الـذي يقوم بقراءة الأسئلة.

2- تتميز المقابلة بالمرونه، فيستطيع القائم بالمقابلة أن يشرح للمبحوثين ما يكون غامضا عليهم من أسئلة، وأن يوضح معاني بعض الكلمات.

3- تتميز المقابلة بأنها تجمع بين الباحث والمبحوث في موقف مواجهة وهـذا الموقف يتيـح لـه فرصة التعمق في فهم الظاهرة التي يدرسها وملاحظة سلوك المبحوث.

4- إذا أراد الباحـث أن يوجـه أسـئلة كثـيرة إلى المبحـوثين ففـي اسـتطاعته أن

يقنعهم بالأهمية العلمية والعملية للبحث وما يمكن أن يستفيده المجتمع مـن ورائـه، وبهذا يكسب معونتهم ويضمن استجابتهم للبحث.

5- توجه الأسئلة في المقابلة بالترتيب والتسلسل الذي يريده الباحث، فـلا يطلع المبحوث عـلى جمع الأسئلة قبل الإجابة عليها كما يحدث في الاستبيان.

6- تضمن المقابلة للباحث الحصول على معلومات من المبحوثين دون أن يتناقش مع غيره مـن الناس أو يتأثر بآرائهم، وبذا تكون الأراء التـي يـدلي بها المبحـوث أكـثر تعبيراً عـن رأيـه الشخصي.

7- يغلب أن تحقق المقابلة تمثيلاً أكبر وأدق للمجتمع، لأن القـائم بالمقابلـة يستطيع الحصول على بيانات من جميع المبحوثين خصوصاً إذا أحسن عـرض الغـرض مـن البحـث عليهـم. واختيار الوقت المناسب للاتصال بهم.

8- يحصل القائم بالمقابلة على إجابات لجميع الأسئلة. وإذا كانت الإجابات ناقصة فإنه يستطيع الاتصال بالمبحوثين بمقابلة ثانية وثالثة حتى يحصل على البيانات المطلوبة.

عيوب المقابلة:

1- تتعرض النتائج التي يحصل عليهـا القائم بالمقابلـة إلى أخطـاء شخصية راجعـة إلى نـواحي التحيز التي تتعرض لها والتقديرات والتفسيرات الشخصية إذا كانت خطة البحث تقتضي إصدار مثل هذه الأحكام زيادة عـلى ذلك فإن المقابلـة تعكس الاستجابات الانفعاليـة للقائم بالمقابلة والمبحوث واتجاه كل منها نحو الآخر.

2- لما كانت المقابلة تعتمد على التقرير اللفظي للمبحوث فإن الفرد قد لا يكون صادقاً فيما يدلي به من بيانات، فيحاول تزييف الإجابات في الاتجاه الذي يتوسم أنه يتفق مع اتجاه القائم بالمقابلة.

3- تحتاج المقابلة إلى عدد كبير من جامعي البيانات الذين يتم اختيارهم وتدريبهم بعناية، وتتطلب عملية الاختيار والإعداد والتدريب وقتا طويلا، ونفقات كثيرة.

4- كثرة تكاليف الانتقال التي يتكبدها القائمون بالمقابلة، وضياع كثير من الوقت في التردد على المبحوثين.

5- في المقابلة كثيراً ما يمتنع المبحوث عن الإجابة على الأسئلة الخاصة أو الأسئلة التي يخشى أن يصيبه ضرر مادي أو أدبي إذا أجاب عليها. أما إذا كانت شخصية غير معروفة فإنه يعطي بيانات أكثر صحة ودقة من تلك التي يعطيها للقائم بالمقابلة.

ونود أن نشير في هذا المجال إلى أن العيوب التي ذكرناها لا تقلل كثيراً من أهمية المقابلة ولا تدفع الباحث إلى التخلي عن المقابلة كأداة هامة من أدوات جمع البيانات، بل أنها تدفعه إلى العمل على زيادة درجة ثبات وصدق البيانات التي يحصل عليها، وذلك بتخطيط المقابلة بحيث تتكيف والهدف المرجو منها، واتخاذ الاحتياطات اللازمة لاكساب المقابلة قيمتها المنهجية التي نرجوها لها.

ثالثاً: الاستيبان:

الاستبيان أو الاستفتاء أو الاستخبار كلها ألفاظ تطلق على الاستمارة والتي تستخدم في جمع المعلومات من المبحوثين مباشرة دون تدخل من الباحث فالاستمارة أهم وسائل الاتصال الاساسية بين الباحث والمبحوث حيث تضم تلك الاستمارة مجموعة من الأسئلة المنتقاه والمصممة بطريقة خاصة تستهدف بالدرجة الأولى الحصول على معلومات يراها الباحث ضرورية لتحقيق فروض بحثه.

تعريف الاستبيان:

يمكن تعريف الاستبيان على اعتباره نموذج يضم مجموعة من الأسئلة التي توجه للأفراد بهدف الحصول على بيانات معينة ويطلق اصطلاح الاستبيان على مجموعة الأسئلة التي يوجهها الباحث للأشخاص ويطلب منهم الإجابة عليها بأنفسهم دون ضرورة تواجده معهم.

وعلى الرغم من أن الاستبيان يمكن استخدامه في مختلف البحوث الاستطلاعية والوصفية والتجريبية إلا أنه أكثر استخداما وملاءمة للبحوث الوصفية وخاصة ما يسمى بالمسوح الاجتماعية التي تتطلب جمع بيانات عن وقائع محددة من عدد كبير نسبيا من الأشخاص.

أنواع الاستيبان:

1- طريقة الاستبيان البريدي:

تستخدم هذه الطريقة إذا كان المبحوثين منتشرين في أماكن متفرقة ويصعب الاتصال بهم شخصيا كما هو الحال بالنسبة للطلاب أثناء الاجازة

الصيفية أو أعضاء إحدى النقابات المهنية على مستوى الرياض أو المملكة، وكما هو الحال بالنسبة لأصحاب المعاشات أو عملاء البنوك، حيث يمكن التعرف على عناوين إقامة هؤلاء ولكن يصعب اتصال الباحث بهم شخصيا. ومن ثم يستطيع الباحث أن يرسل إليهم الاستبيان بطريق البريد، فيحصل منهم على البيانات المطلوبة بأقل جهد وفي أقصر وقت ممكن.

ويطلق على الاستبيان الذي يرسله الباحث بالبريد أو الذي تنشره إحدى الهيئات البحثية في الصحف والمجلات - كما هو الحال في استطلاعات الرأي التي يجريها اتحاد الإذاعة والتليفزيون بين الحين والآخر - اسم الاستبيان البريدي تمييزاً له عن الاستبيان الجمعي اليدوي (غير البريدي) والذي يتولى الباحث أو أحد مندوبيه توزيعه وجمعه من المبحوثين، حيث يسهل الاتصال الشخصي بهم.

ويؤخذ على هذه الطريقة أنه غالبا ما يكون العائد من استمارات الاستبيان قليلا ولا يمثل المجتمع تمثيلا صحيحاً، حيث أن زيادة نسبة الردود تتوقف على عوامل ثلاثة:

أ) مدى مكانة ونفوذ الهيئة المشرفة على البحث.

ب) مدى أهمية وجدية موضوع البحث بالنسبة للمبحوثين.

ج) نوع المجتمع الذي يطبق فيه البحث والمستوى العلمي والثقافي للمبحوثين.

وتجدر الإشارة أنه كلما كانت استمارة الاستبيان دقيقة كلما توافرت لها أسباب النجاح وكلما أمكن للباحث أن يحصل على البيانات المطلوبة.

2- طريقة الاستبيان الجمعي اليدوي (غير البريدي)

وتستخدم هذه الطريقة في الحالات التي يمكن فيها جمع المبحوثين في مكان واحد، وتوزيع استمارات البحث عليهم، كما هو الحال بالنسبة للطلبه في الجامعات والمدارس والعمال في المصانع، والموظفين في المكاتب. ومن مزايا الاستبيان الجمعي اليدوي (وغير البريدي) أنه قليل التكاليف ويضمن الباحث أن الذي يجيب على أسئلة الاستبيان هو الشخص المطلوب وليس أي شخص آخر، كما أن نسبة الردود من الاستمارات تزداد زياده كبيره. فضلاً عن أن البيانات التي يدلي بها المبحوثون تكون أكثر صدقاً ودقه لوجود الباحث بنفسه وتأكيده لأفراد البحث على سرية البيانات وإزالة المخاوف والشكوك من أنفسهم. وفي هذه الطريقة تتاح الفرصه للرد على تساؤلات المبحوثين واستفساراتهم حول بعض الأسئله.

الأدوات المساعدة لاستيفاء الاستبيان:

ويتم استيفاء الاستبيان بإحدى الطرق الآتية:

أ) المقابلة الشخصية.

ب) المراسله (البريد).

ج) التليفون.

وسبق أن اشرنا إلى المقابلة كأداه لجمع البيانات، ونشير فيما يلي بإيجاز إلى المراسلة والتليفون.

أ) المراسلة (البريد):

وفي هذه الطريقة تسلم الاستمارة إلى المبحوث أو ترسل إليه بالبريد أو تنشر على صفحات الجرائد والمجلات ويقوم المبحوث باستيفاءها وإعادتها إلى الهيئة المشرفة على البحث وإذا ما أرسلت الاستمارة بالبريد فإنه عادة ما يرفق معها مظروف بعنوان الهيئة المشرفه على البحث ويلصق عليه طابع بريد حتى لا يتكلف المبحوث مالاً وحتى لا يجد مشقه في إعادة الاستماره بعد استيفائها. ويفضل أن ترسل مع الاستمارة نشرة صغيرة تبين أهمية البحث وتحتوي على رجاء بالتعاون في استيفاء البيانات المطلوبه وتسمى الاستمارة في هذه الحالة بصحيفه الاستبيان (أو الاستقصاء).

وأهم شرط يجب أن يتوفر في صحيفة الاستقصاء هو تأمين المبحوث تأميناً تاماً على سرية البيانات بشكل واضح وذلك بألاً توضع إشارات أو علامات أو أرقام خاصة تمكن الباحث من الاهتداء إلى أي من المبحوثين.

ب) التليفون:

وفي هذه الطريقة يتصل الباحث بالمبحوث عن طريق التليفون ويسجل إجاباته على الأسئله في الاستمارة المطلوبة، وأهم مزايا هذه الطريقة وعيوبها هي:

المزايا:

1- سرعة الحصول على البيانات.

2- إمكانية توضيح بعض الأسئلة الصعبة للمبحوث.

العيوب:

1- من الصعب تعميم هذه الطريقة إذ لا تصلح إلا للآفراد الذين في حوزتهم تليفونات.

2- كثرة التكاليف (خصوصا في حالة المكالمات الخارجية).

3- لا تصلح في حالة البيانات الحساسة أو المحرجة فليس من السهل أن يُدلي المبحوث بمثل هذه البيانات عن طريق التليفون.

مميزات أو فوائد:

1- يتميز الاستبيان بالتكلفة المالية القليلة.

2- لا يحتاج من الباحث إلى مهارة في توزيع الإستمارة.

3- من الممكن توزيع الإستمارة على المبحوثين بأماكن متفرقة من المجتمع.

4- يستطيع الباحث إرسال الإستمارة بالبريد إلى المبحوثين.

5- يتميز بالقدرة على الحصول على معلومات وفيرة من المبحوث قد لا يدلي بها في حالة المواجهة مع الباحث.

6- لا يحتاج إلى جامعي بيانات.

7- يستطيع المبحوث الإجابة على الأسئلة دون تحرج لعدم وجود الباحث أثناء كتابة الأجوبة.

8- لا يتطلب من الباحث جهد ووقت في شرح أو تفسير الأسئلة للمبحوث.

9- يشعر المبحوث بحرية تامة عند الإجابة على الاسئلة.

10- غياب تأثير الباحث على المبحوث أثناء الإجابة يعطي معلومات أكثر موضوعية.

11- تتيح فرصة للمبحوث لتخُير الوقت المناسب له، للإجابة على أسئلة الاستمارة.

12- توفر كثير من الوقت المخصص للبحث.

عيوب أو مساوئ الاستبيان:

1- قد تكون نسبة المردود من الاستمارات الموزعة قليلة.

2- إذا كانت الاسئلة كثيرة ومتنوعة فقد تسبب الملل عند المبحوث وتؤثر على عدم تعبئتها كاملة.

3- إذا كانت هناك بعض الأسئلة الغامضة فسوف يتركها المبحوث دون إجابة.

4- يتعذر العودة إلى المبحوثين عندما تكون هناك حاجة إلى أخذ معلومات إضافية.

5- لا يمكن استخدامها مع المبحوثين الذين لايعرفون القراءة والكتابة.

6- لا تسطيع دراسة المواضيع المعقدة التركيب، أو الدوافع والمشاعر الداخلية للمبحوث بواقعية.

7- قد تتيح فرصة للمبحوث لسؤال الأصدقاء أو أفراد الأسرة عند الإجابة على الأسئلة. مما يقلل من موضوعيتها.

8- إذا كانت إستمارة الاستبيان ذات تنظيم مركب فقد يؤثر ذلك على فهمها وإجابتها مـن قبـل المبحوث.

وهذه العيوب لا تقلل من أهمية الاستبيان في جمع البيانات، وعلى الباحث الاجتماعي، مراعاة ذلك والتقليل قدر الإمكان مـن تلـك العيوب، بالتصميم الجيـد للإستمارة، والاهتمام بصياغة الأسئلة بطريقة واضحة ومفهومة.

ضوابط استخدام الاستمارة في البحوث العلمية:

على ضوء ما ذكر من نواهي أو عيوب استخدام الاستمارة في البحوث العلميـة، نـرى أنـه من الضروري اتباع عدة ضمانات أو ضوابط حتى تحقق الاستمارة أهدافها المرجـوه، ولعل مـن أهم تلك الضمانات ما يأتي.

1- وضوح الفرص ودقتها:

لعل نوعية الفرص التي تنهض عليها البحوث العلميـة، هـي التـي سـوف تحـدد بدرجـة حاسمة ليس فقط مبدأ الاستعانه بالاستمارة مـن عدمـه، وإنمـا سـوف تحـدد أيضا كـم ونـوع الأسئلة التي يجب أن تحتويها الاستمارة، لذلك فمن واجب الباحث أن يحدد طبيعة المعلومـات التي يرغب في الحصول عليها من المبحوثين عن طريق الاستمارة بدقة مـع الأخـذ في الاعتبـار أن البيانات المطلوبة عـن طريـق استمارة الاستبيان تختلـف بالـضرورة عـن مثيلاتها في استمارة الاستبيان نظراً لاختلاف طبيعة الفروض في كل منها.

2- مراعاة أنماط المبحوثين من خلال الاستمارة:

بمعنى دراسة جمهور البحـث – مـن خـلال الدراسـات الـسابقة – ومعرفـة

خصائصه الاجتماعية والثقافية والعلمية وأن يؤخذ ذلك كله في الاعتبار عند تصميم أسئلة الاستمارة. حيث أن نوعية السؤال تختلف من مبحوث إلى آخر.. فالمبحوث المثقف أو المتعلم يختلف بالضرورة عن المبحوث الأمي أو غير المثقف، كما أن المبحوثين في الريف يختلفون عن نظرائهم من الحضر أو البدو.. الخ. وبحيث تتطلب كل نوعية أسئلة تتواءم مع شخصياتهم وتضمن في ذات الوقت تعاونهم.

3- ضرورة أن يتوافر قدر معين من الإعلام:

الإعلام الذي نقصده هنا.. إعلام عام وإعلام خاص.. الإعلام العام موجه لكل جمهور البحث عن طريق أية وسيلة من وسائل الاتصال المعروفة، وبحيث يكون هدف ذلك النوع من الإعلام هو شرح أهداف البحث بصفة عامة، وتعريف ذلك الجمهور بكيفية الإجابة على أسئلة الاستمارة وكذلك بكيفية إعادتها إلى الجهة المشرفة على البحث.

أما الإعلام الخاص.. فنعني به ما يقدم للمبحوث من توجيهات مباشرة – أثناء الاستبيان – لإزالة ما قد يراه لبسا في السؤال وخاصة فيما يتصل ببعض الأسئلة الصعبة، أو إذا ما لاحظ الباحث أن إجابات المبحوث إجابات عامة أو غير واضحة.

4- ضرورة تجريب الاستمارة قبل تصميمها:

حتى يمكن مواجهة أية عيوب سواء فيما يخص تصميم الاستمارة من حيث طول الأسئلة أو قصرها، وضوحها أو غموضها، سلاستها أو تعقيدها.. الخ، أو سواء من حيث طريقة التعامل معها إحصائياً فيما بعد، فضلا عن

مدى تعبير الأسئلة وما يستتبعها من أجوبة عن مشكلة البحث وحلوها المحتملة، لذلك كله يجب تجريب الاستمارة سواء على عينة مختارة أو عشوائية حتى يمكن تلافي معظم تلك العيوب. حيث تؤكد معظم الدراسات أن الاستمارات التي جربت قبل تعميمها تنجح في تحقيق أهدافها بنسبة تتراوح ما بين 70، 80%.

كيفية إعداد إستمارة جمع البيانات:

يتم إعداد استمارة جمع البيانات سواء لأداة المقابلة أو الاستبيان وفقاً لمجموعة من الخطوات، مع مراعاة طبيعة ومنهجية البحث وأهداف كل من المقابلة أو الإستبيان، كما سبق الذكر.

وتتركز تلك الخطوات في الآتي:

1- تحديد نوع البيانات المطلوبة:

يقوم الباحث الاجتماعي بإعداد أداة جمع البيانات، سواء إستمارة المقابلة أو استمارة الاستبيان بما يتناسب مع الإطار العام لموضوع الدراسة، مراعيا الأساسيات النظرية السابق ذكرها، فيبدأ بتحديد المواضيع الرئيسية والمواضيع الفرعية، ثم تحديد عدد الأسئلة اللازمة لكل منها، وذلك في إطار التسلسل المنطقي لتناول الظاهرة موضوع الدراسة.

وتؤكد وجهات نظر علماء البحث الاجتماعي، على أهمية توقع الباحث للنتائج التي يمكن أن يحصل عليها، لذلك عليه أن يضع مجموعة من الجداول الصماء، والتي تتطلب الاهتمام بصياغة السؤال وتحديد إحتمالات الاجابة في أضيق الحدود.

2- تحديد شكل الأسئلة وصياغتها وتسلسها:

أ) شكل الأسئلة:

تتحدد شكل الأسئلة في نوعين:

1- الأسئلة المحددة أو (المقيدة) وهي الأسئلة التي تحدد الإجابات بمجموعة من المحددات وعلى الباحث الإشارة إلى الإجابات المتعلقة بوجهة نظره أو الأسئلة التي يطلب فيها الإشارة إلى أحد المتغيرات المحددة مثل (نعم) أو (لا) (موافق) أو (غير موافق) أو (لا أعرف)، وقد تتدرج تلك المتغيرات من النفي المطلق إلى النفي المعتدل إلى التأييد المعتدل إلى التأييد المطلق، مثل (أوافق – أوافق نوعا ما – لا أدري – لا أوافق نوعا ما – لا أوافق) وهذا النوع من الأسئلة المحددة، يستخدم في دراسة الظواهر التي يغلب عليها صفة التحديد.

2- الأسئلة المفتوحة (أو الغير مقيدة)، وهي تتناسب مع دراسة الظواهر الجديدة، والتعرف على أراء ووجهات نظر الخبراء والمتخصصين في الظاهرة موضوع الدراسة، من خلال المقابلات شبه المقننة.

وهذا النوع من الاسئلة يسمح للمبحوث بالتعبير الحر التلقائي، غير أنها لا تفيد في الحصول على إجابات معينة قد يغفلها المبحوث ولها أهميتها في البحث، كما أنه من الصعب تحليلها إحصائيا عكس الأسئلة المحددة. ومن أمثلة الأسئلة المفتوحة، (ما هي تصوراتك عن، ما هي مقترحاتك عن) وعموما فالباحث يمكنه الجمع بين النوعين من الأسئلة، حسب نوع البيانات المطلوبة.

ب) صياغة الأسئلة:

تصاغ الأسئلة باللغة العربية المتوافقة مع ثقافة المبحوث، وبطريقة محددة

ومفهومة، ولا توحي بإجابات معينة، وتحدد بعض الاسئلة بصياغات مختلفة للتأكد مـن صدق البيانات.

ج) تسلسل الأسئلة:

يجب أن تتدرج الأسئلة في حصولها على المعلومات المطلوبة حتى تثير إهتمام المبحوث، فمثلاً تبدأ الإستمارة بتحديد سؤال عام ثم يليه بعض الأسئلة المتخصصة تـدريجيا، بتسلـسل منطقى، هكذا.

3- اختبار الصدق: يعني إختبار صدق الاستمارة - كيف تبدو الاستمارة وما تتضمنه مـن أسئلة مناسبة للغرض الذي وضعت من أجله.

وهناك أنواع متعددة لإختبارات الصدق، ونشير هنا لإختبار الصدق الشائع استخدامه لتقنين الاستمارة وهو الصدق الظـاهري - ونعني بالصدق الظاهري - عـرض الإستمارة عـلى مجموعة من الخبراء والأساتذة والمهتمين بالظاهرة موضوع الدراسة، ثم إجراء التعديلات المطلوبـة وفقاً لدرجات إتفاقهم.

ويمكن معالجة إختبار الصدق الظـاهري إحصائيا عـن طريـق حسـاب معامل الصدق ويساوي الجذر التربيعي لمعامل ثبات الإستمارة.

معامل الصدق = معامل الثبات

وهو ما يعرف بمعامل الصدق الذاتي.

ب) اختبار الثبات:

الثبات يعني الإستقرار في الإستجابات، بمعنى أنه لو طبقت الإستمارة على مجموعـة مـن مجتمع البحث، وكرر التطبيق مرة أخرى بفارق زمني وليكن خمسة عشرة يوماً أو أكثر، لحصلنا على نفس الإستجابات.

وهذه الطريقة تعرف بإعادة الاختبار Test retest method

ثم يستخرج معامل الثبات إحصائيا بإستخدام معاملات الارتباط وهناك علاقة وثيقة بين كل من معامل الصدق ومعامل الثبات. فكلما كان هناك إرتفاع في معامل ثبات الإستمارة دل ذلك على زيادة معامل الصدق.

4- وضع الاستمارة في صورتها النهائية: وفي هذه الخطوة يتم تنسيق الإستمارة، في ضوء الخطوات السابقة، وطباعتها ومراجعتها ووضعها في صورتها النهائية لتكون قابلة لعملية التطبيق خلال الفترة الزمنية المحددة لجمع البيانات.

رابعاً: الأنترنت الشبكة العالمية The Internet

هناك علاقة تاريخية بين الأنترنت والبحث العلمي حيث أصبحو الباحثين أكثر التصاقاً بالأنترنت حيث يفضلون البحث عبر الموقع الألكتروني بدلاً من الذهاب إلى المكتبات حيث يساهم في العديد من الخدمات للانترنت والتي أهمها:

1- خدمة البحث عن المعلومات:

وتستخدم هذه الخدمة للبحث عن البيانات والمعلومات المختلفة ذات الصلة بموضوع البحث في مختلف أنواع الملفات أو الأشخاص من خلال الصفحات الإعلامية أو المواقع العلمية وكنتيجة لذلك ظهرت بعض الأساليب التي تساعد على الوصول إلى الغاية ومن أهم تلك الأساليب:

أ) البحث البسيط عن طريق كتابه المصطلح أو الكلمة في المساحة المخصصة للبحث.

ب) استخدام الفهارس: ووفقا لهذا الأسلوب قامت الكثير من المواقع

بتصنيف ما لديها من معلومات ووثائق وغيرها إلى فئات أو مجموعات بحيث كل فئة متعلقه بموضوع عام.

ج) استخدام محركات البحث: وهي وسيلة للمستخدم للبحث عن مفردات محددة من خلال إدخال الكلمات المفتاحية الدالة عن الموضوع.

د) استخدام محركات البحث المتعددة: وسيلة نعني توظيف عدة محركات بحث للوصول إلى الموضوع الذي تم البحث عنه حيث يحدد الكلمة المفتاحيه في محرك البحث المتعدد الذي يرسل هذه الكلمة إلى عدة محركات بحث ويقدم بعد ذلك النتيجة التي تكون عبارة عن حصيلة البحث في عدة محركات دفعة واحدة بكفاءة عاليه لذا يستلزم دفع مقابل مادي للاستفادة منها.

2- خدمة البغي الفائق:

وهي خدمة خاصة لا تتوافر في جميع مواقع الشبكة وتشير إلى التعامل من قبل المتصفح مع النص المعروض أمامه على صفحة الويب والذي يحتوي على وصلات وروابط Links مع نصوص أخرى قد تكون داخل الموقع.

3- خدمة استنزال الملفات:

يقصد بهذه الخدمة الحصول على الملفات بمختلف أنواعها من شبكة الأنترنت وبالتالي يستطيع الباحث الحصول على الأبحاث والكتب.

4- خدمات التعليم عن بعد:

توفر هذه الخدمة إمكانيات غير محدودة للتعليم والتدريب للطلبة وهي

تشكل واحدة من أعظم مصادر المعلومات وإتاحة الوثائق للتغلب على العزلة العلمية والثقافية والاتصال الدائم بالمجتمع العلمي العالمي.

5- خدمة التخاطب:

تخلق الأنترنت من خلال تلك الخدمة حالة تواصل واتصال مع الأفراد خارج الوطن كما تتيح حداً مرتفعاً من التفاعل والتخصيص المتبادل بين الأفراد من خلال عقد المؤتمرات عن بعد والمشاركة بالصوت والصورة والاجتماعات بين المتخصصين...الخ.

6- خدمات التسوق عن بعد:

نجح الإعلان الألكتروني على الانترنت في استخدام الصورة وتوظيفها بشكل جيد ومعبر عن المنتج أو الخدمة المعلن عنها .

7- خدمات معلومات الوسائط المتعددة:

وهي خدمة فعالة على شبكة الانترنت فعن طريقها يتم استعراض المعلومات بكافة أشكالها (نص، صور، صوت، ملفات، فيديو) ويمكن الاستفادة بها في البحث العلمي وعرض التجارب والمحاضرات والبحوث وغيرها.

مميزات استخدام الأنترنت في البحث العلمي:

1- تساعد الأنترنت الباحث بالتزود السريع والمباشر بأي تطورات في شتى المجالات الأمر الذي كان يأخذ وقتاً طويلاً وجهداً كبير في السابق.

2- إتمام الاتصالات الفورية بأشكالها المتنوعة المكتوبة والمسموعة والمرئية.

3- توفر الجهد والمال والوقت المبذول في الحصول على المعلومات من مصادرها الأصليه.

4- نشر المعلومات المتنوعة على مستوى العالم بسرعة كبيرة .

5- متابعة الأحداث العالمية في جميع المجالات وقت حدوثها.

سلبيات استخدام الأنترنت في البحث العلمي.

1- صدمة الباحثين فيما يتعلق بكيفية الحصول على المعلومات وسط الفيض العارم من المصادر على الشبكة العنكبوتية.

2- عدم أعتراف بعض الأساتذة بالأنترنت كمرجع من المراجع العلمية الموثقة.

3- عدم دقة المعلومات وصدقها وتوثيقها.

4- سرقة الأبحاث العلمية من على الشبكة رغم توفير وسائل للحماية والحفاظ على حقوق الملكية الفكرية.

5- الاختراق: تعاني الشبكة من مشاكل الاختراق التي تزداد يوما بعد يوم مسببة أضرار جسيمة للشركات والأفراد.

6- فرض اللغة الإنجليزية على المستخدمين للشبكة مما يمثل عائق أمام بعض الباحثين.

7- إمكانية إجراء البحوث العلمية المشتركة بين المتخصصين على مستوى العالم عبر الأنترنت مما له أثر على الأمن القومي والاختراق الأجنبي.

8- المخاطر الصحية الخاص باستخدام الأنترنت وتأثير الإشعاعات الكهرومغناطيسية على الصحة العامة.

مراجـــــع الفصل السابع

1- رياض أمين حمزاوي – البحث الاجتماعي واستخداماته في ميدان الخدمة الاجتماعية – القاهرة – كلية الخدمة الاجتماعية – 1996م.

2- غريب سيد أحمد – تصميم وتنفيذ البحث الاجتماعي – الإسكندرية – دار المعرفة الجامعية – 1997م.

3- محمد عاطف غيث – البحث العلمي الاجتماعي تصميم خطته وتنفيذها – الإسكندرية – دار المعرفة 1997م.

4- محمد ذكي و هويدا عبدالمنعم – أساسيات البحث في الخدمة الاجتماعية – القاهرة – كلية الخدمة الاجتماعية – 1998م.

5- أحمد مصطفى خاطر وآخرون – مقدمة في بحوث الخدمة الاجتماعية – الإسكندرية – المكتبة الجامعية – 2000م.

6- عبدالله عبدالرحمن وآخرون – مناهج وطرق البحث الاجتماعي – الإسكندرية – دار المعرفة الجامعية – 2002م.

7- محمد سيد فهمي وأمل محمد سلامة – البحث الاجتماعي والمتغيرات المعاصرة – الإسكندرية – دار الوفاء لدنيا الطباعة والنشر – 2011م.

8- طاهر حسو الزيباري – أساليب البحث العلمي في علم الاجتماع – بيروت – مجد المؤسسة الجامعية للدراسات والنشر والتوزيع – 2011م.

9- D. Cournoyer & W. Klein, Research Method for Social Work, NY, Allyn & Bacon comp, 2000.

10- D. Nachrmias & C. Nachmias, Reseaach Methods in the Social Sciences, Martin's press, New York, 2001.

11- Johnon and Christensen, Educational research Quantitative, 2nd Boston, Allyn and Bacon, 2004.

12- Prasad Pushkala: Grafting qualitative research, working in the post positivist traditions, londad, 2005.

الفصل الثامن

جمع البيانات من الميدان

مقدمة:

أولاً: جمع البيانات .

ثانياً: المراجعة الميدانية والمكتبية.

ثالثاً: تصنيف البيانات.

رابعاً: تفريغ البيانات وتبويبها.

خامساً: وصف البيانات وتفسيرها.

سادساً: العرض الجدولي والبياني.

سابعاً: كتابة التقرير وعرض النتائج.

مقدمة:

في هذا الفصل سيتم تناول مرحلة من مراحل البحث والتي غالباً ما تكون أكثر مراحل البحث إشباعاً للباحث، فعندما يغادر مكتبة ويخرج إلأى الميدان، فإنه يكون قد تجاوز وراء ظهره مرحلة الاختيارات الصعبة، وأصبحت المشكلات التي تواجهه الآن هي مما يمكن معالجته والتغلب عليه، لأنها مشكلات عملية إجرائية.وفي هذه المرحلة يسعد الباحث- بعد مرحلة الإعداد الطويلة -بأن يرى البيانات تتجمع وتتراكم أمام ناظريه وعلى يديه يوماً بعد يوم ، أنه يجد نفسه محاطاً بثمار حصاده الفكري، قبل أن تحين مرحلة صعبة أخرى هي مرحلة معالجة هذه البيانات بالعرض والتحليل وفي مرحلة جمع البيانات من الميدان على الباحث القيام ببعض الإجراءات الضرورية ويمكن تلخيصها في الآتي:

أولاً: جمع البيانات:

بعد أن ينتهي الباحث من تصميم بحثه طبقاً للخطوات السابقة يبدأ في الجزء الميداني للبحث بجمع البيانات المطلوب الحصول عليها من أجل تحقيق أهداف الدراسة،وذلك من خلال الأدوات المختلفة ومن مختلف المصادر المتوفرة لديه.

وتتم عملية جمع البيانات أما عن طريق الباحث نفسه، أو عن طريق فريق من الباحثين المساعدين بعد تدريبهم التدريب الكافي.ولكي يحصل الباحث على معلومات صحيحة ودقيقة عليه أن يتخذ بعض الاحتياطات التالية:

أ-أن يتعرف على قادة المنطقة ويشرح لهم أهداف الدراسة وأهميتها لكي يتعاونوا معه.

ب-توضيح أهداف الدراسة للمبحوثين لكي تطمأن قلوبهم والفائدة التي ستعود عليهم منه.

ج-أن يتحلى الباحث بالمهارات اللازمة لبناء علاقات سليمة مع مبحوثيه.

د-أن يختار الأوقات المناسبة لجمع البيانات.

هـ-أن يجعل الفترة الزمنية لجمع البيانات قصيرة ما أمكن حتى يمكن تقليل الأخطاء التي يسببها التغير في الظروف والأوضاع الاجتماعية.

و-أن يعدل مواعيد نزول الباحثين إلى ميدان البحث بحيث يتناسب مع الأوقات التي يكون فيها أرباب الأسر في مساكنهم أوقات البحث. وإذا كان أفراد عينه المسح مكونه من رجال ونساء فإنه ينبغي توزيع الباحثين المتولين لعملية جمع المعلومات في وحدات مزدوجة تتكون كل وحدة من باحث وباحثه يقومان بزيارة الأسر. فإنه ينبغي توزيع الباحثين المتولين لعملية جمع المعلومات في وحدات مزدوجة تتكون كل وحدة من باحث وباحثه يقومان بزيارة الأسر. فإذا كان رب الأسرة رجلاً تولى الباحث مهمة الحديث معه، وإذا كان رب الأسرة سيدة أمكن للباحثة أن تتفاهم معها بسهولة.

إلى غير ذلك من الاحتياطات التي ينبغي اتخاذها والأمور التي ينبغي اعتبارها في عمليات جمع المعلومات لضمان معلومات صحيحة دقيقة.

ثانياً: المراجعة الميدانية والمكتبية:

يقصد بمراجعة البيانات الإحصائية بصفة عامة إعادة النظر بإمعان ودقة وأمانة فيما هو مدون بالاستمارات الإحصائية من بيانات وأرقام تهدف التأكد من سلامتها طبقاً للتعليمات الإدارية والفنية، وحتى يمكن الحكم على صلاحيتها لأعمال التجهيز حيث تستخرج منها نتائج تصور منها نتائج تصور لنا الهدف من الباحث تصويراً دقيقاً.ويحدد لعمليات المراجعة توقيت زمني عند رسم خطة العملية الإحصائية.

أنواع المراجعة:

1-مراجعة الشمول وتتخذ مظهرين: أولهما إطار العلمية أو مصادر المعلومات حيث يجب التحقيق منعدم وجود حذف أو تكرار في مفردات البحث حتى لا تتأثر النتائج النهائية بذلك. وثانيهما شمول الاستمارة لكافة البيانات المطلوبة.

2-مراجعة ميدانية: ويقوم بها الباحث أو جامع البيانات أو المشرف على أعماله.

3-مراجعة مكتبية:وتتم بعيداً عن مصادر المعلومات ولها ثلاث مراحل:

أ-مراجعة شكلية.

ب- مراجعة حسابية.

ج-مراجعة موضوعية.

ومراجعة المعلومات والبيانات التي جمعت قبل تصنيفها وتفريغها، يؤكد على وقتها وموضوعيتها وثباتها و أطراوها وعدم تناقضها، وهذا

يتطلب مراجعة الاستمارات للتأكد من الأمور التالية:

أ- أن البيانات قد جمعت من مصادرها الأساسية.

ب- أن الإجابات الواردة بالاستمارة واضحة تماماً، وأنه لا يشوبها أي إهمال أو غموض.

ج- أن الإجابات غير متناقضة بصورة تفسد الاستمارة فإذا لم يتيسر التعرف على أسباب التناقض فمن الضروري استبعاد الاستمارة كلية. ولرفع هذا التناقض ينبغي الرجوع للباحث الـذي طبق الاستمارة، ويجوز أن يرجع للمجيب نفسه في بعض الأحوال.

د-(أنه لا توجد بعض البيانات دون استيفاء، ولا يمكن تفسير البيانات الـذي تـرك دون اسـتيفاء بأن الإجابة عليه كانت بالنفي.لأنه في حالة النفي يقتضي التأشير أمام البيان بما يفيد ذلـك. ولهذا فإن البيانات غير المستوفاة تعني إهمال الباحث في استيفاء البيان).

هـ-أن الباحثين الذين أشرفوا على جمع البيانات قد اتبعوا التعليمات الموضوعة لهم بدقة.

(فإن كانت التعليمات مثلاً بالنسبة لسؤال عن الدخل هي تسجيل الإجابة حسـب الـدخل في الشهر فيخطئ الباحث إذا سجل الدخل في السنة).

و- أن هناك ثباتاً في البيانات التي تم جمعها. وتبدو أهمية مـسألة الثبـات بوجـه خـاص إذا مـا جمعت البيانات من مصادر متعددة، (أو إذا ما تعدد الأشخاص الذين جمعوا البيانات أو إذا ما جمعها الباحث بمفرده ولكن على مدى زمني طويل).

نستخلص من العرض السابق أن المراجعة الإحصائية مهما كان نوعها يترتب عليها المزايا الآتية:

1-منع التضارب بين البيانات التي تجمع من مصدر واحد.

2-توفر درجة عالية من الدقة والثقة في البيانات التي تصلح أساساً للدراسات والأبحاث.

3-سرعة إصدار النشرات الإحصائية حيث أن البيانات السليمة توفر الوقت الذي يلزم لتجهيز البيانات وأخيراً فليس الدافع إليها الشك في أمانة المشتغلين، بل إنها نوع من الأنواع الاطمئنان التي تقضيها طبيعة العمل الإحصائي لزيادة التأكد من دقة البيانات وصحتها.

ثالثاً: تصنيف البيانات:

إذ من واجب الباحث بعد التأكد من صحة ودقة البيانات التي جمعها أن يبحث عن نظام دقيق وإطار لتصنيفها إلى مجموعات أو فئات محددة، تمهيداً لتحليلها وتفسيرها. والتصنيف –كما ذكر الدكتور جمال زكي وزميله السيد يسن-(معناه تحليل جسم البيانات إلى مكونات أو عناصر حسب الزمان، أو المكان بحسب العلاقات، أو النتائج، أو نماذج السلوك، أو الوظائف، أو الاتجاهات أو ما شابه ذلك،وتقوم أسس تصنيف البيانات إلى مجموعات على أوجه التشابه أو ضروب الاختلاف في الظاهرة الاجتماعية محل الدراسة).

ففي مسح لاتجاهات الشباب يمكن تصنيف البيانات الناتجة عن هذا المسح حسب سن الشباب، وجنسهم، ومهنتهم، ومستوى تعليمهم، أو حسب اعتبارات وعوامل أخرى لها تأثير في اتجاهاتهم.

وقد وضع (لازار سفيلد) Lazars fled و (بارتون) Barton عدة شروط للنظام التصنيفي الجيد، قد أجملها الدكتور جمال زكي والسيد يسن في الشروط الأربعة الرئيسية التالية:

أ- التفصيل: (ومعنى أن يكون التصنيف مفصلاً، أن يحتوي على عدة خطوات، تبدأ بفئات قليلة عريضة، ثم تفتيتها فيما بعد إلى فئات أصغر. أي أن التصنيف يبدأ من العام وينتهي بالخاص.

ب-الصحة المنطقية: ينبغي أن تكون فئات التصنيف جامعة مانعة. بمعنى استحالة اندراج متغير واحد تحت فئتين في نفس الوقت.

وهناك خطأن شائعان يخرقان هذا الشرط وهما:

1-وضع فئات متعددة تندرج تحت فئة واحدة من الفئات.

2-الخلط بين الجوانب المختلفة للأشياء في نظام تصنيفي ذي بعد واحد.

ج-ملائمة التصنيف مع طبيعة الموقف: ينبغي أن يقام التصنيف على أساس إطار شامل ككل، إطار يحتوي على العناصر الرئيسية والعمليات في الموقف التي يتعين التمييز بينها على أساس الأغراض المختلفة التي يتوخاها البحث، سواء أكانت الفهم أو التنبؤ، أو وضع سياسة معينة ومعنى هذا أن التصنيف ينبغي أن يخدم مباشرة أغراض الدراسة التي يقوم بها الباحث...

د-ملائمة التصنيف مع إطار الدلالة للمفحوصين: ينبغي أن يبرز التصنيف -بقدر الإمكان- التعريفات التي يضعها المفحوصون للموقف، وجوانب اهتمامهم، ومجرى أفكارهم.

رابعاً : تفريغ البيانات وتبويبها:

حتى إذا ما انتهى الباحث من وضع الأسس التي يمكن على أساسها تصنيف بياناته وتحديد الفئات التي ستصنف إليها البيانات فإنه عليه بعد ذلك أن يفرغ البيانات في استمارات التفريغ المعدة لذلك وحسب الفئات التي حددها في نظامه.

ويتوقف هذا التقسيم على طبيعة البيانات وعلى الغرض الذي نسعى إليه من عمل البحث.ولا توجد طريقة موحدة لعمل هذه الجداول إلا أن هناك قواعد عامة يجب مراعاتها عند تصميم الجداول وهي:

1-أن يكون عنوان الجدول واضحاً ومختصراً ومحدداً لما يحتوية من معلومات.

2-أن تكون عناوين الأعمدة والصفوف مختصرة وغير غامضة.

3-أ ترتب البيانات بالجدول وفق تسلسلها الزمني أو حسب أهميتها من الناحية الوصفية.

4-يحسن ترقيم الأعمدة أو الصفوف لتسهل الإشارة إلى بيانات الجدول.

5-أن توضح وحدات القياس المستخدمة بدقة.

6-أن يوضح المصدر الذي استقيت منه بيانات الجدول.

ويمكن أن تتم عملية تفريغ البيانات بالطريقة اليدوية إذا كان عدد أفراد العينة صغيراً. أما إذا كان العدد كبيراً فتعطي كل فئة رمزاً عددياً

معيناً، وتسجل بيانات كل فرد في بطاقة أو أكثر من البطاقات المعدة للتفريغ الآلي مثل بطاقات IPM بطريقة آلية.

أ-تفريغ البيانات بالطريقة اليدوية:

ويعد الباحث استمارة تفريغ البيانات ويطلق عليها Master Sheet وعادة ما تحرر هذه الاستمارة على ورق المربعات حتى يسهل عملية التفريغ . ويقوم الباحث بتقسيم هذه الاستمارة إلى محورين:

المحور الأول: ويشمل رؤوس الجداول التي تندرج تحتها جميع البيانات التي جمعها.

المحور الثاني: ويشمل أرقام استمارات البحث. ويبدأ الباحث بتفريغ بيانات كل استمارة على حدة مبتدئاً بالسؤال الأول في استمارته مدرجاً كل بيان تحت الفئة المخصصة له وبعد انتهائه من تفريغ البيانات من جميع الاستمارات يقوم الباحث بجمع التكرارات لكل فئة وحساب النسبة المئوية).

ومثال ذلك:

الجداول التكرارية: (Frequency Tables)

عند تبويب البيانات تبويباً كمياً تقسم المفردات إلى مجموعات متجانسة بحيث تشتمل كل مجموعة على عدد من القيم المتقاربة من بعضها وبحيث لا تنتمي كل مفردة إلا إلى واحدة فقط من هذه المجموعات،ويتوقف عدد هذه المجموعات على المدى بين أكبر وأصغر قيمة من قيم المفردات التي لدينا.حيث يقسم هذا المدى إلى عدد مناسب من الفترات أو الفئات لكي تضم كل فئة من الفئات مجموعة من القيم المتقاربة وتحديد أطوال هذه الفئات وعددها يتوقف على طبيعة البحث ودرجة .

ب- تفريغ وتبويب البيانات بالطريقة الآلية وتتم عمليات التفريغ والتبويب الآليين على خطوات متعددة ويعتبر الترميز أولى هذه الخطوات. ويعرف بأنه إجـراء فنـي يتم عـن طريـق تطبيقية وضع البيانات في فئات، وذلك تتحول البيانات الخام إلى الرموز -غالبـاً مـا تكـون أرقامـاً يمكن جدولتها وعدها.

والترميز القبلي Pre- coding عـادة مـا يتم بعـد أن تختبـر الاسـتمارة وبعـد صياغتها في صورتها النهائية، إذ يقوم الباحث بعرضها على إحصائي لوضع أرقام لكل سؤال وأرقام للمتغيرات التي تندرج تحت كل سؤال ويقـوم الإحصائي بوضع هـذه الأرقام تبعـاً لحجم البطاقـة التـي ستفرغ عليها هذه الأرقام، وهي عادة بطاقة من حجـم خـاص مقسمة إلى عـدد مـن الأعمـدة يختلف باختلاف حجمها، وفي كل عمود مطبوعـة الأرقام العشرة مـن صفر إلى 9 رأسيـاً عـلى مسافات متساوية وفوق هذه الأرقام فراغ يستخدم للعددين 11. ،12 فوق بعضها عـلى نفس المسافات المتساوية من أسفل إلى أعـلى. وفي أسفل كـل عمـود مطبـوع بحـروف صغيرة رقم العمود نفسه بالنسبة للأعمدة الأخرى بالبطاقة. ويخصص الإحصائي عموداً أو أكثر لكل سـؤال وذلك حسب المتغيرات المحتملة للإجابات. فمثلاً الأسئلة العديدة تحتـاج إلى عـدد مـن الأعمـدة يناظر عدد الأرقام المحتوية عليها الإجابة، ولذلك يخصص الإحصائي عموداً للآحاد وعموداً للعشرات وعموداً للمئات وهكذا... أما الأسئلة التي يجاب عنها كلامياً فيستخدم الرقم ليدل على المتغير، فمثلاً إذا كانت إجابة السؤال تـشمل ثمانية متغيرات، يخصص الإحصائي عمـوداً واحـداً بحيث يكون المتغير الأول رقم (1) والثاني (2) وهكذا. وذلك من أرقام العمود نفسه...

هـذا وقـد يفـضل الباحـث إجـراء عمليـة الترميـز بعـد الانتهاء مـن جمع

البيانات كلها وفي هذه الحالة يصنف الأسئلة المفتوحة والمقفولة حسب النظام السابق شرحه.

خامساً: وصف البيانات وتفسيرها:

حتى إذا ما أتم الباحث تفريغ بيانات بحثه وتبويبها فإنه ينتقل إلى خطوة أخرى تتمثل في وصف البيانات وتفسيرها.

1-وصف البيانات: وتهدف عملية وصف البيانات إلى غرض أو أكثر من الأغراض التالية:

أ-معرفة السمات العامة في مفردات الدراسة وتحديد الصفة أو الصفات الغالبة عليها: ويمكن أن يستخدم لمعرفة هذه السمات العامة أو الصفات الغالبة عدة طرق قد يكون من بينها المتوسط الحسابي الذي يقوم على تقسيم مجموع المرات على عدد الأفراد،والوسيط الذي يعبر عن النقطة المتوسطة التي تقع 50% من الحالات قبلها 50% من الحالات بعدها، والمنوال الذي يدل على الصفة السائدة والتي تتمتع بأعلى قدر من التكرار.

ب-تحديد مدى تباين أفراد الدراسة: وهناك عدة طرق إحصائية لتحديد مدى تشابه أو تباين أفراد الدراسة بالنسبة لمتغير ما.ومن هذه الطرق: المدى الكلي، ونصف مدى الانحراف الأرباعي والانحراف المتوسط، والانحراف المعياري، ويقوم المدى الكلي على فكرة الفرق بين أعلى رقم وأقل رقم في مجموعة الأرقام. ويحسب نصف مدى الانحراف الأرباعي على أساس طرح الأرباعي الأول من الأرباعي الثالث ثم تقسيم الناتج على اثنين. ويعتمد حساب الانحراف المتوسط على انحرف جميع قيم الدرجات الفردية عن

المتوسط. ويمكن تحديد الانحراف المتوسط بأنه متوسط الانحرافات المطلقة لجميع الـدرجات عن متوسط التوزيع. ويعبر الانحراف المعياري عن الجذر التربيعي لمتوسط مربعات انحرافات القيم عن متوسطها الحسابي.

جـ- إظهار الجوانب المختلفة في توزيع الأفراد بالنسبة للمتغير عن طريق الجداول البيانية ومنحنيات التوزيع التكراري.

د- إظهار العلاقة بين المتغيرات المختلفة إحصائياً عن طريق استخدام معامل الارتباط بـين المتغيرين.

هـ- وصف الاختلافات بين جماعتين أو أكثر من الأفراد عن طريق استخدام الطرق الإحصائية المناسبة.

2- تفسير البيانات : إن هدف البحث الاجتماعي ليس فقط جمع الحقائق المتصلة بحياة المجتمع موضوع الدراسة، ولكن هدفه أيضاً ربط هذه الحقائق بعضها ببعض وإحراز نقدم نحو كشف الأسباب التي تجعلها يؤثر بعضها في الآخر والكشف عـن العلاقات الكامنة فيما بـين الوسائل والغايات وبين الأسباب والآثار المترتبة عليها وبين الظروف والنتائج. والمرحلة التي يهتم الباحث فيها من بحثه بإبراز هـذه الارتباطات والعلاقات، وبـشرحها وتوضيحها هـي مرحلة التفسير التي نحن بصدد الحديث عنها. ومن التعريفات التي وضعت للتفسير هو تعريفه بأنه (محاولة) تقريب غير المألوف والمجهول إلى المعروف ولعل أكثر التعريفات قبولاً هـو التعريف الذي مداه (أن تفسير شيء ما هو إدراجه تحت قانون عام). وللتفسير نمـاذج وأنمـاط مختلفة، من بينها النماذج الأربعة التالية:

أ-التفسير على أساس الدوافع: ويستخدم هذا النموذج لتفسير السلوك الإنساني، لأن الإنسان هو الذي يمتاز بأن سلوكه غرضي ومدفوع بدوافع معينة، بمعنى أنه دائماً يستهدف أغراضاً معينة سواء شعر بها الفرد أو لم يشعر بها وهو بالتالي لا يمكن استخدامه في العلوم الطبيعية حيث أن الكتل والأحجام والكائنات والقوى التي تدرسها هذه العلوم ليست لها أهداف أو أغراض تساعد في تفسير سلوكها.

ب-التفسير على أساس الأسباب: فإذا كان غرض الباحث تفسير ظرف من الظروف أو وضع من الأوضاع أو ظاهرة من الظواهر فإنه قد يحاول معرفة السبب أو الأسباب التي تكمن وراء ذلك الظرف أو الوضع أو الظاهرة.

والفرق بين الدوافع والأسباب هو أن الأولى يراد بها عادة (التعبير عن شخص يقوم بفعل ما، شخص غرضي ويتبع قواعد السلوك في الوقت الذي يراد بأسباب الفعل الإشارة إلى الظروف أو الأحداث ونتائجها. وبينما الدوافع تكون دائماً شخصية تكون الأسباب دائماً اجتماعية أو بيئية).

جـ-تفسير على أساس الحاجات: فقد يلجأ الباحث إلى تفسير الظواهر السلوكية التي يكشف عنها مسحه الاجتماعي على أساس الحاجات التي يهدف الفرد إلى إشباعها، سواء أكانت هذه الحاجات التي يهدف الفرد إلى إشباعها، سواء أكانت هذه الحاجات فسيولوجية عضوية كالحاجة إلى الطعام أو الماء أو الهواء النقي أو النوم وما إلى ذلك، أو كانت اجتماعية كالحاجة إلى تكوين علاقات ناجحة مع غيره أو إلى تحقيق مستوى تعليمي أو مركز اجتماعي يكسب به احترامه ويحقق به ذاته.

3-التفسير على أساس الوظيفة: (ويمكن القول بـأن أي نظـام اجتماعـي أو أي تـصرف أو نشاط أو نمط من أنماط السلوك يعتبر وظيفياً إذا ما ساعد على حفظ النسق الكلي. أما إذا كـان ينزع إلى هدم النسق الكلي أو تخريبه فيقال له غير وظيفي ... فعند القيام بعملية الحكم عـلى ضرب من ضروب النشاط ينبغي أن ترتبط هذه العملية بالآثار التي يحـدثها في النسق ومـن الواضح أن الحكم على ضرب من ضروب النشاط أو نمط من أنماط السلوك بأنه وظيفـي أو غـير وظيفي مسألة تخضع للتقدير الذاتي.. والتفسير الوظيفي هو بالضرورة تفسير سببي، ما دام أنه يهتم بآثار نشاط أو تصرف ما على نسق معين،وما دام إن غرضه ينبغي أن يكون إقامة علاقات بين الأسباب والآثار،ومع ذلك فهناك فرق بين التفسير السببي والتفسير الـوظيفي يتـضح بجـلاء من الفرق بـين العبارتين الآتيتين: (ب) نتيجـة لـ (أ) هـو الظرف الـذي يحـدث في ظلـه (ب). فالعبارة الأولى تشير إلى التفسير السببي،والعبارة الثانية تشير إلى التفسير الوظيفي).

هذه هي النماذج الرئيسية للتفسير، ويتوقف نموذج التفسير الذي يختاره الباحث عـلى البيانات التي يجمعها، وعلى تخصصه الأكاديمي (فقد يميل الانثروبولوجي إلى التفسير الـوظيفي وقد يميل السيكولوجي إلى التفسير عـلى أسـاس الحاجـات وقد ينـزع الاجتماعـي إلى التفسير السببي، وهكذا).وإذا كان لابد من المفاضلة بين هذه النماذج فإن التفسير السببي هـو أهمهـا وأفضلها حيث أنه هو الذي يسمح بالتنبؤ أكثر من غيره من النماذج.

سادساً: العرض الجدولي البياني:

بعد جدولة المعطيات تصبح الخطوة التالية وضع هذه المعطيات أو جزء منها على الأقل في جداول إحصائية. والجداول الإحصائية عبارة عن اختزال للإحصاءات، وليست هناك أية مشكلة إحصائية تخضع للدراسة دون أن تحتاج إلى جداول ولذلك تكمن أهمية الجداول الإحصائية والعمليات الإحصائية.

وهناك مجموعة من الشروط يجب توافرها في الجدول الإحصائي منها:

1-لابد أن يكون لأي جدول عنوان واضح وموجز ومناسب.

2-لابد أن يكون لكل جدول رقم بحيث تسهل عملية الرجوع إليه مرة أخرى.

3-لابد أن يكون هناك وضوح وإيجاز في العبارات التي تدل على كل عمود وكل خط أفقي في الجدول.

4-إذا كانت هناك أية تفسيرات توضح في حاشية الصفحة التي توجد فيها الجدول مباشرة على أن يشار إلى هذه التفسيرات بدون أرقام – مثلما هو الحال في الحاشية العادية-وإنما بإشارات " أو * أو× أو

5-إذا كانت معطيات الجدول مقتبسة من أكثر من مصدر، فإنه يجب الإشارة إلى المصادر المحددة أسفل الجدول مباشرة.

6-يجب أن ينفصل كل عمود عن الآخر بواسطة خط واضح.

7-أحياناً ترقم الأعمدة لتسهيل الرجوع إليها.

ولقد سبقت الإشارة إلى الجدول المستخدمة في تفريغ البيانات. وإذا نظرنا إلى جدول التفريغ اليدوي فإننا نجده يوضح التكرارات القائمة في كل فئة

محددة، وهذا الجدول يعتبر جدولاً بسيطاً إلا أننا قد أشرنا أيضاً إلى أن هناك جدولاً مزدوجاً يربط بين متغيرين، كما أن هناك -كذلك-جداول إحصائية مركبة أو معقدة تربط بين أكثر من متغيرين.

إذا توفرت لدينا مجموعة من البيانات فإنه يلزم تنظيمها بطريقة تساعد على الإلمام بها والاستفادة منها، فقد يجد بعض الناس صعوبة ظاهرة في فهم أو تتبع مجموعة من الأرقام إذ لا يستهويهم العرض بالأرقام، هذا بينما نجد أن الرسوم التوضيحية تساعد على تفهم الظاهرة المدروسة بمجرد النظر إليها.واستخدام الرسوم والأشكال البيانية شائع، وكثيراً ما نلاحظه في النشرات والإعلانات ولذلك تختلف هذه الرسوم والأشكال البيانية التي يمكن استخدامها في العرض البياني باختلاف البيانات المراد عرضها.

نعرض فيما يلي أهم أشكال والرسوم البيانية على أن نعقب ذلك بكيفية رسم كل شكل منها:

1- الخط البياني:

يستخدم الخط البياني لتوضيح سير ظاهرة ما خلال فترة من الزمن،ويمثل المحور الأفقي (محور س) الزمن مثلاً ويمثل المحور الرأسي (محور ص) قيم الظاهرة وعادة ما يسمى الزمن (المتغير على محور س) بالمتغير المستقل وتسمى قيم الظاهرة (المتغير على محور ص) بالمتغير التابع..

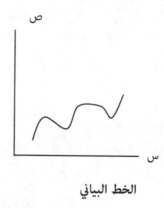

الخط البياني

2- الأعمدة البيانية:

وهي عبارة عن أعمدة رأسية تتناسب ارتفاعاتها مع الأعداد التي تمثلها الأعمـدة وتكـون قواعدها متساوية ويؤخذ المحور الأفقي عادة ليمثل الصفة المميزة ويؤخذ المحور الرأسي ليمثل القيم المختلفة.

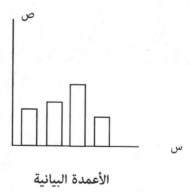

الأعمدة البيانية

3-الرسوم البيانية:

إذا كانت البيانات التي لدينا عبارة عن مجموع عام مقسم إلى أجزائه الفرعية فيمكن تمثيل الجملة العمومية بالمساحة الكلية لدائرة ونقسم الدائرة إلى قطاعات تتلاقى في المركز بحيث تكون متناسبة مع المقادير الجزئية التي تكون الجملة العمومية ونميز هذه القطاعات بألوان أو تظليل مختلف.

ولما كانت الزاوية المركزية في الدائرة هي 360° فإن 1/ من مساحة الدائرة يمثله قطاع زاويته المركزية 3.6°، وعلى ذلك فيمكن تمثيل أجزاء المجموع الكلي بقطاعات مساحية كل منها عبارة عن النسبة المئوية لهذه الأجزاء بالنسبة إلى المجموع الكلي.

الرسم الدائري

4- المدرج التكراري (الهيستجرام):

وفي هذا الشكل نرسم محورين متعامدين ونأخذ المحور الأفقي- عادة لتمثيل الفئات والمحور الرأسي لتمثيل التكرارات ، ثم نقسم المحور إلى أقسام متساوية بمقياس رسم مناسب بحيث يكفي لتمثيل الفئات، ونقوم بتدريج المحور الرأسي حسب مقياس رسم مناسب- ليس ضرورياً أن يكون نفس مقياس رسم المحور الأفقي - بحيث يسمح بظهور قيمة أكبر تكرار في

الجدول ونرسم على كل فئة مستطيلة يتناسب مع التكرار الخاص بالفئة (وتمتد قاعدة المستطيل على المحور الأفقي من أول الفئة إلى آخرها) فنحصل بذلك على شكل هو عبارة عن مستطيلاة متلاصقة تسمى بالهيستجرام Histogram أو المدرج التكراري وهو يمثل التوزيع بالجدول التكراري بشكل مناسب (كما تدل عليه العلامات في جدول التفريغ).

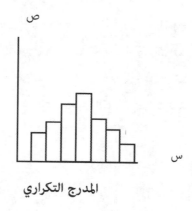

المدرج التكراري

5- المضلع التكراري:

إذا ما أردنا تمثيل توزيعين تكراريين بيانياً على نفس المحور وذلك برسم مدرجيهما التكراريين وحاولنا المقارنة بينهما فإننا نجد أن المستطيلات المتناظرة تتداخل بعضها في بعض مما يصعب معه إجراء للمقارنة والتميز بين التوزيعين ولذلك فإننا نلجأ إلى تمثيل كل توزيع بما يسمى بالمضلع التكراري Frequency Polygon .

وفي هذا الشكل نقوم لتقسيم لمحورين كما في حالة المدرج التكراري

تماماً ثم نحدد مراكز (منتصفات) الفئات على المحور الأفقـي ونرصـد فقـط إحـداثياتها الأفقيـة هي:

مراكـز للفئـات وإحـداثياتها الرأسـية هـي التكـرارات المتنـاظرة وتـصل هـذه النقطـة مستقيمات فنحصل على المضلع التكـراري، وهنـا اعتبرنـا أن التكـرارات في كـل فئـة تتجمـع (أو تتركز) عند مراكز الفئة تماماً - ويحسن إقفال المضطلع التكراري مع المحـور الأفقـي وذلـك بـأن يفترض وجود فئة قبل الفئة الأولى بالجدول وتساويها في الطول وكذلك فئـة أخـرى تاليـة للفئـة الأخيرة وتساويها في الطول وتكرار كل من هاتين الفئتين صـفراً، فـإذا رسـمنا النقطتـين الممثلتـين لهاتين الفئتين فإنهما يقعان على محور س عند مركزي الفئتين وبتوصيلهما بطـرفي المـضلع يـتم قفله.

ويلاحظ أن المضطلع التكراري يمكن رسمه من المدرج التكراري فنأخذ منتصفات القواعد العليا للمستطيلات في المدرج التكراري ونصلها بمستقيمات فنحصل على المضلع التكراري.

المضلع التكراري

6- المنحنى التكراري:

وهناك طريقة أخرى لتمثيل التوزيعات التكرارية في شكل هندسي واضح وذلك برسم المنحنى التكراري الذي يحصل عليه بتمهيد خطوط المضلع المنكسرة ولرسم المنحنى التكراري نرسم فقط المضلع التكراري ونمهد الخطوط المنكسرة التي تصل بين هذه النقط، وقد يكون هذا التمهيد باليد أو بطرق رياضية ولا يشترط أن يمر المنحنى بجميع رؤوس المضطلع التكراري.

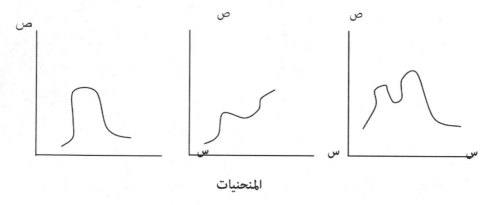

المنحنيات

ويجب أن ننوه هنا أنه لابد أن يكون لكل شكل بياني عنوان يُبين ماهية بيانات الشكل وكيفية تصنيفها ومكانها وزمانها ولابد من ذكر مصدر البيانات في أسفل الشكل.

ويستعمل في الرسم التوضيحي أو البياني محوران متعامدان يطلق على المحور الأفقي المحور السيني والمحور الرأسي المحور الصادي، ويطلق على نقطة تقابلها نقطة الأصل أو الصفر، وتكون قيم (س) على يمين نقطة الأصل دائماً موجبة.وتزيد قيمتها كلما بعدت عنها. وأما في المحور الصادي فتكون

القيم الموجبة هي التي فوق نقطة الأصل،والقيم السالبة هي التي تحتها، ولا يشترط مطلقاً أن نعبر في الرسم عن كل وحدة في القيم بمسافة طولها سنتيمتراً واحداً، بل قد نضطر في كثير من الأحيان إلى التعبير عن كل وحدة بجزء من السنتيمتر، أو أكثر من سنتيمتر، فاختيار الوحدات يتوقف على حيز الحجم الذي نرسم فيه والقيم التي نريد تمثيلها ولكن من المستحسن أن يكون عرض الرسم أكثر قليلاً من ارتفاعه.

مزايا الرسوم البيانية:

1-البساطة في قراءة البيانات وخاصة إذا كان عدد المشاهدات كبيراً.

2-سهولة تذكر النتائج إذ من المعروف أن الرسوم تعطي فكرة أكثر ثباتاً من الأرقام أو الكلمات.

3-إمكان توضيح أو تأكيد بيان ما، وذلك عن طريق استخدام الألوان أو أي طريق آخر، فمثلاً يمكن استخدام اللون الأحمر لتوضيح بيان هام له خطورته.

4-جذب الانتباه فمن المسلم به أنه إذا أحسن رسم شكل بياني فمن السهل أن يجذب إليه الانتباه ويعلق بالذاكرة بينما مهما أحسن عرض الجداول فقد لا يهتم بها الكثيرون.

عيوب الرسوم البيانية:

1- التضحية في دقة البيانات إذ أن الأشكال توضح فقط التغيرات العامة ولا تبين التفاصيل الكاملة الدقيقة ولذا يحسن دائماً إرفاق الجدول مع الرسم.

2-أحياناً تكون الرسوم معقدة-إذا كانت تشتمل على مجموعات من البيانات المختلفة -أو كثيرة التكاليف إذا كانت تحتوي على بيانات تحتاج إلى مقاييس رسم كبيرة.

سابعاً: كتابة التقرير وعرض النتائج:

حتى إذا ما أتم الباحث تفريغ بياناته وتصنيفها وتبويبها وتحليلها وتفسيرها فإن عليه أن يأتي إلى نهاية بحثه بكتابة تقرير شامل عنه يضمنه شرحاً وافياً لموضوع بحثه، ولأهداف دراسته، وللأسباب التي دفعت لإختيار مشكلة بحثه، للأهمية المتوقعة لدراسته وللخطوات التي اتخذها في إجراء بحثه، وللمجموعة أو العينة التي شملها بحثه، وللطريقة التي اتبعها في اختيار عينته، وللوسائل والطرق التي أستخدمها في جمع بياناته، وللطريقة التي اتبعها في تدريب مساعديه على جمع المعلومات، ولطريقه معالجته للبيانات التي جمعها والتحليل الإحصائي لها، ولطريقة تصنيفه لبياناته إلى فئات، وللأسس التي بنى عليها تصنيفه، وللصعوبات التي واجهته منذ اختياره لمشكلته حتى معالجته وتفسيره لبيانات بحثه كما يتضمنه أيضاً عرضاً للنتائج التي توصل إليها من وراء بحثه، مع شرح هذه النتائج ومناقشتها.

هو عادة يناقش نتائج بحثه من الجوانب الثلاثة الرئيسية التالية:

أ-شرح لاستنتاجاته التي يستنبطها من نتائج بحثه والتي تطبق في مواقف مماثلة لمواقف بحثه.

ب-مدى الاعتماد على هذه الاستنتاجات، موضحاً القيود التي تحد من تعميم هذه الاستنتاجات والخاصة بظروف بحثه مثل حجم العينة

ودرجة اختلافها عن المجتمع العام أو أسلوب معين أتبعه في الحصول على هذه النتائج مما قد يؤثر على درجة صحتها.

ج- بعض الأسئلة التي ظهرت نتيجة لبحثه والتي تعتبر مجالاً لبحوث أخرى مستقبليه.

(ويعتبر فصل الخلاصة والاستنتاجات أكثر أجزاء (الدراسة) جاذبية للقراء. إذ أن هذا الفصل نتيجة لأنه يتضمن المعلومات المقدمة في الفصول السابقة في صورة مختصرة، يمد القارئ بأهم تفاصيل الدراسة وانجازاتها. ولذلك يلجأ معظم القراء إلى القراءة السريعة لخلاصة التقرير أولا لكي يحصلوا على نظرة إجمالية للمشكلة ويحددوا فائدتها بالنسبة لهم.فإذا ناسبت الدراسة هدفهم انتقلوا إلى فحص بقية الفصول).

مراجـــــع الفصل الثامن

1-أحمد عبد الفتاح ناجي: تصميم البحوث في الخدمة الاجتماعية، القاهرة ، دار السحاب ،2009م.

2-محمد سيد فهمي و أمل محمد سلامه: البحث الاجتماعي والمتغيرات المعـاصرة ، الإسـكندرية، دار الوفـاء لدينا ط1، 2011م.

3-محمد شفيق زكي:البحث العلمي الإسكندرية، المكتب الجامعي الحديث، 2005م.

4-أحمد النكلاوي و عبدالله لؤلؤ: أسس البحث الميداني من الصياغة النظرية حتي التقرير النهائي، القاهرة دار النهضة، 1991م.

5-علي عبد الرازق حلبي: تصميم البحث الاجتماعي، الإسكندرية، دار المعرفة الجامعية، 2000م.

6-فايز زكي قنديل: أسس البحث الاجتماعي في محيط مهنة الخدمة الاجتماعية، جامعة حلوان ، كلية الخدمـة الاجتماعية، 1995م.

7-محمد علي محمد: البحث الاجتماعي ، الإسكندرية ، دار المعرفة الجامعية ، 1999م.

8-محمد عويس : البحث العلمي في الخدمة الاجتماعية ، القاهرة ، الفتح التجارية ، 2000م.

9- Denzin, Norman K. alrl yvonna s. Lincoln (ed) collecting and interpreting qualitative matcrials. (2nd.ed). London, Sage publications.

10-Frank B. Raymand: Program Evolution,In: Richard M. Grinnell: Social Work Research and Evaluation (Canada: F. E. Peacock publishers 1985).

11- James R. Dudley: Research Methods for Social Work: Becoming Consumres and Producers of Research, (N.Y: Pearson Education, 2005).

12- Jeane W. Anastas and Marian L. Mac Donald: Research Design for Social Work and the Human Services (N. Y: Lexington. 1994).

13- Margaret Alston., Wendy Bow Les: Research for Social Workers: An Introduction to Methods. 2nd Edition, New York, Pearson Education, 2003.

14- Monetle daane, J. Sollivan: Applied social research Tool fore the human services brace college pubishers, 1994.

15- Peter M. Nardi: Doing Survey Research: Aguide to Quantitative Methods, (N. Y. Pearson Education, 2006).

الفصل التاسع

تحليل البيانات الكمية والكيفية

مقدمة:

أولاً: تحليل البيانات الكمية.

ثانياً: تحليل بيانات البحث الكيفي

مقدمة:

على الرغم من أن عمليات تحليل البيانات وتفسيرها سواءً كانت كمية أو نوعية تمثل خطوات أساسية بين الخطوات والمراحل التي يشتمل عليها البحث الاجتماعي فهي تلي مباشرة علميات جمع البيانات من جمهور البحث أو أفراد المعينة المدروسة، كما تُعبر عمليات تحليل البيانات وتفسيرها عن الجانب الإبداعي في نشاطات البحث وتدلل على إمكانية الباحث وقدراته الفريدة على العمل العلمي، وتوضح إلى أي حد تمكن الباحث من فهم التداخل بين عناصر بياناته وكيفية التفاعل بين عناصر موضوعه وإدراك التأثيرات المتبادلة فيما بينها، الأمر الذي يدلنا على قدرة الباحث،وخبرته وعمق خياله، وتفكيره في التوصل إلى النتائج العامة وهي غاية كل عمل علمي، ومن هنا يهدف الفصل الحالي إلى تناول عمليات تحليل البيانات الكمية والكيفية.

أولاً: تحليل البيانات الكمية:

سيتم إلقاء الضوء على مضمون التحليل وجوهره، وما يتطلبه من عمليات إعداد وتسهيل السير في خطواته وبخاصة المراجعة بالتصنيف، والترميز وأخيراً سنتناول التفسير من حيث مضمونه وجوهره، وخطواته وأهميته.

أولاً: تحليل البيانات: المضمون والهدف:

يعتبر التحليل كخطوة أساسية في البحث،من بين تلك الخطوات التي تتطلب تصميماً مسبقاً وتخطيطاً واعياً، ويصعب استبعاد التحليل عن دائرة التصميم باعتباره يستغرق وقتاً طويلاً، أو على أنه عملية بسيطة وسهلة.

وكلما استطاع البحث أن يحدد ما الذي يجب إتباعه من خطوات عند تناول البيانات وتحليلها وذلك قبل أن يتم جمع هذه البيانات، وكلما استطاع أيضاً أن يحدد ما هي الأهداف التي يتوقع التوصل إليها من هذا التحليل، أو بمعنى أدق كلما تمكن من التخطيط لعملية تحليل بياناته؛ كلما كان من السهل عليه أن يستخلص النتائج ذات الأهمية في إلقاء الضوء على المشكلة التي يعالجها والهدف الذي يسعى إلى تحقيقه.على أن ضرورة التحليل وجوهرية التخطيط له لا تجعل البحث قادراً فقط على التوصل إلى نتائج محددة، بل تجعل الباحثين أكثر حساسية للمشكلات التي يحتمل أن تواجههم في البحث، وتزيد من قدرتهم على طرح مجموعة جديدة من الأفكار التي تحتاج إلى دراسة وتحليل في المستقبل.

ويقصد بتحليل البيانات؛ تلك العملية التي يتم فيها النظر إلى بيانات البحث على ضوء الفروض أو التساؤلات التي يطرحها، والنظريات التي ينطلق منها، ثم تحاول استخلاص النتائج التي يمكن في ضوئها بلورة النظرية. ويتطلب التحليل عند نظره إلى بيانات البحث القيام بعمليات تلخيص وإيجاز للبيانات التي تم جمعها وتنظيمها بطريقة تسهل علينا استخلاص النتائج التي تمدنا بالإجابات على تساؤلات البحث أو التحقق من فروضه.

ولو تعمقنا مضمون هذا التعريف لعملية التحليل نجد أنه يوضح جوهر عملية التحليل هذه، ويشير إلى الأسس التي يقوم عليها،والخطوات أو العناصر التي يشتمل عليها التحليل ويميزه عن عمليات أخرى سابقة للتحليل، ويؤكد صلته القوية بعملية أخرى لاحقة له في البحث ونعني عملية التفسير؛ إذ يتمثل جوهر عملية التحليل في النظر وتأمل البيانات وإعمال الفكر والخيال فيها

بحثاً عن التداخل والتأثيرات المتبادلة بينها ووصولاً إلى النتائج العامة؛ مما يؤكد أن التحليل يعبر عن الجانب الإبداعي في البحث.

ويقوم التحليل على أساس من التساؤلات والفروض والنظريات التي ينطلق منها البحث، بحيث تحدد الخطوات التي يتصور دخولها في عملية تحليل البيانات بناء على هذا الإطار التصوري للبحث، والذي يمكن اعتبار عناصره بمثابة معايير يتم على أساسها انتقاء الخطوات التي يجب إتباعها في تحليل البيانات .وهذا ما دعى بعض الذين كتبوا عن تصميم البحث إلى القول بأن عملية تحليل البيانات تشتمل على ثلاث خطوات هي:

1-تحديد الفروض التي في حاجة إلى تحقيق.

2-اختيار متغيرات محددة تساعد في هذا التحقق.

3-اختيار الأساليب الإحصائية المناسبة.

غير أن هذا الادعاء يخلط ما بين أسس التحليل وخطواته ولا يعبر عن مختلف الخطوات التي يستعين بها التحليل. ولذلك قد نوافق على ما ذهب إليه البعض الآخر من الذين كتبوا عن تصميم البحث بأن عملية التحليل تنطوي على الخطوات التالية:

أ-تصنيف أو تكوين فئات للبيانات.

ب-ترميز البيانات الخام.

جـ-جدولة البيانات .

د-التحليل الإحصائي للبيانات.

هـ-استخلاص النتائج والعلاقات السببية بين المتغيرات.

غير أن تدقيق النظر في هذه الخطوات يؤكد لنا أن هـذا الـرأي فيـما يتعلـق بالخطوات التي تمر بها عملية تحليل البيانات ، لا يفرق بين عملية تحليل البيانات وعمليـة سـابقة عليها وهي عملية الإعداد لتحليل هذه البيانات.

ثانياً: الإعداد لتحليل البيانات Data Processing:

ويقصد بها مختلف العمليات التي تجعل من عملية تحليل البيانـات أمـراً ممكنـاً، وتعمـل على زيادة وتسهيل إمكانية إخضاع البيانات لإجراءات التحليل؛ ذلك لأنه إذا كان التحليـل يستعين بخطوات الإيجاز والاختصار ويهدف ؛ إلى استخلاص النتائج العامة، وكان تبويب البيانات وجدولتها ومعالجتها إحصائياً يوصل إلى هذا الهدف.فإن التبويب والجدولة تتطلب مراجعة للبيانات للتأكد من اكتمالها ووضوحها وتناسقها،وإلى تصنيف للبيانات بمعنى تحويلها إلى فئات، يسهل بعد ذلك تبويبها وكذلك إلى ترميز للبيانات بمعنى تحويلها إلى رموز أو أرقام الأمر الذي يسهل معه جدولتها؛ ولذلك كانت عمليات الإعداد لتحليل البيانات تشتمل على المراجعة، والتصنيف ، والترميز.

(أ) مراجعة البيانات Edition :

تقوم عملية مراجعـة البيانـات عـلى الفحـص الـواعي لأدوات جمـع البيانـات التـي تـم استيفاؤها من المبحوثين سواء أكانت مقابلات، أو استبيانات، أو أدلة ملاحظة، وذلك كله بهدف تحسين نوعية البيانات التي جمعت، وكلـما تـم هـذا الفحـص والمراجعـة للبيانات في اللحظـة التي يتم فيها جمعها، كلما كان ذلك أفضل من أن تتم المراجعة بعدما يكون الباحث قد جمع مادته وحملها معه إلى المكتب ليشرع في بقيـة خطـوات بحثـه،والواقع أن للمراجعة الميدانيـة

والمكتبية أهميتها في تجنب كثير من المشكلات التي يحتمل أن تواجه الباحث بعد ذلك في أثناء عمليات تصنيف البيانات،وترميزها ،وتبويبها(كما ذكر سابقاً في الفصل الثامن).

وهناك عدة معايير يمكن أن نسترشد بها في إجراء المراجعة والفحص الواعي لأدوات جمع البيانات، تنحصر في معيار اكتمال البيانات،ووضوحها وفهمها، واتساقها، والالتزام بالتعليمات ومناسبتها لأغراض البحث.

1-اكتمال البيانات:

إذ ينبغي على المراجع أن يتأكد من أن كل البنود في أداة جمع البيانات قد استيفاؤها، وذلك لأن المساحة البيضاء التي كل سؤال في استمارة المقابلة، مثلاً، قد تشير إما إلى رفض الإجابة، أو عدم معرفتها، أو أنه ليس هناك إجابة، أو عدم انطباق السؤال، أو أن السؤال قد حذف عن قصد.

2-وضوح البيانات:

وينبغي على المراجع أن يفحص المقابلة أو استمارة الملاحظة من حيث وضوح بياناتها، ويكشف عما إذا كان ما كتبه الباحث بخط يده أو كانت الرموز والعلامات التي وضعها يمكن للقائم بالترميز أن يفهمها بسهولة أم لا؟ وذلك عند تسليم الأدوات المستوفاة؛ حتى يسهل ردها إليهم لإعادة كتابتها من جديد، وحتى لا تتوقف عملية ويكون من الصعب استدعاء الباحثين وسؤالهم مرة ثانية.

3-فهم البيانات:

كما تشتمل عملية المراجعة على فحص للاستمارات من حيث الفهم.إذا

غالباً ما يحدث وأن تكون الاستجابات المسجلة مفهومة تماماً للباحث القائم بالمقابلة أو الملاحظة، ولكنها لا تكون مفهومة للقائم بعملية الترميز لأنه لا يعرف سياق هذه الاستجابة أو السلوك، ولهذا سوف توضح عملية الاستفسار المنظمة والرجوع إلى جامعي البيانات ذلك الغموض والتناقض، وتحسن إلى درجة كبيرة من عملية الترميز فيما بعد.

4-اتساق البيانات:

وينبغي أيضاً أن تفحص البيانات أو تراجع لكي نكشف عما إذا كان هناك نوع من التناقض أو عدم الاتساق فيما يتعلق بالاستجابات التي تم تسجيلها في استمارة البحث. فقد يقول المفحوص مثلاً في إجاباته على الأسئلة الأخيرة أنه قد زار أشخاصاً معينين من هذه الجماعة في أثناء تجواله. وإذا حدث ذلك تبدو هناك حاجة ملحة إلى أن نستفسر عن سبب عدم الاتساق هذا وتوضيحه بالرجوع إلى جامعي البيانات.

5-الالتزامات بالتعليمات:

من الضروري أيضاً مراجعة درجة الانتظام أو الالتزام التي تابع بها الباحث التعليمات في جمع وتسجيل البيانات؛ لأن قد يعوق عملية الترميز وخاصة إذا تم مثلاً تسجيل الاستجابة في وحدات غير تلك المخصصة لها حسب التعليمات.

6-ملاءمة البيانات:

ينبغي أن نتذكر أن بعض الاستجابات قد تبدو غير مناسبة لأغراض البحث. ويحتمل أن يحدث ذلك مع عدم صياغة السؤال في كلمات واضحة أو

توجيهـه بطريقـة غـير ذكيـة. وهكـذا ينبغـي مراجعـة البيانـات بعنايـة مـع الاهـتمام بعـزل الاستجابات غير المناسبة عن تلك المناسبة لأغراض البحث.

وتجنبنا عملية مراجعة البيانات على النحو السابق مواجهة كثير مـن الصعوبات خاصـة عند تصنيف البيانات وترميزها.إذ يكفي أن نعلم أن عدم اكتمال البيانات لن يسمح لنا بتكوين فئات وتصنيف شامل، كما أن تناقض البيانات وعدم اتساقها قد يحول دون التصنيف المنطقي المناسب. وترجع الكثير من الصعوبات في عملية الترميز إلى عدم كفاية البيانات؛ إذ كثيراً مـا لا تمدنا البيانات التي تم جمعها بالمعلومات المناسبة والكافيـة التـي تعـين في الوصـول إلى الترميـز الثابت. وهذا النوع مـن الصعوبات يمكـن التغلـب عليـه مـن خـلال عمليـة المراجعـة الواعيـة للبيانات، هذا فضلاً عن أن المراجعة تسهم أيضاً في تحسـين نوعيـة البيانـات التـي تـم جمعهـا، وذلك من خلال قيام المراجع بتوضيح المواقع التي قد أساء فيها القائم بالمقابلة أو الملاحظة فهم التعليمات، أو التي لا يكون قد سجل عندها البيانات بالتفصيل الكافي.ولكل هذا، ينصح بأن تتم عملية المراجعة طوال فترة عملية جمع البيانات، بل وأثناء مرحلة الاختبار المبدئي، لأدوات جمع البيانات، وبعد أن تتم عملية جمع البيانات، وقد تنتقل إلى المكتب وتستمر عمليـة المراجعـة للبيانات زيادة في الدقة وحرصاً على احتمال البيانات.

(ب) تصنيف البيانات Classification:

يعتقد البعض أن تصنيف البيانات في البحث عملية قاصرة علـى البيانـات التـي يجمعهـا البـاحثون بواسـطة أدوات المقابلـة، أو الاستبيان، أو الملاحظـة، غـير أن هذا الفهم الضيق للتصنيف يقلل مـن أهميتـه كمبدأ أساسي شامل يستعين

به الباحث في كل خطوات بحثه، فهو عندما يرجع إلى التراث ويستعرض البحوث السابقة ويتعرف على النظريات المفسرة لموضوع بحثه لابد له أن يقوم بتصنيف هذا المادة حتى يسهل عليه استيعابها والإفادة منها في بلورة بحثه. وعندما يشرع الباحث في تصميم أداة جمع بياناته ويستعين بالمقابلة المقننة، أو الاستبيان ذي الأسئلة مقفولة النهاية، أو بالملاحظة المضبوطة والمنظمة، يلجأ بالضرورة إلى تصنيف بنوده وأسئلته وإجاباتها المقترحة على نحو يسهل عليه فيما بعد ترميز بياناته، وتبويبها، ومعالجتها إحصائياً. وحتى عندما يشرع الباحث في إخراج بحثه وكتابة تقرير نهائي له، عليه أيضاً أن يلتزم بتصنيف مادته على نحو يتمكن معه من يطلع على هذا التقرير تكوين فكرة شاملة عن خطوات هذا البحث من حيث الهدف، والأساليب المنهجية.

وتفرض علينا أغراض التوضيح والفهم ودراسة خطوات البحث كل على حدة أن نتناول عملية التصنيف بشكل مركز، ولعلها فرصة مناسبة هنا وبعد أن فرغنا من توضيح المقصود بها، الشروط اللازمة للتصنيف الجيد، واختيار الأساس الذي يقوم عليه التصنيف، والصعوبات التي تواجهه وكيفية التغلب عليها.

فعندما يطرح الباحث أسئلته على جمهور المفحوصين أو على عينة منهم، أو عندما يعرض عليهم مجموعة منبهات، يترتب على ذلك أن تتوافر لهذا البحث أعداد كبيرة من الاستجابات المتباينة، قد تكون استجابات لفظية أو غير لفظية. وإزاء هذه المجموعة الكبيرة والمتباينة من الاستجابات نجد من الضروري العمل على تنظيمها، أو ترتيبها، أو التنسيق بينها، بطريقة تمكننا من استخدام هذه الاستجابات في الإجابة على كافة التساؤلات التي يطرحها

البحث، أو تعيننا على استخلاص النتائج العامة، بحيث يكون من الضروري العمل على أن تكون عملية إعادة تجميع الاستجابات، أو تنظيمها في فئات، أو مقولات أو مجموعات محددة من حيث العدد يلخص هذه الاستجابات ويوجزها أو في النهاية يحقق فكرة تصنيفها.

ولنأخذ مثالاً مبسطاً على عملية التصنيف بهذا المعنى، فلنفرض أن البحث الذي تجريه بطرح على المفحوصين سؤلاً مؤداه، هل تفضل ذلك النموذج من الاختيارات الموضوعية في اختبار طلاب الجامعة؟ وبالإمكان تجميع وترتيب وتصنيف الاستجابات المحتملة لهؤلاء المفحوصين في فئات أربع أساسية على النحو التالي:

1-نعم 2-لا

3-لا أعرف 4-لا أجيب

ولنفرض بالمثل أن هناك سؤال آخر يطرح على المفحوصين مضمونة: ما هي الطبقة الاجتماعية التي تعتقد أنك تنتمي إليها. وبالإمكان أيضاً تجميع أو تصنيف الاستجابات المحتملة على هذا السؤال كما يلي:

1-الطبقة العليا 2- الطبقة الوسطى

3-الطبقة الدنيا 4-لا يمكن أن أقرر

5-وقد تكون هناك استجابات أخرى (مثل أنا لا أعتقد في وجود الطبقات الاجتماعية، أو من الصعب تحديد الطبقة التي أنتمي إليها).

ومن الضروري لكي نختار الفئات التي نقوم بناء عليها بتجميع البيانات

أن يتوافر للباحث بعض القواعد المناسبة للتصنيف. ويمدنا السؤال الذي يجيب عنه البحث أو الفرض الذي يحاول التحقق منه بالأساس المنطقي الملائم الذي يساعد على اختيار هذه القاعدة المناسبة في التصنيف.فلنفرض أن الدراسة تنطلق من فرض مضمونه "إن الطلاب الذين اكتسبوا خبرة من الدراسة في مدارس تقوم على التعليم المختلط سوف تتبلور لديهم اتجاهات مؤيدة لنظام التعليم المختلط هذا، ومن الواضح هنا أن هذا الفرض يمدنا ببعض القواعد التي يمكن استخدامها في تصنيف الاستجابات؛ تتمثل فيما إذا كان المفحوص لديه خبرة سابقة بنظام التعليم المشترك أم لا؟وبينما يتمثل البعض الآخر في تصنيف الاستجابات حسب درجة التأييد أو عدم التأييد التي يتم التعبير عنها تجاه نظام التعليم المختلط. حيث يمدنا الأساس الأول في التصنيف بفئتين اثنين من الاستجابات.

1-القول بأن لديهم خبرة سابقة بالتعليم المختلط .

2-القول بأنه ليس لديهم أي خبرة سابقة بالتعليم المختلط.

وتشتمل هاتان الفئتان ضمنياً على كافة الاستجابات (مفترضين بالطبع بأنه ليس هناك من يرفض الإجابة، أو لا يستجيب، أو يقدم بعض الاستجابات الأخرى). وطالما أنه ليس هناك استجابات غير هاتين المجموعتين، فإن هاتين الفئتين معاً تشكلان ما يعرف باسم مجموعة الفئات. على أنه ينبغي أن يتوافر في كل مجموعة فئات ثلاثة شروط أساسية:

1-ينبغي أن تشتق مجموعة الفئات هذه من فكرة أو أساس تصنيفي واحد.ويمكن تحقيق هذا الشرط، طالما كان استخدام أكثر من أساس

واحد في التصنيف يسمح للاستجابة الواحدة أن تدخل تحت أكثر من فئة واحدة في الوقت نفسه. فإذا كان لدينا مثلاً ثلاث فئات تكون مجموعة الفئات: ونعني (ذكر وأنثى وطفل) وهي مشتقة بدورها من أساسين اثنين في التصنيف: ونعني (النوع والعمر)، هنا قد يدخل المفحوص الواحد في أكثر من فئة واحدة بين هذه المجموعة من الفئات.فالطفل مثلاً قد يكون ذكراً أو أنثى فضلاً عن أنه طفل أيضاً. ولكن يحتمل على أية حال أن يقوم التصنيف على أساس مركب ويشتمل على أكثر من معيار واحد.

2-أما الشرط الثاني فهي ينبغي أن تكون مجموعة الفئات شاملة؛ بمعنى أنه ينبغي أن تجد كل استجابة مكاناً لها في هذه المجموعة أو أحد فئاتها، ولا ينبغي أنن تظل هناك استجابة تبحث عن الفئة المناسبة لها بين هذه المجموعة، أو مهما كانت الاستجابة فيجب أن تدخل ضمن فئة ما بين هذه المجموعة. فإذا كان بالإمكان مثلاً تصنيف شعوب العالم على أساس ثلاثة عناصر هي: الشعوب القوقازية، والشعوب الزنجية، والشعوب المغولية. غير أن هذه المجموعة من الفئات ليست بالمجموعة الشاملة، طالما أنها لا تشتمل على فئة واحدة يمكن أن يجد فيها الكثير من الشعوب الهندية مكاناً لهم.

3-أما الشرط الأخير فهو مترتب على الشرط الأول: بمعنى أنه ينبغي أن تكون فئات المجموعة الواحدة مانعة للتبادل فيما بينها، بحيث لا تتداخل الفئات كل مع الأخرى؛ حتى لا تدعي واحدة من الاستجابات أنها مكن أن تدخل في أكثر من فئة واحدة داخل هذه المجموعة.

الذكور =س والإناث = سَ

أقل من 21 سنة = أ وأكثر من 21 سنة = أَ

الزواج = م الأعزب = مَ

وسوف تتكون مجموعة الفئات الناتجة من كل التركيبات الممكنة لهذه الخصائص التي تمثل الأساس التصنيفي المركب. وسوف تصل مجموعة الفئات إلى 82 أ 2×2×2=8 أو يشتمل على ما يلي:

1-س أ م 2-سَ أ مِ

3-سِ أ م 4-سِ أ مِ

5-سِ أ م 6- سِ أ مِ

7- س أ م 8- س أ م

وبالتعبير عن المضمون الفعلي لكل رمز، قد تكون هناك ثماني فئات مانعة على النحو التالي:

1-ذكور أقل من 21 متزوجون.

2-إناث أقل من 21 متزوجون.

3-ذكور أكثر من 21 متزوجون.

4-ذكور أقل من 21 غير متزوجين.

5-إناث أكثر من 21 متزوجين.

6-إناث أقل من 21 غير متزوجين.

7-ذكور أكثر من 21 غير متزوجين.

8-إناث أكثر من 21 غير متزوجين.

وإذا كان أساس التصنيف يشتمل على أربع خصائص سوف يكون لدينا 2^4 أو 2× 2 × 2× 2 بمعنى 16فئة مانعة.والواقع أن هذا الأسلوب في تكوين الفئات يجعل مهمة التصنيف هذه أكثر سهولة.

(جـ) ترميز البيانات Coding:

ويمثل الترميز خطوة أخرى من خطوات الإعداد لتحليل البيانات، ينبغي أن نعرف المقصود به، ومن الذي يقوم به، وما هي المشكلات التي يثيرها، وكيف يمكن التغلب عليها.

ويقصد بعملية الترميز تحديد نوعية من الرموز التي عادة ما تأخذ شكل الأرقام وذلك على كل إجابة تدخل في فئة محددة من مجموعة فئات التصنيف، وبعبارة أخرى، قد ينظر إلى الترميز على أنه عملية تنظيم ضرورية تمهيداً لعملية الجدولة اللاحقة.ومن خلال عملية الترميز يمكن تحويل المادة الخام إلى رموز يسهل جدولتها وعدها. ولا تتم عملية التحويل هذه بطريقة آلية، وإنما تنطوي على عملية تحكيم يصدرها القائم بعملية الترميز.ويطلق لقب المرمز على الشخص الذي تلقى على عائقه مسؤولية تحديد رموز خاصة للاستجابات بعد أن تكون الملاحظات المسجلة قد وصلت إلينا.والواقع أن الحكم الذي يحدد أي استجابة لابد أن نضع في مقابلها رمزاً معيناً، عادة ما يتخذ بمعرفة أشخاص آخرين غير المرمزين .. ذلك لأن عملية الترميز لا تتم مرة واحدة في البحث،وإنما تجري عملية الترميز على ثلاث مراحل من البحث،

ويتولى أشخاص مختلفون مسؤولية تحديد الرموز على لمادة الخام في كل مرحلة.هذا، وقد يطلب من المفحوصين أنفسهم تعيين الرموز على استجاباتهم أو مواقفهم، في دراسات كثيرة.

إذ عندما يطلب من المفحوص أن يشير إلى أي المجموعات (أو فئات الدخل) ينتمي إليها مثلاً:

1-أقل من 3000ريال   2-3000 -6000

3-6000-9000   4-9000 – فأكثر

فإنه يقوم بوضع رمز على استجابته ببساطة من خلال إشارته والتدليل على موقفه بين هذه البدائل المعروضة عليه. وتحدث المرحلة الثانية التي يمكن أن تتم فيها عملية الترميز في أثناء عملية جمع البيانات حيث يقوم الملاحظ أو القائم بالمقابلة الشخصية بوضع استجابات المفحوصين في فئات، وهذا ما يتم فعلاً عندما يستعين الملاحظ أو القائم بالمقابلة الشخصية بمقياس متدرج Rating Scale لوصف استجابات الشخص أو سلوكه.وتتمثل المرحلة الثالثة التي تتم فيها عملية الترميز عندما تصل البيانات الخام غير المصنفة (التي تم جمعها خاصة من خلال أدوات غير مقننة لجمع البيانات) إلى مكتب مشروع البحث ويشرع المرمز الرسمي بإصدار حكمه وتحديد الرموز الخاصة على الاستجابات أو البيانات.

والواقع أنه يمكن أن يقوم المرمزون الرسميون في المكتب بعملية الترميز. وكذلك يمكن للملاحظين والقائمين بالمقابلة الشخصية القيام بهذه المهمة في أثناء جمعهم للبيانات في الميدان.

ويتمتع القائمون بالملاحظة والمقابلات الشخصية بوضع يمكنهم من ملاحظة الموقف، وكذلك سلوك المفحوص، بحيث يتوافر لديهم المزيد من المعلومات التي يمكن بناء عليها إصدار أحكامهم المتعلقة بالفئات المناسبة للاستجابات، وذلك على خلاف المرمزين الذين يستندون في عملهم إلى سجلات وتقارير مكتوبة لا تمدهم بالتصور الكامل فيما يتعلق بالمعنى ويرجع الكثير من الصعوبات في عملية الترميز، إلى عدم كفاية البيانات.فكثيراً ما لا تمدنا البيانات بالمعلومات المناسبة والكافية التي تعين في تحقيق الترميز الثابت. الأمر الذي قد يرد بدوره إلى عدم كفاية عملية جمع البيانات .وهذا أمر يمكن التغلب عليه من خلال الاهتمام بعملية جمع البيانات، ولتحسين ظروف تصنيف بيانات البحث لتجنب تأثيرها على ثبات الترميز نقول إن قيمة عملية ترتيب البيانات في فئات تتوقف على سلامة الفئات المستخدمة ومناسبتها لأهداف البحث، وعلى تحديدها في ضوء الإطار التصوري الواضح للبحث. بحيث أنه يتعذر القيام بعملية الترميز إذ لم يتم تحديد فئات التصنيف بوضوح في ضوء مؤشرات تنطبق على البيانات مباشرة، ويستخلص من دراسة أمثلة من هذه البيانات المتوفرة، وخاصة الأمثلة من البيانات التي لا توضح فقط أي أنواع الاستجابات تتناسب كل فئة، وإنما تساعد كذلك على وضع خط فاصل بين الفئات التي قد تبدو متشابهة؛ الأمر الذي قديسهم في التغلب على صعوبات ثبات عملية الترميز.

ثالثاً: تفسير النتائج:

أن مهمة الباحث الأصلية أن يتخطى فيما وراء عملية جمع البيانات وتحليل هذه البيانات.إذ تتسع مهمته لتشمل عملية تفسير نتائج دراسته

وبإمكان الباحث من خلال عملية التفسير هذه أن يفهم الدلالة الحقيقة لنتائجه، بمعنى أن يستطيع أن يقدر لماذا جاءت هذه النتائج على هذا النحو؟ ويعتبر التفسير بمثابة عملية يتم فيها البحث عن المعنى الأشمل لنتائج البحث وينطوي هذا البحث على النظر إلى نتائج البحث في ضوء المعارف الأخرى المتاحة، سواء أكانت معارف نظرية أو أساسية ولهذا البحث جانبان اثنان أساسيان.

الأول: هناك مهمة الاستمرارية في البحث من خلال ربط نتائج الدراسة الحالية بنتائج غيرها من دراسات مشابهة. فبإمكان الباحث من خلال التفسير أن يفهم أو يكشف عن الفكرة المجردة التي تكمن وراء الملاحظات الملموسة أو الواقعية. وبإمكان الباحث بتمييز هذه الفكرة المشتركة والمجردة، وأن يشرع في سهولة في ربط نتائجه بنتائج. غيره من دراسات أجريت في مواقف مختلفة، وتتباين في موضوعاتها وتفاصيلها، ولكنها تعكس نفس الفكرة المجردة على مستوى نتائجها. ولسنا في حاج إلى القول إنه بإمكان الباحث وعلى أساس من إدراكه لهذه الفكرة النظرية المجردة التي تكمن وراء نتائجه، أن يبلور مجموعة متباينة من القضايا التنبؤية، تدور حول عالم الأحداث والوقائع التي تبدو غير ذات صلة بميدان أو مجال نتائجه. وهكذا بإمكان البحوث الجديدة في المستقبل أن تقوم بمهمة اختبار هذه القضايا التنبؤية. وتصبح هذه الأنواع من البحوث على صلة بدراسة الباحث فيما بعد.

والجانب الثاني في التفسير، هو أن التفسير يؤدي إلى صياغة تصورات تفسيرية. وينطوي تفسير النتائج، كما أشرنا على هذا النحو على جهود لتفسير أو فهم لماذا جاءت الملاحظات أو النتائج على هذا النحو؟ ولإنجاز هذه

المهمة، تعلق أهمية جوهرية على النظرية، لأنها تمثل المرشد والموجه للعوامل الأساسية والعمليات (القواعد التفسيرية) التي تكمن وراء النتائج . إذ يكمن فيما وراء ملاحظات الباحث التي توصل إليها في أثناء دراسته، مجموعة من العوامل والعمليات التي قد تفسر أو توضح ما تم ملاحظته في العالم الواقعي.وتسهم التفسيرات النظرية في الكشف عن هذه العوامل. وتتمثل مهمة الباحث في فهم العلاقات التي لاحظها في أثناء دراسته على أساس من هذه العلاقات وتشير إلى دور أكثر من 14 عاملاً لها تأثيرها في نطاق مشكلة دراسته.

ثانياً: تحليل بيانات البحث الكيفي:

سنناقش متابعة تطور البحث الكيفي وأهميته وتحدياته، ومجالات استخدامه، ومعالمه الأساسية، أو بمعنى سماته المشتركة والوقوف على طبيعة البيانات الكيفية وجوانب قوتها والتمييز بين العام والخاص في الخطوات التي يمر بها تحليل البيانات الكيفية.

أولاً : تطور البحث الكيفي ومجالات استخدامه:

تأخذ البيانات الكيفية في العادة صورة كلمات أكثر مما تعتمد على الأرقام، وكانت البيانات الكيفية تشكل دائماً جوهر المادة الخام في بعض ميادين العلوم الاجتماعية، وبخاصة علوم الأنثروبولوجيا والتاريخ والسياسة.

وتمتاز البيانات الكيفية بأنها مثيرة. وهي تعد مصدراً للأوصاف الفنية والموثوق بها. فضلاً عن أنها تقدم تفسيرات لعمليات في سياقات متباينة. ومع البيانات الكيفية يستطيع الباحث أن يحافظ على التدفق الزمني ويفهم بدقة

أي الأحداث تؤدي إلى أي النتائج، وكذلك يمكن له اشتقاق التفسيرات المثمرة، عندئذ أيضاً فإن البيانات الكيفية الجيدة يحتمل أن تؤدي أكثر من غيرها إلى نتائج يمكن الكشف عنها بالصدفة، وكذلك إلى أوجه تكامل جديدة، فضلاً عن أنها تساعد الباحثين على النفاذ إلى التصورات الأصيلة وإلى استخلاص أطر تصورية أو حتى مراجعة هذا الأطر. وفي النهاية إن النتائج التي نحصل عليها من الدراسات الكيفية تعد من ذلك النوع الذي لا يمكن نسيانه، فالكلمات خاصة التي تنظم في صورة أحداث أو قصص لها مذاق ملموس وحتى ذو مغزي والتي غالباً ما يثبت للقارئ - وللباحثين الأخريين، وصناع السياسة، ورجال التطبيق - أنها أكثر من مقنعة على نحو يفوق مجموعة صفحات مليئة بأرقام موجزة.

وفي إثارة هذا النشاط (العمل) علينا أن نتنبه لبعض القضايا والإشكاليات والتي لم تختفي حتى الآن بخصوص البحث الكيفي ويدخل ضمن هذه القضايا كثافة العمل في جمع البيانات (كثافة قد تغطي شهوراً أو سنوات)، والعبء الزائد للبيانات المتكررة، واحتمالية تحيز الباحث، والوقت الذي تحتاجه عمليات معالجة وترميز البيانات، ومدى كفاية العينة عندما لا يتجاوز التطبيق حالات قليلة، وإمكانية تعميم النتائج، ومصداقية ونوعية الاستخلاصات، وفائدتها لعلم السياسة والتطبيق.

كما أن ثبات وصدق النتائج التي تم استخلاصها على أساس كيفي يمكن النظر إليها بشك خاصة في ضوء المصطلحات التقليدية، وعلى الرغم من أن معايير سلامة النتائج الكيفية قد تختلف تماماً عن المعايير التقليدية كما أكد ذلك مجموعة من علماء البحث العلمي، فلا تزال المشكلة العامة قائمة لصعوبة التحقق من هذه النتائج.

ولا تزال مشكلة الثقة في النتائج قائمة. فالواضح أننا لا نزال نفتقر إلى رصيد من المناهج الواضحة لاستخلاص النتائج، ونحن في حاجة إلى أن نظل نعمل على التوصل إلى قواعد ملموسة للتحليل الكيفي للبيانات، بمعنى القواعد الأساسية المتفق عليها لاستخلاص النتائج والتحقق من ثباتها.

ورغم كل هذه التحديات أمام البحث الكيفي فقد اتسعت مجالات استخدام البحث الكيفي في الآونة الأخيرة، فقد نجد باحثين في ميادين مختلفة سواء أكانت أساسية أو تطبيقية يجرون بحوثاً تنطوي على معالجة لقضايا فعلية ذات صلة بالتحليل الكيفي. ومن أهم المجموعات الفرعية بين هؤلاء الباحثين ذلك الباحث المبتدأ الذي يتعامل مع البيانات الكيفية،سواء أكان من بين حديث التخرج أو عضواً في هيئة بحث. أضف إلى ما سبق المتخصصون من الباحثين والمدراء الذين قد يعتمدون على بيانات كيفية كجانب من واجب دوري في نشاطهم، وهم في أمس الحاجة إلى مناهج عملية حتى يسهل عليهم استخدامها.

والأمثلة على هؤلاء الباحثين كثيرة نجدهم في بحوث التربية، وفي مجالات أخرى مثل الرعاية الصحية، والصحة العامة، والأنثروبولوجيا، وعلم الاجتماع وعلم النفس ودراسات إدارة الأعمال، وعلم السياسة، والإدارة العامة، وتقويم البرامج، ودراسات التنظيم، وعلم الإجرام والاتصال، وعلوم الكمبيوتر، ودراسات الأسرة، وبحوث السياسة. وهكذا تأكد أن هذه المناهج البحوث الكيفية في صورة دراسات حالة لتنظيمات متعدد، بمعرفة فرق بحثية أو تنصب على حالة واحدة بمجهود باحث فرد، وقد تركز على مستوى الفرد أو الجماعة الصغيرة.

ثانياً: أنواع البحوث الكيفية:

يمكن إجراء البحث الكيفي من خلال عشرات الطرق. والكثير منها لها تقاليد عريقة خلفها، ومن الصعب تناول هذه الطرق بالتفصيل هنا.

غير أن هناك سمات مشتركة للبحث الكيفي وهي السمة الطبيعية لمعظم البحوث الكيفية.

أ) لقد أجري البحث الكيفي في أثناء الاتصال المكثف والمطول بالميدان أو مواقف الحياة. وهذه المواقف عادية في الأساس أو سوية normal، وتعكس الحياة اليومية للأفراد والجماعات والمجتمعات والتنظيمات .

(ب) ودور الباحث هو أن يصل إلى نظرة كلية holistic (نسقيه شاملة ومتكاملة) للسياق موضوع البحث من حيث منطقة، وترتيباته، وقواعده الصريحة والضمنية.

(جـ) ويحاول الباحث أن يتوصل إلى البيانات المتعلقة بإدراكات الفاعلين المحليين Local actors من الداخل، ومن خلال عملية عميقة ومكثفة من الفهم التعاطفي (verstchen) وتعليق أو وضع التصورات المسبقة حول هذه الموضوعات محل المناقشة بين قوسين.

(د) وقد يقوم الباحث عن طريق القراءة عبر هذه البيانات، بعزل موضوعات معينة وتعبيرات يمكن مراجعتها مع الإخباريين ولكن مع وجوب المحافظة عليها وإبقائها في صورتها الأصلية طوال الدراسة.

(هـ) والمهمة الأساسية هي شرح أو توضيح الطرق التي يحاول بواسطتها الناس

في مواقع معينة فهم وتفسير واتخاذ مواقف وكذلك مع وجوب المحافظة عليها وإبقائها في صورتها الأصلية طوال الدارسة.

(و) وليس هناك إلا القليل نسبياً من الأدوات المقننة التي يتم الاستعانة بها منذ البداية فالباحث هو أساساً أداة القياس الأساسية في الدراسة.

(ز) وعلى الرغم من أن هناك الكثير من التفسيرات الممكنة لهذه المادة، إلا أن بعضها قد يفرض على أساس التفسيرات النظرية أو استناداً إلى قواعد الاتساق الداخلي.

(ح) ومعظم التحليلات تجرى باستخدام الكلمات، وهذه الكلمات يمكن تجميعها ووصفها في مجموعات فرعية، وتقسيمها إلى أقسام عرضية أو علاماتية Semiotic. وبالإمكان تنظيمها لتسمح للباحث بالمقارنة بينهم والمقابلة مع غيرها،وتحليها ووضع الأنماط المناسبة لها.

ثالثاً: طبيعة البيانات الكيفية:

ربما كان من المناسب قبل الدخول في تفاصيل الخطوات التي تسير فيها عملية التحليل الخاصة بالبيانات الكيفية، أو ما هي طبيعة البيانات؟وهل هناك جوانب قوة تميز البيانات الكيفية عن غيرها؟وهل يمكن أن نميز في خطوات تحليل البيانات الكيفية بين مجموعة عامة وشائعة من الخطوات تسير عليها النماذج المتباينة في البحث الكيفي، وبين مجموعة أخرى متخصصة من الخطوات تسير طبقاً لها عملية تحلي ببيانات البحث الكيفي؟

الواقع أن كل أنواع البيانات الكيفية أو التي تعتبر كذلك بمعنى أو آخر. هي تلك البيانات التي تكشف لنا عن الجوانب الجوهرية في المواقف

والموضوعات،والسكان، موضوع البحث الكيفي. وهي التي تمدنا بالخبرة الخام التي يمكن أن نحولها إلى كلمات، مثل القول إن هذا الشخص وجهه يتورد خجلاً أو أنه يشعر بالغضب.وكذلك تلك الخبرة التي يمكن أن نترجمها إلى أرقام، مثل القول بأن هناك ست أصوات أجانب بنعم و(4) أصوات أجانب بلا، أو قراءة الترمومتر تشير إلى الرقم 74 درجة.

ويقصد بالبيانات الكيفية هنا تلك البيانات التي تأخذ شكل الكلمات بمعنى اللغة في صورة نص موسع Extended text(وكذلك يمكن أن تظهر البيانات الكيفية على هيئة صور متحركة ولكننا سوف نعالج هذه الأشكال).

وتصاغ الكلمات بناء على الملاحظة والمقابلات الشخصية أو الوثائق، وكما عبر عنها (ولكرت Wolcott)قائلاً، (تستند الكلمات إلى المعاينة والسؤال أو الفحص) وهذه الأوجه من النشاط لجمع البيانات تتم في العادة في المقاربة الوثيقة (الدراسة المتعمقة) لموقع محلي عبر فترة زمنية متصلة.

وفي النهاية، مثل هذه البيانات عادة لا يتم التوصل إليها مباشرة لغرض التحليل، ولكنها تتطلب بعض الإعداد Processing، فالملاحظات الميدانية الخام تحتاج إلى تصحيح،ومراجعة، وكتابة وتصنيف،كما تحتاج التسجيلات على الأشرطة إلى أن تنسخ وتصحح.

غير أن عملية الإعداد هذه ليست بسيطة، فالكلمات التي تعبر عن خبراتنا في العمل الميداني تخرج بالضرورة متأثرة بإطار تصوراتنا الضمنية.وفي الحقيقة.وكما يذهب (كونلس Counelis)، إن الوصف المكتوب الذي يعده

باحث ما يمسك في قبضته مجموعة بيانات، يعد بديلاً تصورياً للخبرة المباشرة،ويعبر في نفس الوقت عن مشاعر الباحث الخاصة وإدراكاته.

وعل أية حال، هناك جوانب قوة تتميز بها البيانات الكيفية.والسؤال ما هو الشيء المهم فيما يتعلق بالبيانات الكيفية التي أحسن جمعها؟وأول سمة رئيسية هي أن هذه البيانات تركز على الأحداث العادية التي تحدث على نحو طبيعي في المواقع الطبيعية لدرجة يتوافر لنا مؤشر قوي عما تشابه "الحياة الواقعية".

وتتدعم الثقة في هذه البيانات استناداً إلى دعائم لصيقة بهذه البيانات والحقيقة القائلة بأن هذه البيانات قد تم جمعها من خلال الاقتراب الوثيق من موقف محدد، أكثر من الاعتماد على البريد أو المحادثة التليفونية،حيث ينصب التركيز على حالة محددة، أو ظاهرة بعينها ولها حدودها التي تجسدت في سياقها ولذلك لا يمكن تجنب أثر السياق المحلي،وإنما ينبغي أن يؤخذ في الاعتبار. ومع ذلك تزداد بقوة إمكانية فهم القضايا الكامنة والجوهرية وغير الواضحة.

وتتمثل السمة الثانية للبيانات الكيفية في ثرائها وشمولها، مع احتمال قوى في فك التعقيد،لأن مثل هذه البيانات تمدنا بأوصاف كثيفة تتسم بالحياة، وتعشش في سياق حقيقي، ولها دائرة صدق تؤثر بقوة على القارئ.

وأكثر من ذلك، الحقيقة القائلة إن هذه البيانات قد تم جمعها في العادة عبرة فترة زمنية متصلة تجعلها تقوى على الدراسة والتحليل (بما في ذلك التاريخ) وبإمكاننا أن نتجاوز بعيداً بلقطات سريعة من مجرد السؤال ماذا

وكم؟ إلى كيف ولماذا تحدث الأفعال على النحو الذي حدثت به؟-وحتى نـصل إلى فهـم للعليـة كما وقعت بالفعل في موقع معين. كما تعطي المرونة المعهودة Flexibility في الدراسات الكيفيـة (بمعنى أنه يمكن أن تتغير أوقات جمع البيانات، ومناهجها كلما تقدمت الدراسة) تعطي دفعـة ثقة أخرى بأننا قد فهمنا بالفعل ما كان قد جرى هناك بالفعل.

والبيانات الكيفية بتركيزها على الخبرة المعاشة للناس على الأحداث والعمليـات، والأبنيـة التي تشكل منها حياتهم: فضلاً عن إدراكاتهم وافتراضاتهم، وتحيزاتهم، وتصوراتهم المسبقة، هذا بالإضافة إلى استخدامها في ربط هذه المعاني بالعالم الاجتماعي المحيط بها.

وكنا قد قدمنا ثلاث سمات أخرى للدلالة على قوة البيانات الكيفية، إذ غالباً ما تم الدفاع عن هذه البيانات باعتبارها الإستراتيجية الأفضل من أجل الكشف عن استطلاع مجالات جديدة وفروض مبدئية. هذا بالإضافة إلى أننا قد أكدنا احتمالات قوية بـأن تـسهم هـذه البيانـات في عملية اختبار الفروض، والنظر فيما إذا كانت تنبوءات معينة يمكن الثقة فيها.وفي النهايـة، فـإن البيانات الكيفية تعد مفيدة عندما يود بعض الباحثين استكمال والتحقق، أو تفسير وتوضيح، أو إعادة تفسير البيانات الكمية التي جمعها عن نفس الموقع.

والجوانب القوية التي تميز البيانات الكيفية تتوقـف أساسـاً عـلى الكفـاءة التـي تـم بهـا إجراء تحليلها. والإجابة على السؤال ماذا نعني بالتحليل؟

رابعاً: خطوات تحليل البيانات الكيفية:

وحتى لا يحدث الخلط بين الممارسات التحليلية أو السمات التي تتكرر خلال أي أسلوب من أساليب التحليل الكيفي، وبين الخطوات التي تمر بها عملية تحليل البيانات الكيفية، أو حتى يتضح الفارق بين ما هو عام ويخص الممارسات التحليلية التي قد تستخدم عبر النماذج المتباينة من البحث الكيفي وبين العمليات الخاصة بتحليل البيانات الكيفية، يمكن أن نفرق بين مجموعة كلاسيكية نوعاً من الخطوات التحليلية في البحث الكيفي، وبين مراحل بعينها تمر بها عملية تحليل البيانات الكيفية.

خطوات التحليل في البحث الكيفي عامة:

لا تزال هناك بعض الممارسات التحليلة التي قد تستخدم عبر النماذج المتباينة من البحث الكيفي حيث نجد هناك مجموعة كلاسيكية نوعاً من الخطوات التحليلية التي تم ترتيبها بالتتابع على النحو التالي:

1- رموز مضافة إلى مجموعة الملاحظات الميدانية المستخلصة من الملاحظات أو المقابلات الشخصية.

2- ردود فعل ملحوظة أو ملاحظات أخرى على الهوامش.

3- فرز وفحص لهذه المادة للتعرف على الجمل المتشابهة، والعلاقات بين المتغيرات والأنماط والموضوعات، والفروق المميزة بين الجماعات الفرعية والتتابعات الشائعة.

4- عزل هذه الأنماط والعمليات، والجوانب المشتركة وأوجه الاختلاف، ثم العودة بالموضوع إلى الميدان في الخطوة التالية من خطوات جمع البيانات.

5-بلورة تدريجية لمجموعة صغيرة من التعميمات التي تعكس حالة الاتساق التي أمكن إدراكها في قاعدة البيانات.

6-مقارنة هذه التعميمات مع البناء القائم من المعرفة والذي يأخذ صورة أبنية فرضية (تصورات) أو نظريات.

خطوات تحليل البيانات الكيفية خاصة:

يوضح الشكل التالي الكيفية التي يمكن النظر إليها إلى عملية التحليل الخاصة بالبيانات الكيفية والمراحل التي يمر بها.

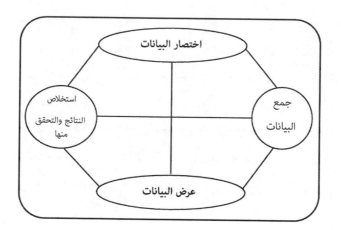

وتحدد خطوات تحليل البيانات الكيفية في ثلاث مراحل متتابعة من العمل هي اختصار البيانات وعرض البيانات واستخلاص النتائج ثم التحقق منها.

اختصار البيانات Data reduction:

تشير عملية اختصار البيانات إلى العملية التي يتم فيها اختيار والتركيز

وتبسيط وتجريد ونقل البيانات التي تظهر في الملاحظات الميدانية المكتوبة أو النسخ الأصلية. وعملية اختصار البيانات كما نفهمها، تحدث باستمرار في كل جوانب حياة أي مشروع يكون موجهاً على نحو كيفي، وحتى قبل أن يتم بالفعل جمع البيانات. إذ تحدث عملية اختصار متوقعة للبيانات عندما يقرر الباحث (وغالباً مالا يكون واعياً بها تماماً) أي إطار تصوري سيتبع؟ وأي الحالات سيدرسها؟ واية تساؤلات يطرقها البحث؟. وأي مداخل لجمع البيانات سيختاره؟ وعندما تبدأ عملية جمع البيانات، تقع أحداث أخرى تتعلق باختصار البيانات (كتابة ملخصات، ترميز وتقسيم الموضوعات، وتكوين مجموعات، وتشكيل تقسيمات، وكتابة ملاحظات). وتستمر عملية تحويل البيانات واختصارها بعد العمل الميداني، وإلى أن يكتمل التقرير النهائي للبحث.

وعملية اختصار البيانات ليست عملاً منفصلاً عن التحليل، وإنما هي جزء منه فقرارات الباحث التي تحدد أي البيانات عليه ترميزها أو أيها عليه استبعادها وأي الأنماط تعد هي الأفضل في تلخيص المجموعة التي تم ترميزها، وأي قصة تروى؟ - وهذه القرارات تعد كلها اختيارات تحليلية. وعملية اختصار البيانات هي إحدى صور التحليل التي تعمل على تحديد وإحصاء والتركيز واستبعاد وتنظيم البيانات بطريقة يمكن بها استخلاص النتائج النهائية والتحقق منها. وكما عبر عن ذلك (تسش) Tesch يمكن أيضاً فهم عملية اختصار البيانات على أنها عملية تكشف للبيانات data condensation.

عرض البيانات:

تتمثل الخطوة الرئيسية الثانية لعملية التحليل في عرض البيانات. وفي العموم يعتبر العرض بمثابة تجميع منظم ومضغوط للمعلومات والذي يسمح

باستخلاص النتيجة أو الفعل. وتختلف العروض في الحياة اليومية بين مقاييس الغاز إلى الصحف إلى شاشات الكمبيوتر إلى التحليل العاملي.

والنظر في العروض يساعدنا على فهم ما قد حدث أو على عمل أي شيء بناء على هذا الفهم كإجراء تحليل آخر أو القيام بفعل ما.

وكانت الصورة الأكثر تكراراً لعرض البيانات الكيفية في الماضي هي النص الموسع والنص في صورة 3600 صحفة من الملاحظات الميدانية مثلاً عمل شاق ومزعج، وقد يجد الباحث من السهولة القفز إلى نتيجة مستعجلة وجزئية وغير مدعمة، في اعتماده فقط على نص موسع، ونحن كبشر ليس لدينا القدرة الكافية لنتعامل مع كميات كبيرة من المعلومات، وميلنا المعرفي يتجه نحو رد المعلومات المركبة إلى كليات منتقاة ومبسطة أو إلى تصورات يسهل فهمها. كما قد نعطي وزناً أكبر للمعلومات الحية، مثل الحدث المثير، الذي يقفز على الصفحة 124 من الملاحظات الميدانية، وذلك بعد صفحات طويلة ومضجرة أو مملة. وقد تطوي الصفحات من 109 إلى 123 فجأة ولا يسأل عن معيار وزنها واختيارها. والنص الموسع يمكن أن يشكل عبئاً زائداً على قدراتنا كبشر في معالجة البيانات ويصبح ضحية لميولنا في البحث عن الأنماط المبسطة.

ولقد أصبحنا مقتنعين بأن أفضل العروض هي التي تعد بمثابة الطريق الموصل إلى تحليل كيفي صادق، وقد تشتمل العروض على نماذج كثيرة من المصفوفات والأشكال البيانية، والخرائط والشبكات، وكلها قد صممت لتجميع المعلومات المنظمة في صورة موجزة ويمكن التعرف عليها مباشرة لدرجة يستطيع معها المحلل أن يفهم ما قد يحدث فإما يستخلص نتائج لها ما يبررها أو ينتقل إلى الخطوة التالية في التحليل يقترح العرض بأنها قد تكون مفيدة.

إن ابتكار واستخدام العروض كما في حالة الاختصار، ليس بـالأمر المنفصل عـن التحليـل، فهي جزء مـن مكونـات التحليـل، وتصميم العـرض بمعنى تحديـد الأعتمـاد على المـصفوفة والأعمدة من المصفوفة بغرض التحليل الكيفي وتحديد أي البيانات، وأي شكل، علينا أن نضعها في الخلايا كلها تعد أنشطة تحليلة. والملاحظ أن تصميم العروض له أيضاً مضامين واضحة لعملية اختصار البيانات. والقول: (بأنك تعد محصلة لما تأكله ويمكن أنطباقه على القول بأنك تعرف ما تعرضه).

استخلاص النتائج والتحقق منها: Conclusion Drawing & Verification

والخطوة الثالثة في نشاط التحليل تتمثل في استخلاص النتائج والتحقق منها وبـدءاً مـن عملية جمع البيانات، يبدأ القائم بالتحليل الكيفي في أن يقرر ماذا تعني أشياء معينة. فيلاحظ الانتظام والأنماط والتفسيرات والتدرتيبات المحتملة، أو الأشكال والتتـابع السـببي، والقضايا الافتراضية.

ويلتقط الباحث الكفء هذه النتائج بوضوح ويبقي على حالة بين الترقب والشك لأنه لا تزال هناك نتائج غامضة وناقصة في البداية، وبعد ذلك تتجه نحو الوضوح والتدعيم وذلك طبقاً للمصطلح الكلاسيكي عند (جلاسر وشتراوس) Glaser & Strawiss. وقد لا تظهـر النتائـج النهائيـة حتى تنتهي عملية جمع البيانات، اعتماداً في ذلك على حجـم حصيلة الملاحظات الميدانية، والترميز والتخزين ومناهج الإسترجاع المستخدمة، ودرجة إتقان الباحث ومتطلبات الهيئة الممولة، غير أنهم غالباً ما يتنبئون منذ البداية حتى عندما يدعي أحد الباحثين أن عليه أن يسير في تحليله على نحو استقرائي.

وعملية استخلاص النتائج في رأينا، هي قسم فقط من تصور (جيميني Gemini) وكلما تقدم القائم بالتحليل في نشاطه التحليلي فإنه يقوم أيضاً بالتحقق من النتائج، وقد تكون عملية التحقق مختصرة تتم في ثانية سريعة مع أنها تخطر على ذهن القائم بالتحليل خلال الكتابة، مع الشرود المختصر إلى الوراء حيث الملاحظات الميدانية. أو قد يكون تحقيقاً كاملاً أو متقناً، مع نقاش مطول ومراجعة للباحثين الآخرين، وذلك من أجل تطوير أو الوصول إلى إجماع بينهم، أو ربما مع القيام بجهود مكثفة لمضاعفة النتيجة في مجموعة أخرى من البيانات. أما المعاني المستخلصة من البيانات فعلينا أن نجري اختباراً لها من حيث درجة معقوليتها وقوتها وقدرتها على التأكيد، بمعنى التأكد من صدقها، وعلى العكس قد لا يتبقى لنا إلا قصصاً مشوقة حول ما قد حدث أو عن حقيقة غير معلومة أو مفيدة.

لقد قدمنا هذه النشاطات الثلاثة اختصار البيانات وعرض البيانات واستخلاص النتائج والتحقق منها من قبل على أنها أمواج متداخلة خلال وبعد عملية جمع البيانات في صورة موازية، لتشكل المجال العام الذي نطلق عليه مصطلح التحليل. ويمكن أن نعرض لهذه التيارات الثلاثة أيضاً على النحو الذي يوضحه الشكل السابق. وتشكل هذه النماذج الثلاثة من نشاط التحليل ونشاط جمع البيانات ذاتها في ضوء هذه النظرة، عملية تفاعلية دائرية.

وهكذا، فإن التحليل الكيفي، كما قد أشرنا، يحتاج إلى أن يوثق جديداً كعملية، ليساعدنا أساساً على التعلم. وإلى جانب أهداف الفحص نحتاج إلى فهم أكثر وضوحاً لما يجري بالفعل عندما نقوم بتحليل البيانات حتى نتمكن من تنقيح مناهجنا، ونجعلها في متناول استخدام الباحثين الآخرين عموماً.

مراجـــــع الفصل التاسع

1- عبدالباسط عبدالمعطي، البحث الاجتماعي: محاولة نحو رؤية نقدية لمنهجه وأبعاده، دار المعرفة الجامعية، الإسكندرية، 1986م.

2- غريب سيد أحمد، عبدالباسط محمد، البحث الاجتماعي، الجزء الثاني، التصميم والإجراءات، دار الجامعات المصرية، 1975م.

3- كاميك، بول م.، وجان رووس، ولوسي ياردلي: البحث النوعي في علم النفس: منظور موسع في المنهجية والتصميم. ترجمة صلاح الدين محمود علام، عمان، دار الفكر، 2007م.

4- مناهج البحث العلمي. الكتاب الثاني: طرق البحث النوعي، عمان، جامعة عمان العربية للدراسات العليا، 2005م.

5- Camic, paul M., Jean E. Rhodes and lucy Yardley (ed) Qualitative Research in psychology. Washington, DC, American psychological Association. 2003.

6- D. Nachmias & Nachmias, Research Methods in the Social Sciences, St. Martin's press, new york. 2001.

7- H. F. Weisberg & B. D. Bowen, an Introduction to Survey Research and Data Analysis, W. H. Freeman & Company, san Francisco, 1977.

8- Johnson and Christensen : Educational research: Quantitative, qualitative and mixes approaches, 2nd ed. Boston, Allyn and Bacon, 2004.

9- Mathew, B. Miles & Michael Huberman, Qualitative Data Analysis, 2 nd, Sage publications, U.S.A, 1994.

10- Prasad, pushkala: Crafting Rualitative pesearch: Working in the post positivist traditions. London, M. E. sharpe 2005.

11- T. S. Wilkinson & P.L. Bandarker, Methodology & Techniques of social Research, Himalya Pub. House, 1977.

12- Weniberg, Darin (ed): Qualitative research method. Malden (Massachusetts, USA.) Blachwell 2002.

الفصل العاشر

توثيق البحث العلمي

- مقدمة.

أولاً: الاقتباس.

ثانياً: الإشارة المصادر.

ثالثاً: توثيق المصادر.

رابعاً: الطرق المستخدمة في توثيق البحوث.

خامساً: قائمة المصادر

مقدمة:

البحث العلمي جهد إنساني متصل، يتطلب من الباحث أن يقوم بمسح جهود الباحثين السابقين والإشارة إليها، والإضافة عليها، والتمهيد للباحثين اللاحقين مستقبلا، وهذا يعني ضرورة أن يشير الباحث إلى نتائج غيره في المجال، فيعتمدها ةيبني عليها، أو ينتقدها ويظهر عيوبها، وقد يستفيد الباحث من خلال فكرة يأخذها من غيره، فيقتبسها تماماً أو يصوغها بلغته الخاصة، وتقتضي أخلاقيات البحث العلمي في جميع هذه الحالات الإشارة إلى مصادر المعلومات التي استفاد منها الباحث وتوثيقها.

وهناك طرق مختلفة لتوثيق البحث العلمي يمكن ملاحظتها من خلال استعراض الكتب والدوريات والرسائل الجامعية وغيرها، وتحدد بعض الدوريات أسلوب التوثيق الذي تعتمده ضمن معايير النشر لديها، وتنشره في صفحاتها الأولى أو الأخيرة، وتطلب من الباحث أن يلتزم بهذه التعليمات عند إرسال البحوث أو الدراسات للنشر لديها.

أولاً: الاقتباس:

يقصد بالاقتباس شكل الاستعانة بالمصادر والمراجع التي يستفيد منها الباحث لتحقيق أغراض بحثه، كما أنه بمثابة استشهاد بأفكار وآراء الآخرين، المتعلقة بموضوع البحث، وينسجم الاقتباس مع الطبيعة التراكمية للبحث العلمي، حيث تتولد المعرفة الإنسانية وتنمو وتتكاثر وتنتشر من خلال جهود متواصلة ومترابطة يبذلها الباحثون، وبالتالي فإن الاقتباس يعزز التواصل والاستمرارية والبناء التكاملي للمعرفة والعلم.

من أهم الوظائف التي تعكس أهمية الاقتباس:

1- التأصيل العلمي والموضوعي للأفكار والآراء من خلال التعرف على الأفكار السابقة في الموضوع وأصحابها وتقييم هذه الأفكار.

2- التفاعل بين الباحثين وتوليد أفكار جديدة من خلال النقاش والتحليل وتبادل الآراء مهما تناقضت أو انسجمت مع بعضها.

3- تجميع مختلف الآراء حول موضوع الدراسة بقصد التمحيص والتعرف على الجوانب المختلفة، ونقاط القوة والضعف، وبالتالي الوصول إلى معرفة أفضل حول الموضوع.

4- الاستعانة بالاقتباس من آراء الآخرين لتدعيم وجهة نظر الباحث.

5- الوفاء بمتطلبات وقواعد البحث العلمي.

وهناك نوعان رئيسيان من الاقتباس:

أ) الاقتباس المباشر، عند نقل الباحث نصاً مكتوباً تماماً بنفس الشكل والكيفية واللغة التي ورد فيها، ويسمى هذا النوع تضميناً، ومن أمثلته أن يكتب الباحث: ويعرف البحث العلمي بأنه: (.............).

ب) الاقتباس غير المباشر، وفيه يستعين الباحث بأفكار ومعلومات معينة ويقوم بصياغتها بأسلوب جديد ولغة جديدة، ومن الضروري جداً عدم تشويه النص أو المعني الذي كان يقصده الكاتب الأصيل.

ويمكن للباحث أن يقتبس فكرة وردت عند غيره بنصها الكامل دون تغيير أو تعديل، وإذا كانت الفكرة أو النص قصيراً (أقل من خمسة أسطر)،

فإنه يكتب كسائر النصوص في البحث، ولكنه يميز بوضعه بين أقواس صغيرة في بدايته ونهايته.

ثانياً: الإشارة إلى المصادر:

هناك ثلاث طرق رئيسية مستخدمة في البحوث والدراسات العلمية هذه الأيام وهي على النحو التالي:

1- الترقيم المتسلسل لكل المصادر في جميع صفحات البحث وتجميعها في نهاية البحث حسب ترتيبها في المتن.

2- الترقيم المتسلسل لكل صفحة مع ذكر المصادر في أسفل الصحفة نفسها.

3- طريقة جمعية علم النفس الأمريكية (APA)، وفيها يتم وضع اسم عائلة المؤلف والسنة والصفحة في نهاية كل اقتباس هكذا (الخليفة، 2011، ص95)، ويتم جمع المصادر وترتيبها هجائياً في نهاية البحث.

ويجب الإلتزام بقواعد أساسية تتمثل في:

1- الأمانة العلمية وتعني ضرورة الإشارة إلى المصادر التي تم الاقتباس منها.

2- الدقة وعدم تشويه المعني بالحذف أو الإضافة.

3- الموضوعية في الإقتباس، بمعنى عدم اقتصار الإقتباسات على ما يؤيد رأي الباحث، وإهمال المصادر التي تختلف مع وجهه نظر الباحث.

4- الاعتدال في الأقتباس، بمعني ألا يصبح البحث مجرد اقتباسات من الآخرين دون مساهمة من الباحث.

ومن قواعد الأقتباس أيضا:

- تحري الدقة في عملية الاقتباس وذكر المصدر الأصلي الذي تم الاقتباس منه.

- ضرورة وضع ما يشير إلى أن المادة مقتبسة بشكل مباشر أو غير مباشر.

- عند حذف جزء من المادة المقتبسة فيجب أن يشير البحث إلى ذلك عن طريق وضع ثلاث نقاط متتابعة ..... مكان المادة المحذوفة.

- إذا أضاف الباحث عبارة أو جملة أو تعليقاً أو صحح شيئاً في المادة المقتبسة فعليه أن يشير إلى ذلك عن طريق وضعه بين قوسين.

- بشكل عام ل يحبذ الاقتباس الطويل ويجب أن لا يزيد عن صفحة واحدة.

ثالثاً: توثيق المصادر:

يرتبط الاقتباس بعملية التوثيق التي تعني إثبات مصادر الاقتباسات وإرجاع الأفكار والمعلومات لأصحابها توخياً للأمانة العلمية واعترافاً بفضل الباحثين الآخرين وصيانة لحقوقهم العلمية، فالتوثيق عبارة عن ربط الأفكار والآراء بأصحابها الأصليين من خلال تثبيت المراجع والمصادر والإشارة إليها وفقاً للأعراف والقواعد العلمية في البحث والدراسة.

رابعاً: الطرق المستخدمة في توثيق البحوث:

يصعب تفضيل طريقة معينة في التوثيق على غيرها، وهناك ثلاث طرق

رئيسية تسخدم في توثيق البحوث والدراسات العلمية وهي على النحو التالي:

أولاً: طريقة الجمعية النفسية الأمريكية (APA):

وفي هذه الطريقة يتم الإشارة إلى المصدر في نهاية الأقتباس بوضع اسم المؤلف والسنة والصفحة بين قوسين، هكذا:

(خليفة، 2011، ص184).

(Kent, 2006, p. 298)

ثانياً: أسلوب الإشارات الرقمية:

في هذه الطريقة يضع الباحث أرقاماً محصورة بين هلالين في نهاية كل نص مقتبس، ويستمر في ترقيم الاقتباسات بشكل متسلسل.

ويمكن للباحث عند استخدام هذه الطريقة:

أ) أن يضع المعلومات عن كل مصدر اقتبس منه في أسفل نفس الصفحة التي ورد فيها الاقتباس مشيراً إلى اسم المؤلف وعنوان الكتاب ورقم الصفحة التي اقتبس منها، على النحو التالي:

1- محمد، أحمد، دراسات اجتماعية، ص17.

2- القرني، نجيب، منهجية البحث الاجتماعي، ص74.

ويقوم في نهاية البحث بترتيب جميع المصادر التي اقتبس منها هجائياً ويقدم معلومات كاملة عن كل مصدر.

ب) أن يستمر في ترقيم الاقتباسات بشكل متسلسل حتى نهاية البحث

ويقوم في النهاية بتجميعها وفق ورودها في متن البحث وإعطاء معلومات كاملة عن كل مصدر من المصادر.

المعلومات الواجب ذكرها في حالة الاقتباس من الكتب:

- اسم المؤلف الأول والمؤلفين الآخرين والمترجم والمحرر الخ.

- العنوان الكامل للكتاب (العنوان الرئيسي والعنوان الفرعي إن وجد).

- الطبعة (إن وجدت).

- مكان النشر (المدينة التي نشر فيها الكتاب).

- الناشر أو الموزع (وليس المطبعة).

- سنة أو تاريخ النشر، وإن لم يوجد فيتم تقريباً.

- الصفحة التي تم الاقتباس منها.

ملاحظات:

- إذا كان للكتاب مؤلف واحد، فيكون المدخل الرئيسي بإسمه.
- إذا كان للكتاب مؤلفان، يكون المدخل الرئيسي بالمؤلف الأول.
- إذا كان للكتاب ثلاثة مؤلفين، يكون المدخل الرئيسي بالمؤلف الأول.
- إذا كان للكتاب أربعة مؤلفين فيذكر المؤلف الأول فقط متبوعاً بثلاثة نقط وكلمة و آخرون، بين معقوفتين، هكذا: السعدي، أحمد... [وآخرون].
- إذا كان الكتاب مترجماً يكون المدخل الرئيسي بالمؤلف وليس المترجم الذي يذكر بعد عنوان الكتاب.

المعلومات الواجب ذكرها في حالة الاقتباس من الدوريات:

- الاسم الكامل لمؤلف المقال أو الدراسة وزملائه.
- العنوان الكامل للمقالة أو الدراسة.
- العنوان الكامل للدورية ويتم تميزه عن عنوان المقالة أو الدراسة بوضع خط تحته أو طباعته بالخط العريض.
- المجلد والعدد الذي ظهر فيه المقال أو الدراسة .
- التاريخ الذي صدر فيه العدد (الشهر والسنة).
- الصفحات التي ظهر فيها المقال أو الدراسة.

المعلومات الواجب ذكرها عن الاقتباس من رسالة جامعية:

- الاسم الكامل لمعد الرسالة (الطالب الذي تقدم بها للحصول على الدرجة العلمية).
- العنوان الكامل للرسالة.
- اسم المشرف على الرسالة.
- الجامعة والكلية التي قدمت لها الرسالة.
- السنة التي نوقشت فيها الرسالة واعتمدت.
- الصفحة التي تم الاقتباس منها.
- توضيح إن كانت رسالة ماجستير أو رسالة دكتورة.

المعلومات الواجب ذكرها عند الاقتباس من الجريدة:

- كاتب المقال (إن وجد).

- عنوان المقال كاملاً.

- عنوان الجريدة وتحته خط.

- العدد والتاريخ (اليوم والشهر والسنة).

- الصفحة التي تم الإقتباس منها.

خامساً: قائمة المصادر:

تضم هذه القائمة جميع المصادر التي استفاد منها الباحث في كتابة بحثه، سواء اقتبس منها بشكل مباشرة أو غير مباشر في متن البحث أو اعتمد عليها ولم يورد نصوصاً منها في السياق وتشمل هذه المصادر:

- الكتب سواء كانت كتباً مرجعية أو غير مرجعية، أدبية أو عملية، الخ.

-الدوريات وتشمل المجلات العلمية والأدبية، العامة والمتخصصة،والصحف.

- التقارير والوثائق وأوراق المؤتمرات وغيرها.

- المواد السمعية والبصرية بأشكالها المختلفة.

- الرسائل الجامعية (رسائل الماجستير والدكتوراة).

- المقابلة الشخصية.

- المواد المحوسبة أو المخزنة على الحاسوب (قواعد، بنوك، نظم وشبكات المعلومات).

أهمية قائمة المصادر

وتأتي أهمية قائمة المصادر من النقاط التالية:

1- إبراز قيمة البحث من خلال الإشارة إلى المراجع والمصادر المختلفة التي رجـع إليهـا واسـتفاد منها الباحث.

2- توضيح مدى حداثة المعلومات التي رجع إليها الباحث.

3- توفير الوقت والجهد على الباحثين الآخرين وتزويدهم بقائمـة حديثـة بالمـصادر في مجـال الموضوع قيد الدراسة.

ويجب مراعاة الأمور التالية عند إعداد قائمة المصادر:

- تُذكر جميع المصادر التي اعتمد عليها الباحث إذا كان عدد المصادر كبيراً فيتم تقسيمها عـلى النحو التالي:

* المصادر العربية، والمصادر الأجنبية.

* الكتب، الدوريات، الرسائل الجامعية، الخ.

- ترتيب القائمة هجائياً حسب اسـم المؤلف، ويستخدم اسم العائلـة أولاً في حالـة المؤلفين الأجانب، ويفضل استخدام نفس الأسلوب مع المؤلفين العرب.

- وفي حالة ورود أكثر من مصدر لنفس المؤلف فإنها ترتب هجائياً حسب عناوينها.

T0157097

Printed in the United States
By Bookmasters